# 宋朝进行时

## 变法风云

〔卷叁〕

野狐狸 著

岳麓书社·长沙

图书在版编目（CIP）数据

宋朝进行时：变法风云/野狐狸著．—长沙：岳麓书社，2023.2
ISBN 978-7-5538-1730-9

Ⅰ.①宋…　Ⅱ.①野…　Ⅲ.①中国历史—宋代—通俗读物
Ⅳ.①K244.09

中国版本图书馆 CIP 数据核字（2022）第 170638 号

本书中文简体版由北京行距文化传媒有限公司授权
湖南岳麓书社有限责任公司在中国大陆地区独家出版、发行。

SONGCHAO JINXING SHI：BIANFA FENGYUN

宋朝进行时：变法风云

作　　者：野狐狸
出 版 人：崔　灿
出版统筹：马美著
策划编辑：李郑龙
责任编辑：李郑龙
助理编辑：马瑞阳
营销编辑：谢一帆　唐　睿
责任校对：舒　舍
装帧设计：东合社—安宁

岳麓书社出版发行
地址：湖南省长沙市爱民路 47 号
直销电话：0731-88804152　0731-88885616
邮编：410006

版次：2023 年 2 月第 1 版
印次：2023 年 2 月第 1 次印刷
开本：880mm×1230mm　1/32
印张：14.75
字数：325 千字
ISBN 978-7-5538-1730-9
定价：68.00 元

承印：长沙超峰印刷有限公司
如有印装质量问题，请与本社印务部联系
电话：0731-88884129

# 历史如何说

——代序言

历史已经离我们远去，对很多人来说，那就是一部部厚重的典籍，让人望而生畏。

其实，历史仍一直流淌在我们的血液里，它所蕴含的真假、善恶、美丑，都萦绕在我们身边，从未消失。

有人说过，一切历史都是当代史。

写一部好看的历史，一直是我心中的一个梦想，我希望能够凭着自己的一支笔，把一段沉睡的历史唤醒，让大家能清晰地看到它的原貌，感受到它的脉搏。

一直以来，我们的历史教育都显得有点"刻板"。政治事件排列在前，经济文化点缀在后，王朝更替、人物更替，如是而已。我想，历史首先是人的历史，每一个历史人物都应该鲜活生动，有血有肉，他们有优点有缺陷，有时胸怀大志，有时私心作祟，一如你身边的张三、李四。

不仅历史人物如此，一个王朝、一项制度、一个经济现象、一种文化形式都有它特定的产生条件和演进规律，就像一个人的成长过程一样。

所以，历史作品不是历史小说，它不仅要告诉大家一个个精彩的故事，还要传递出有温度的历史观。

基于个人偏好，我决定写一写宋朝的故事，讲述公元 960 年至 1279 年两宋三百多年的历史，邀请宋太祖赵匡胤、千古名臣范仲淹、改革家王安石、大文豪苏东坡、民族英雄岳飞、爱国诗人文天祥……来到我们的身边，共同进行一次千年神游。

当然，我写的仍是正史，史实来源既包括《续资治通鉴长编》《宋史》《建炎以来系年要录》等宋代史料，也包括《涑水记闻》《邵氏闻见录》等笔记杂谈，写作中还会参考近现代宋史研究领域的专家著述。文章以讲述宋代的政治事件为主线，穿插描述那时的制度、经济、文化乃至社会生活，同时也融入自己对历史的看法、观点，旨在全面客观地展现那个绚丽时代。

宋代的历史不好写，因为宋朝总给人积贫积弱的印象，一有外战总是习惯性掉链子，宫斗戏也显得成色不足，偶尔碰到几个熟悉的大文人，还会唤醒你"全文背诵"的酸楚记忆。但是，宋朝也有自己的亮色，它的文治风韵、翰墨风华，任何一个时代都无法比拟；它的印记，留在每个人的吃穿住行里，从未消失。

我希望，通过我的描述，能让那段历史活过来，就像发生在我们身边一样，是"进行时"而不是"过去式"。

宋朝进行时！

是的，它就是一段正在发生的历史。

# 目录

# 第一章 雄心万丈

## 少年天子

十九岁，赵顼（xū）成为了宋朝第六任君主。

一个略显稚嫩的年轻人，从此成为偌大一个帝国的掌控者。

普天之下，莫非王土；率土之滨，莫非王臣。

大宋四京、十八路、三百二十二州（府、军、监）、一千两百六十二县，数千万子民——尽归一人。

如果说，这不是人生得意，那世上还有什么更得意之事？

对赵顼而言，他并没有太多心情去享受少年得志的快感。从披上黄袍的那一刻起，他就被一股无形的压力笼罩着。赵顼的童年是在王府中度过的，没有与生俱来的皇子标签，和帘幕重重的皇宫相比，他的生活更加自由。他可以感受更鲜活的社会状况，看到听到那些皇子皇孙所无法得知的事物。

赵顼所了解的宋朝，并不是奏章里的宋朝，除了花团锦簇、灯火辉煌，还有帝国老态、民生疾苦。

当然，赵顼的压力不仅仅是那副治国的担子，此乃天子职责所系。赵顼的压力更来自他英年早逝的父亲。

赵曙的继位过程太过坎坷，消耗了朝野上下太多的精力，而他实际在位时间却不满三年，即便在这三年里，还有一半的时间是在为生父的名分问题而"扯皮"。

因此，无论文臣武将还是宗室子弟，都在对这个皇位人选窃窃私语。

很多人都以为，选择赵曙接班是仁宗皇帝所犯的最大错误。

这是一种可怕的情绪，如果选择赵曙是错误的，那么接下来的赵顼就是错误的延续。

赵顼渴望用行动为自己正名，为死去的父亲正名，从戴上天子冠冕那天起，他就带着一种强烈的角力心态，这种心态很快转化成了朝堂上的暴风骤雨。

赵顼登基后，以朝廷"四年之内，两遭大故"为由，从简办理了父亲的丧事，对于即位后的例行赏赐，也予以大幅裁减，只达到过去的三分之一。年轻天子务实干练的作风为朝堂带来了一股清新之风，人们开始对这个皇位上的新人充满期待。

赵顼也知道，要带来根本的转变，光靠勤俭节约是不够的，他一心求治，一上台就向近臣咨询治国之道。

令赵顼失望的是，朝臣似乎对改变现状普遍缺乏热情，除了一些空洞的大道理，提不出一丁点实际的措施。即便是曾经力保赵顼上位的重臣韩琦，也难再给予他更多的支持。此时，韩琦已经六十岁，稳重有余而进取不足。赵顼在和他的谈论中，只剩下了一些老掉牙的调调，这让年轻的天子大失所望。

眼前的旧臣不行，只能寻找符合心意的新人。

治平四年（1067）九月，赵顼刚将英宗神主升祔太庙（正式完成葬礼），就出人意料地对宰执班子进行了大调整，宰相韩琦、副相吴奎、枢密副使陈升之、签书枢密院事郭逵等四人被同时免职。随着韩琦的外放，至此，仁宗时代的几位名臣悉数退出了历史舞台。

说到这里，或许很多人可能都想到了一个问题——欧阳修到哪里去了？

事实上，他已经离开朝廷半年了。治平四年三月，欧阳修成了第一个被罢职的宰执成员。

令人遗憾的是，导致欧阳修提前退场的，居然是一件无中生有的丑闻。

谣言要从欧阳修的堂内弟薛良孺说起。薛良孺曾经担任过淄州知州，任内推荐了一个官员，后来他所推荐的人贪赃枉法，犯了重罪。按照宋朝法律，贪赃者固然要治罪，推荐人薛良孺也要受审问罪。薛良孺一心想着能赦免脱罪，就希望担任副相的欧阳修能帮忙疏通一下。但是，欧阳修是个爱惜名节的人，不想为自己的亲属徇私说情。结果，薛良孺还是受到了免去官职的处理。

薛良孺自己弄丢了头上的长翅帽，却怪欧阳修不近人情，一心想着报复。此后，他居然炮制了一个非常无耻的谣言——欧阳修和大儿媳妇吴氏通奸。

这种人伦丑闻，向来是"吃瓜群众"关注的重点，一经传出，无须核实，立即就能散播到每个犄角旮旯。

不久，欧阳修的"丑闻"传到了御史彭思永和蒋之奇的耳朵里。这两人听到传闻就像蚊子见到血，兴奋得忘乎所以，立刻就上奏弹劾欧阳修。

在他们看来，这个传言，无论对象、内容，都足够劲爆，是个出名的大好机会，绝对不能放过。

欧阳修听到消息，气得七窍生烟，之前庆历五年（1045）被人无端泼了一盆脏水，何曾想到已至花甲之年，却还要再受奇耻大辱！

听到被奏劾的消息，欧阳修一连写了九道奏章述说自己的委屈。赵顼并不糊涂，他当然知道欧阳修的道德人品，连忙将奏章交付核查。

这种谣言，当然经不起查问，问了半天，御史们都说是道听途说。至于究竟是哪条道上听来的，听哪个人说的，对不起，我年纪大了，耳聋眼花，记不清了。

宋朝为了鼓励御史大胆发表意见，允许"风闻言事"。两名御史正是凭借这条规定，有恃无恐。

最后，赵顼为了安抚欧阳修，薄惩了彭思永、蒋之奇两人，降了他们的职。

风波过去了，欧阳修的内心却始终无法平复，经此一折腾，他对官场愈发厌倦，心中萌生退意。

事后，欧阳修三次上疏要求免去执政之职，"差知外郡"，朝廷拗不过欧阳修，将他安排到了亳州（今安徽亳州）任知州。在赴任之前，欧阳修请求朝廷能允许他到颍州（今安徽阜阳）短暂停留。

颍州虽不是欧阳修的故乡，却让他有着一种别样的牵挂。

颍州是个小郡，那里民风淳朴，清静安适，郡中有一处西湖，景色与杭州西湖不相伯仲。皇祐元年（1049），欧阳修曾到此地担任知州，尽管只待了一年多，却对这方水土倾心不已，把颍州当作了自己理想的终老之地。

到亳州后不久，欧阳修继续上疏，请求允许致仕，但是朝廷不但没有批准他的请求，反而任命他为青州（今山东青州）知州、京东东路安抚使。青州是北方的一个重要州郡，京东东路安抚使更是一个节制七州的要职。或许，朝廷把欧阳修的致仕申请误读成了"丑闻"风波后的牢骚姿态。

既然朝廷的任命已下，欧阳修只好北上赴任。

青州任期届满后，欧阳修又连续上疏，恳请允许致仕。朝廷本有意继续对其大用，但经不住他的再三推辞，最后决定将他调任蔡州（今河南汝南）知州。

按照惯例，宋朝的官员一般是七十岁后安排致仕。很多官员都巴不得在官位上多赖几年，欧阳修却铁了心想提前致仕。到蔡州后，欧阳修居然连上二十多份奏疏以表明心意。

熙宁四年（1071）六月，赵顼终于答应了欧阳修的请求，允许他以太子少师、观文殿大学士的身份提前致仕。为了体现对这位名臣的特殊优待，赵顼特批欧阳修"带职致仕"（仍然享受在职时的待遇）。

这一年，欧阳修终于回到了朝思暮想的颍州，过起了宠辱不惊、安闲恬静的生活。晚年的欧阳修依旧没有改变他洒脱乐观的性格，他为自己取了一个特别的外号——六一居士。

何谓"六一居士"？

一万卷藏书、一千卷金石遗文、一张琴、一局棋、一壶酒，再加自己这个老翁而已。

"以吾一翁，老于此五物之间，是岂不为'六一'乎？"

这是欧阳修对六一居士的自问自答，也是他退隐生活的真实写照。

西湖依然是那个西湖，当年那个文采绝伦的名臣，却已经变成了一个闲云野鹤般的老人。

二十年，转瞬即逝，富贵繁华，皆是过眼烟云，我又回来了。你们可还记得那个曾经的"旧主人"？

## 采桑子

平生为爱西湖好，来拥朱轮。富贵浮云，俯仰流年二十春。

归来恰似辽东鹤，城郭人民。触目皆新，谁识当年旧主人。

只可惜，欧阳修在颍州并没有享受太久的悠闲岁月。

熙宁五年（1072）闰七月，正好是他来到颍州后的整一年，一代文宗欧阳修与世长辞，年六十六。

朝廷为褒奖欧阳修，追赠其为一品太子太师，赐谥"文忠"，以示哀荣。

其实，欧阳修又何须用一个官职来获取荣宠？

《纵囚论》《朋党论》《伶官传序》《醉翁亭记》《秋声赋》……以及无数脍炙人口的诗词佳作，这些震古烁今的文字，任选一篇，足以流芳于世。

欧阳修，早已为我们积淀了取之不尽的文化厚土。

这些，才是属于他真正的荣耀！

让欧阳修留下千古盛名的，除了那些震古烁今的文字外，还有他那识人用人的心胸气度。

就在离京外任之际，欧阳修还向赵顼郑重上表推荐了一个人，一个曾经在"濮议"中激烈反对过他的人——司马光。

## 司马光

天禧三年（1019）十月，光山（今河南光山县）知县司马池迎来了自己的第二个儿子，由于孩子出生于"光山"，司马池就给儿子取名为"光"。

司马光，字君实，陕州夏县（今属山西）涑（sù）水乡人。

据传，司马光祖上属于西晋王室后裔，后来家势衰落，再也没出现什么大人物（入宋以前皆平民）。直到司马光的祖父司马炫和父亲司马池考中进士，成为朝廷官员，家族才开始再次兴盛。

司马池曾先后在光州、寿州、洛阳、开封、凤翔等地做官，童年的司马光则一直跟着父亲生活。

我相信，很多人认识司马光，都是从那个砸缸的故事开始。

需要说明的是，司马光砸的其实不是水缸，而是一个水瓮。瓮虽然也是一种盛水或酒的陶器，但器形要比常见的水缸小很多，器壁也相对薄一些。

相传，司马光七岁那年，有一天，他和几个小伙伴一起在院子里玩耍。有一个熊孩子特别顽皮，爬到了一个大瓮上，一不小心失足掉了进去。正巧，瓮里装满了水，孩子在水里扑腾，大声呼救。其他几个小朋友见此情景，都吓傻了眼，急得到处乱跑。但是，小司马光很镇定，他搬起旁边的一块石头，朝大瓮狠狠砸了过去。

"哐当"一声，水瓮应声破裂，小伙伴也得救了。

司马光砸瓮救人的故事立刻传遍四方，他成了远近皆知的机智神童。在开封和洛阳等大都市，居然还有人将司马光的故事画成《小儿击瓮图》来出售营利。言下之意是只要你把这张"砸缸"图带回去，你家里的孩子保准能和司马光一样聪明。

当时也没有"肖像权"一说，小司马光就这样莫名其妙地成了年画宝宝。

于是乎，砸瓮成了司马光人生中的第一个标签，估计很多人在介绍司马光时，都会补上一句："喏，就是小时候砸瓮的那个家伙。"

如果我们对司马光的了解，仅限于他的砸缸故事，想必很多人都会认为他是一个机智敏锐、善于变通的人。

然而，事实一再告诉我们，必须历史地、全面地看待人物，否则，可是要看走眼的。

砸瓮只是发生在司马光身上的一个非典型事件。真实的司马光其实是一个非常保守传统的人，甚至可以称其为严肃古板，而且是古板到让你望而生畏的那一种。

司马光的学习经历属于最经典的好学生模式，读书一板一眼，写字一笔一画，什么目不斜视、专心致志、全神贯注等词语，放到司马光身上基本没错。如果哪天你发现司马光拿着课本分神了，那就是比抓到外星人还要轰动的新闻。

从小到大，司马光就有着不同于常人的成熟和稳重。

古板归古板，司马光的学问是实打实的厉害，历史学功底尤为深厚。宝元元年（1038），二十岁的司马光首次参加科举考试，一举考中一甲第六名。

司马光生在一个传统的官僚家庭，他的人生也像已经排演好的剧本一样，过得一丝不苟。拿到功名以后，接下来当然是成家立业。

既然是司马光结婚，自由恋爱这种事情就免谈了，父母早就为他安排好了一门亲事，妻子是度支副使张存的女儿。

在古代，结婚从来都不是一件轻松浪漫的事，没有婚纱照，没有蜜月，只有一套无比繁杂的礼节，如果你马虎应对，还会有人指责你这个人太不懂"礼"！

　　司马光当然是最尊崇礼制的人。接到结婚任务后，他立刻拿出了钻研学问的劲头，开始逐项考据婚礼上的每一个举动，看看是否符合礼制要求。比如一个拜礼，拜祖先的时候如何拜？拜父母的时候如何拜？夫妻对拜的时候该拜几次？男方该面朝哪里？女方该面对何方？分别各拜几次？每次跪拜地点有什么讲究？手上的同心结该怎么拿？

　　凡此种种，司马光都小心翼翼地考证过，直到确保每一个环节都有充分依据，挑不出半点毛病，这才放心地办婚礼。好在司马光的妻子也是传统官僚家庭出身，一点都没觉得司马光烦琐，两人三观相合，堪称一对封建礼教支配下的模范夫妻。

　　进士及第后，司马光被任命为华州（今陕西渭南市华州区）判官。同一时期，他的父亲正担任着同州（今陕西大荔）知州，两地相距很近。司马光新婚燕尔，又能经常和父母在一起，日子过得非常舒心。

　　然而，属于司马光的幸福时光也就短短一年。因为就在那一年，西夏元昊称帝了，整个帝国由和平状态转为战时状态。此时朝廷上的事情固然还轮不到司马光操心，可从开封传递过来的紧张气氛很快波及了帝国的每一个角落，筹备钱粮、征发人手，每样活儿都让基层官吏忙得够呛。

　　国事只是让司马光烦心而已，家庭的变故却让司马光痛苦不堪。康定元年（1040），司马光刚迁任平江军（今江苏苏州）节度判官不久，他的母亲病故了。

　　古代特别讲究孝道，司马光更是一个至诚至孝之人。母亲的去世让司马光悲痛万分，他扶着母亲的灵柩回到了家乡，开始按律丁忧三年。然而，仅过了一年，司马光又得到一个噩耗——父亲司马池病故于晋州任上。

失去双亲，令司马光痛不欲生。两年前，母亲还在为他整理官服，父亲还在和他一起讨论齐家治国之道，可如今，再也没有人为他挡风遮雨、指点迷津了。想到这里，司马光感到自己身上的担子陡然变重。

按规矩，亲人去世，为官者必须辞官丁忧三年，而像司马光这样双亲短时间内同时去世的，则需五年。从康定元年起，司马光开始了漫长的守孝时光。

庆历四年（1044），司马光丁忧期满，复出做官。此时，宋朝已经和西夏议和，庆历新政也早已结束，朝堂又恢复到往日的松弛状态。那年冬天，司马光被安排到滑州（今河南渭县东）担任武成军判官。又过了一年多，司马光被调回京城担任大理评事、国子监直讲。

大理评事，是一个从八品的小官。从履历上看，司马光因为守孝耽搁了五年，又三次担任幕职官，相对于年纪轻轻就高中一甲第六名的成绩而言，他属于起了个大早，赶了个晚集。如果再按部就班蹉跎下去，他很可能到退休还过不了六品。

不过，很快就有一个贵人向司马光伸出了援手，让他的命运发生急速转变。

庆历八年（1048），副相庞籍推荐司马光入试馆职，他顺利通过学士院的测试，出任馆阁校勘。

推荐司马光的庞籍，前面也露过好几次脸，没错，正是曾和韩琦、范仲淹一起镇守西北的那位延州知州。庞籍和司马家族颇有渊源，他是司马池的好友，司马光和妻子的婚姻还是由他撮合的。

　　庞籍对司马光的品格、学问非常赏识，不遗余力地对他培养拔擢。皇祐二年（1050）九月，司马光升任同知太常礼院。

　　所谓太常礼院，是朝廷中负责祭祀、礼乐、定谥、封袭等工作的机构，承担了原来礼部的职能。这些工作内容，用现在的眼光看，都是非常的无聊，像白开水一样。比如真宗赵恒十分热衷的封禅活动，那一系列复杂礼节的考证，就得太常礼院的专家来论证，再比如闹得沸沸扬扬的濮议事件，也就是个称呼问题，大家却争得面红耳赤。

　　司马光到了太常礼院，属于专业对口，他那较真的个性终于得到了施展的舞台。就在他来到太常礼院的第一年，仁宗皇帝的一个亲信宦官去世了，仁宗想破格按照一品官员的礼仪安葬他，别人都觉得优待一个死人，不算什么大事，都没吭声。偏偏司马光跳了出来，他觉得凡是违反礼制的事，都是天大的事，礼被破坏了，就等同于统治秩序被破坏了，那是要招来天下大乱的！

　　隔了两年，曾任仁宗老师的夏竦去世了，在给他定谥号的时候，仁宗又想徇私情，给他定个"文正"。司马光一听，马上又激动起来，"文正"是文臣所能拥有的最高谥号，本朝立国以来，一共也就三个人得到过，夏竦是何等人，也配？

　　司马光在太常礼院干得如鱼得水，命运却又给他开了个小玩笑。皇祐五年（1053），他的恩人庞籍因为一桩说不清楚的丑闻，罢相出知郓州（今山东东平西南州城）。庞籍离京前，希望司马光能继续辅佐自己，于是，司马光追随庞籍，成了郓州通判。

　　至和二年（1055），庞籍转任并州（今山西太原）知州，司马光也跟着担任并州通判。在那里，司马光又遭遇了让他肝肠寸断之事，他的儿子司马童、司马唐相继夭折，这让司马光和妻子张氏陷入深深的痛苦之中。

司马光没有了儿子，妻子张氏当时又失去了生育能力，于是司马光家的香火继承就成了大问题。张氏是个通情达理的人，就张罗着再为司马光纳一个小妾。

那个时代，官员纳妾是再平常不过的事情，更别说为了继承香火。但是司马光可不是一般人，他向来是按照儒家最高的道德标准来要求自己的，纳妾这种事情肯定无法得到他的认可。

于是，张氏就想了一个变通的办法，她私自为司马光选好了一个相貌姣好、温柔可人的年轻女子，还悉心调教了一番。一日，张氏借故外出，让女子主动进入司马光的房间去贴身侍奉。

按照普通男人的秉性，眼前突然冒出个年轻美女，肯定是两眼放光，满脸堆笑。可司马光却如同见到了洪水猛兽一般，顿时大惊失色，沉下脸厉声责问："你是谁，到这里来干什么？"

女子马上如实回答，说自己是奉夫人的命令，前来侍奉大人的。司马光立刻明白了张氏的用意，但他坚决不为所动："我不要你侍奉，你赶紧出去吧！"

司马光语气决绝，没有丝毫商量的余地，女子只好知趣地退出。张氏回来后，又几次试探着让女子接近司马光，可司马光就是司马光，一点不为美色所动。

张氏也拗不过他，只好把女子打发走了。最终，司马光从兄长那里过继了一个孩子，作为自己的养子抚养，算是解决了继嗣问题。

在司马光的心中，名节永远是第一位的，在名节面前，什么美色财富、功名利禄都不值一提。

嘉祐二年（1057），因为一次意外的升官，司马光又陷入了无尽的痛苦之中。事情还要从恩人庞籍说起。

在并州的西面，隔黄河相望，有麟州（今陕西神木）、府州（今陕西府谷）两地孤悬在外，那里是防止西夏入侵的重要屏障。为了更好地遏制西夏，庞籍打算在麟州境内新建一些用以屯兵的堡寨。在计划实施前，庞籍派司马光前去实地考察。

司马光一番考察下来，觉得计划可行。庞籍听了司马光的报告，就派人前去修筑堡寨，没想到，堡寨没修成，却遭到了党项人的伏击，宋朝又吃了一个不小的败仗。

失利的消息一传来，朝廷立刻派御史前来调查情况。正当御史赶来的时候，司马光接到了朝廷的调令，任祠部员外郎、直秘阁、判吏部南曹。庞籍明白御史一到，肯定凶多吉少，就一面把事情都揽到自己身上，一面催着司马光赶紧走人。

果然，御史一到，立刻对擅自发兵修筑堡寨的事情深究猛查，结果庞籍等参与此事的官员都受到了严厉处分，只有司马光毫发无损。

对于这个结果，司马光深感内疚。他从来都不是那种揽功推过的人，得到消息后，连着向朝廷上奏章，要求朝廷也对自己从重治罪。可是，不管他怎么自责，朝廷就是不搭理。无奈之下，司马光甚至主动跑到宰执大臣那里请求处分，可人家却表示爱莫能助："御史又没参劾你，我们也不能随便处理人啊。"

事情就是这么邪门，别人拼着命要表功提拔，司马光却玩命地要求朝廷给自己贬谪处分。朝廷一日不处理他，他就一日不得安寝，甚至总感觉背后有人对他指指点点，以至他后来每遇到朝臣，都要主动解释这件事情，言词恳切，直说到口角几乎要流血了。

司马光爱惜名节胜于生命，做梦都希望自己被贬官，可命运就是那么喜欢开玩笑，一年后，他不但没被贬官，反而又升官了——改任直秘阁、开封府推官，赐五品服。

五品服就是绯色官袍，"赐"代表提前享受待遇。换句话说，司马光虽然是六品官，却被特许穿五品官服，这也从侧面印证，朝廷对司马光非常认可，他的仕途一片大好。

别人羡慕得要死，司马光却欲哭无泪，每升一次官，他的内疚感就加重一分，既然朝廷不贬谪他，他就想了一个新的办法：请求外放虢州（今河南灵宝），理由是虢州离他的家乡夏县比较近。申请提交后，不但没获批准，反而等到了一个更让他无语的结果。

嘉祐四年（1059），司马光再获提拔，被任命为判三司度支勾院，又是一个显赫要职。这一回，连司马光都要放弃努力了。

可能人生就是如此，你不要什么，命运偏就要给你来什么。接下来两年，司马光一年一迁，先后又当上了起居舍人、同知谏院。

对于同知谏院这个职位，司马光倒没什么抵触，因为谏官就是负责提建议的。司马光平时最喜欢拿着礼的标尺衡量朝廷上的一切行为，干这一行最需要像他这样敢说会说的人。

在谏院里，司马光一干就是五年，一共上了一百七十多道奏疏，平均每月接近三份！五年里，仁宗立储、调和两宫、濮议事件……朝廷里接二连三发生的一堆乱事，司马光一件都没缺席。

尤其是在立储的事情上，司马光成了宰相韩琦的强力支持者，要求仁宗选取宗室子弟为皇储的奏疏是一封接着一封，别人上书只讲大道理，他则发挥了自己历史学家的特长，讲了一大段晚唐时期宦官杨复恭擅自拥立唐昭宗为帝，而后自命为"定策国老"扰乱朝纲的故事，直说得仁宗赵祯"大汗淋漓"。

在立储的事情上，司马光帮了韩琦大忙，但他绝不是为了攀附宰相，只是两人观点相同而已。到了濮议事件中，司马光的观点和韩琦正好相反，他坚决反对英宗尊崇亲生父亲。当然，又少不了一场激烈的论战，最后的结果我们前面也说了，以英宗和宰执们的胜利而告结束。耿直的司马光见自己的建议没有被采纳，执意要求免去自己同知谏院一职。

此时的司马光，正直博学的名声已经遍布朝廷内外，而他的固执也为自己赢得了一个绰号——司马牛。意思是他认准的事情，九头牛也拉不回来！

司马光要辞去谏官的职位，谁都拦不住，就连英宗出面挽留，照样不管用。

到了治平二年（1065）十月，英宗也拗不过司马光，答应免去他的同知谏院一职，升任他为龙图阁直学士兼侍讲。

自此，数次辞官的司马光居然成了身穿紫袍的三品高官。

## 迂 直

治平四年（1067），赵顼即位，在欧阳修的推荐下，司马光再次进入最高统治者的视野。

赵顼对司马光正直的名声也早有耳闻，有意予以大用，一上来就想任命司马光为翰林学士。

翰林学士这个职位向来热得发烫，当上翰林学士，等于半只脚踏进了宰执班子，因此常被人尊称为"内相"。有人做过统计，从宋朝立国到神宗朝，翰林学士成为宰执大臣的比例高达百分之八十以上。

可美事到了司马光这里就难说了。赵顼的任命刚下来，没等来司马光谢恩的奏表，却又等来了一份辞职书，这回的理由更奇葩："我不会干这活儿。"

赵顼觉得司马光可能是谦虚清高，不好意思马上担任高官，就没有回应。结果司马光立刻递上第二份辞状，赵顼依然没有答应。

这下把司马光惹急了，他是一个近乎有着道德洁癖的人，哪怕是被人看成故作清高也不行。接着，他居然又上了一份奏疏，这回他要求当面向赵顼说明情况。

赵顼答应了司马光的请求，立刻予以召见。

一见面，赵顼先勉励司马光："古代的君子，有的是有学问却不会写文章，有的是会写文章却没学问，只有董仲舒、扬雄这样的人才两者兼而有之。你文采、学问兼备，还有什么好推辞的呢?"

赵顼口中的董仲舒、扬雄都是西汉时期的大儒，以这两人来类比司马光，足见皇帝对司马光的认可，也是委婉地反驳了司马光不能胜任的借口。

听了皇帝的夸奖，司马光一点也没沾沾自喜："臣不能为四六。"

司马光所说的"四六"，是指朝廷制诰等文书通用的句式。

要说翰林学士这活儿确实也不好干，一份简简单单的文书，非要写成一篇文章，而且经常通篇四六句式，不但要对仗工整，还经常要引经据典，每个字都要有所讲究。

司马光觉得自己的水平不足以应付这类刁钻的文体，所以称自己不会"四六"。

赵顼笑着反问："你能举进士高第，而不能为四六，何也？"

赵顼的话顿时把司马光问住了。

是啊，考进士的时候你能拿下全国第六名，怎么可能不会填"四六"句呢？科举考试也考诗赋，你不照样拿下了高分吗？

平心而论，以司马光的水平，驾驭这种文体应该不成问题，他只是并不喜欢干这种活而已。

从现存司马光留下的文字来看，那种文采飞扬的散文、诗词确实不多，反而是阐述义理的政论文比比皆是，这说明他的兴趣特长更偏重做学问，写那种文采飞扬的辞章只是为了应试而已。

赵顼的话让司马光无言以对，只能面红耳赤地向外退去。

想溜？没门！赵顼也很有意思，立刻派宦官拿着诏令截住了他，司马光却仍然是拜而不受。结果，那个宦官也是机灵过人，直接把诏书塞到了司马光怀里。

你干也得干，不干也得干！

强行派发官帽这种"好事"，司马光已经历了不知多少次，这次，他又被赶鸭子上架了。

不过，也算司马光运气好，才过了一个月，他又调任御史中丞。御史中丞是御史台的长官，同属言官系统，这显然要比翰林学士更适合司马光。

赵顼一会儿让司马光担任翰林学士，一会儿又让他做御史中丞，其实是醉翁之意不在酒，主要是想将他拔擢到更高的位置，方便求教治国方略，至于司马光是写骈文还是打嘴仗，倒在其次。

对于赵顼而言，他早就厌倦了空洞的道德说教，摆在眼前的财政和军事两大难题，亟需有人为他提出切实可行的解决方案。

比如，父皇英宗去世后，相关丧葬费用就是一笔极大的开支，尽管赵顼已经主动缩减了用度，可国库依然负担不起，因为财政的枯竭，英宗的陵寝居然因为差五十万贯钱差点整成"烂尾工程"，后来费尽心思东拼西凑，才把资金缺口给堵上。

赵顼也曾向老臣文彦博讨教改革弊政之策，结果完全答非所问。富弼本是庆历新政的中坚力量，赵顼想从他口中讨教解除外患的方法，结果却换了一句"愿二十年口不言兵，亦不宜重赏边功"。

旧臣如此保守，赵顼自然只能把目光放到新进青壮力量上。司马光则是他重点考察的人选之一。

然而，经过一段时间的接触，赵顼失望地发现，这个誉满朝堂的司马光固然正直无私，但他的政治观点却和文彦博、富弼等人如出一辙，甚至更加空洞保守。

那一年，赵顼接到一份来自西北边关的密报，横山地区（位于宋、夏边界，今陕北与宁夏、内蒙古交界处）的少数民族首领嵬（wéi）名山、嵬夷山兄弟，因不满西夏君主谅祚的统治，与宋朝边境守将种谔秘密接触，表示有意归降宋朝。

那个时候，夹在西夏和宋朝之间的一些少数民族部落保持着相对的独立性，一直是双方笼络争取的对象。嵬名山、嵬夷山兄弟所在部落有数万人口，是一支值得倚重的力量，种谔觉得事情可行，就立刻密报朝廷。赵顼看了密报后，也批准了招降计划，可不知道司马光从哪里听来了这个消息，居然上书反对招降计划，理由还是不宜轻启边衅那些老调调。

不过，好在赵顼没有采纳司马光的建议，计划最后也得以实施，种谔不但成功招降了嵬名山部，还成功击退了西夏的反扑，并趁势收复了绥州（今陕西绥德）。

此后不久，一场关于人事任命的讨论，又使赵顼加深了司马光迂直的印象。赵顼自即位以来，一直在寻找精通财政的大臣，他拟将翰林学士承旨张方平晋升为副相，却遭到了司马光的强烈反对。

在宋朝，要找精通诗赋文章的人，一抓一大把，可要找经济方面的人才却很不容易。张方平曾经做过三司使，任内疏通汴河、整顿漕运，为京城积攒了足够使用三年的粮食和足够使用六年的马料，政绩十分突出。

赵顼看中了张方平的理财能力，打算委以重任，而司马光反对这项任命的理由是张方平曾经有过用权敛财的劣迹。司马光所说之事确有依据，赵顼当然也知道，只是两人在用人上的观点实在相去甚远。

司马光用人，历来坚持"德胜于才"，如果这个人存在道德污点，即使你有通天之才也没用。而赵顼正是用人之际，尤其是对于这种稀缺性人才，就顾不上那么多条条框框了。

为了张方平的事情，司马光又在赵顼面前唾沫横飞了很久，惹得赵顼都拉下了脸。

当然，事情最后还是皇帝说了算。同年九月，朝廷宣布大臣任免名单，张方平出任副相，比较微妙的是，司马光又从御史中丞回任翰林学士兼侍读学士。

在宋朝当官，一般都是逐步升迁，除了经常进进出出的宰执大臣，普通官员如果回任曾经担任过的官职，多少有点贬损的味道。

司马光认为这是皇上不采纳自己的意见，故意释放出来的一个信号，立刻上书请求罢去翰林学士一职。意见不采纳，咱就走人嘛，对于司马光来说，辞官也不是一回两回了。

对于司马光的辞职申请，赵顼早就有所准备。事后，他亲笔写信回复了司马光："这事你可能真误会了，我并不是因为你反对张方平出任副相而改任你的官职。你的道德学问被世人所推重，从近日开始，我将要开设经筵，让大家讲授治国之道，你也可拿自己在编的《通志》到经筵上来讲讲。"

经筵是为帝王所开设的特别讲席，主讲官一般由翰林学士兼任。按照赵顼的说法，让司马光回任翰林学士，再增添一个侍读学士的职位，是为了让他更好地参加经筵。

而其中所说的《通志》，则是司马光正在编写的一部史书。


司马光编书的故事，还要从头说起。

司马光精通历史，在钻研史料的过程中，他感到前人所编的《史记》《旧唐书》等书籍卷帙浩繁，普通人终其一生也难以通览。如果帝王在治国理政时想以史为鉴，也没时间翻阅那些大部头的历史著作。所以，他产生了编写一部以记录国家兴衰治乱为主线的简明通史的想法。刚开始，司马光将这部书定名为《通志》，并完成了战国至秦朝的前八卷写作。

英宗入宫当了皇子后，就开始恶补经史教育，一些官员开始轮流为皇储上课。由于很多授课者都只会机械地说教，毫无趣味可言，英宗经常听得只想打瞌睡。

而每当轮到司马光开讲，他总是从一个个历史故事入手来阐述经义道理，英宗听得津津有味。当他知道司马光正在编写如此一部巨著时，立刻让司马光呈上一份修书申请，表示要予以大力支持。

司马光的表文一呈上去，英宗立刻批示：请司马光接着《通志》前八卷继续编写下去，待全书完稿后，特赐书名，并允许司马光在崇文院设立书局，选调编书人员，专门从事修书工作。

此外，英宗还给编书者提供了最好的待遇：昭文馆、龙图阁、天章阁的书，都可借阅，秘阁和史馆的档案资料，均可查阅；编书者的待遇参照皇帝设置，用的是御笔、御墨和御用缯帛；喝的是御酒；吃的是出自御厨之手的饭菜；起居生活，由大内派出的一班宦官侍候送信跑腿等一切杂务，也由宦官来做。另外，再特拨一笔供编撰者零花的"御前钱"。

如此待遇，也只有高度重视文治的宋朝才会出现。

看了赵顼的亲笔回信，皇帝也算给足了面子，编书又是自己提出的要求，司马光也不好再说什么。

　　赵顼对司马光的编书工作也很支持。就在司马光就任翰林学士的第一天，赵顼就宣布司马光可以暂停文书的起草，也不必像其他学士一样每天值班，只要五日一值即可。此外，赵顼还将自己的两千多卷私人藏书赐给书局，供于参考。

　　英宗来不及给书赐名，赵顼替父亲圆了心愿，取"鉴于往事，有资于治道"之意，特赐名《资治通鉴》。

　　司马光把主要精力转移到了编书上，赵顼寻找治世能臣的进程却不会中止，他早已经将目光放到了另一个人身上。

# 第二章  天下奇才

## 特立独行

就在司马光回任翰林学士的五天前，赵顼还征召了另一个官员进京担任翰林学士。诏书刚刚发出，那位官员立刻成了开封城中的热议话题。人们纷纷猜测，他到底会不会来？

经过七嘴八舌的讨论，大家的意见还是比较一致——应该不会来！

因为，他们口中的这位官员，辞起官来，比司马光还要生猛！

而令人惊讶的是，这回大家都猜错了，他毫不犹豫地接受了诏令，起身赴京。

王安石要来了！

这个消息瞬间燃爆了整个大宋官场，有人为此额手称庆，有人为此忧心忡忡，而更多的人则是抱着吃瓜群众的心态，想知道这个传奇人物会给帝国带来怎样的变化。

王安石，字介甫，号半山，抚州临川（今江西抚州）人。

巧合的是，王安石的经历和司马光有很多相似之处，而且，两人还曾是挚友。

宋真宗天禧五年（1021）十一月，王安石出生在临江军（今江西樟树），当时，父亲王益正担任着临江军判官。

王安石的父母均出身于书香门第，所以他从小就接受了良好的教育。父亲王益是个难得的开明人士，教育孩子既不靠打骂，也不拿大道理唬人，而是尊崇天性，鼓励他展开独立思考。

如果说有人学习靠先天禀赋，有人学习靠后天努力，那么，王安石当属于两者兼而有之。史载，王安石非常热爱学习（少好读书），而且看过以后就不会忘记（一过目终身不忘），写起文章来文思泉涌、下笔如飞（属文动笔如飞）。

关于天赋和努力的关系，少年王安石曾有过一段神奇的见闻。

十三岁那年，王安石有一次跟随父母去外祖母家做客，听说了邻村发生的一件怪事：说是七八年前，那里有个五岁的小孩子，名叫方仲永，从来没念过私塾，却突然声称自己会写字作诗。起初父母不信，借来笔墨纸砚一试，方仲永还真能写几句像模像样的诗，方仲永的"神童"名号从此传开。

自从方仲永成了"网红"后，附近的很多人都慕名前来欣赏，有人甚至还出钱买他的诗，他的父亲为此开心不已，每天拉着孩子写诗挣钱。

王安石听了这等奇事，非要亲眼见识一下这个神奇的同龄人。见到方仲永后，王安石看了几首他刚创作的诗，却感觉平平无奇，并没有特别出彩之处。王安石又拿来方仲永五岁时的诗来比较，发觉还是他以前的作品更富灵气。

又过了十年，当王安石再次来到外祖母家，打听方仲永的近况，果然，昔日的神童早就泯然众人矣。

为此，王安石还专门写了一篇富有哲理的小文《伤仲永》，指出无论多有天赋的人，都离不开后天良好的学习环境，失去了后天的进取心，再高的天赋也会荒废。

二十岁之前，王安石和很多官宦子弟一样，跟着父亲过游宦生活，父亲官当到哪里，全家就跟到哪里，读书之余倒也增长了不少阅历。

经过十多年的刻苦学习，王安石的学业已经突飞猛进，与此同时，他对社会的认知也日渐成熟。此时的王安石年轻气盛、志存高远、骨子里隐隐透着一股少年特有的自信。

庆历元年（1041），二十一岁的王安石参加科举考试。

解试、省试、殿试，才华横溢的王安石一路过关斩将，顺利高中进士，而且得到了一甲第四名的好成绩。其实，在那次科举中，如果按照实际排名，王安石本应得状元，只因考卷里出现了"孺子其朋"四个字，引起了仁宗皇帝的不快，故而被降成了第四名。

"孺子其朋"本是《尚书》中周公对成王所说的话，大意是"你这小孩啊，今后与群臣要像朋友一样和谐相处"。照理说，引用经典原句，一点毛病都没有。

但我们知道，仁宗赵祯年少登基，很长一段时间都曾受制于刘太后。想必王安石的话触痛了宋仁宗脆弱的神经，让他重新想起了那段不愉快的过去。

可是，不给当状元也就算了，为什么偏偏是第四名呢？只因此榜的第二名、第三名都是朝廷官员（或官员子弟），宋朝有规矩，在朝官员参加科考，不能拿状元。结果，仁宗大笔一挥，把状元和第四名换了个位置。

明明是金牌，结果连铜牌都没拿到，如果这件事情换到别人身上，肯定要喋喋不休地抱怨上好几年，可王安石就像没事人一样，从未对人提起过此事。在他看来，科举考试不过是人生中的一场游戏而已，所谓状元、榜眼之类的名号，也不过是些虚名罢了。

进士及第后，王安石获得的第一份任命是签书淮南判官，主要工作是协助地方长官处理政务。庆历五年（1045），王安石迎来了一个重量级的上司——韩琦。

庆历新政失败后，枢密副使韩琦外放扬州知州。对于这样的朝廷大员，很多人都千方百计予以巴结，以求留个好印象。然而，王安石却连刻意表现一下的心思都没有，只是按部就班地干自己的活。

从古到今，很多人都把读书当作敲门砖，一旦谋到了一官半职，就把经史子集扔进了垃圾堆。王安石却不一样，他是一个真正热爱知识的人，不管工作多忙，依旧保持着良好的读书习惯，甚至比备考时更加废寝忘食。一下班，就回自己的房间读书，一读就读到深夜。

有一次，王安石又读书入了迷，夜已深却全然不知，直到外面传来报更的锣声，才感到有些犯困。此时，离上班的时间已经不远了。王安石也顾不上脱衣、铺被，裹着衣服，歪着身子就打起瞌睡。这一睡不要紧，等他醒来，早已鸡叫三遍。

坏了，迟到了！

那时候的上班，虽然没有打卡、扣奖金一说，却要实行点卯制度。也就是由长官坐堂，派人一一核点工作人员，迟到了，岂不是要出大洋相？

睡眼惺忪的王安石赶紧起来，脸也顾不上洗，衣帽也顾不上整理，咻溜一声就蹿了出去。一路上，王安石跑得上气不接下气，幸亏年轻人体力好，等跑到的时候，点卯正刚刚开始。

韩琦早已经威严地坐在大堂上，他瞥了一眼狼狈不堪的王安石：官服皱皱巴巴，帽子歪斜着，旁边还露着几缕乱糟糟的头发，两眼布满血丝，脸上也不太干净，一看就是用双手"干洗"了一下。见到这样的王安石，韩琦不禁皱了皱眉头，心想："这个冒失鬼，肯定昨天晚上出去鬼混了！"

淮南路的治所在扬州，是著名的花花世界，很多年轻官员在空余时间经常到外面花天酒地。韩琦以为，王安石少年得志，肯定也是到外面潇洒去了。

如此这般，连续好几次，韩琦终于忍不住了，找机会把王安石留下来，狠狠教育了一番："你还年纪轻，不要荒废了读书，不可自暴自弃!"

而这个王安石呢，既不认错，也不狡辩。

嗯，哦，知道了，好的，我下次注意。王安石稀里糊涂地应付了一下，转身就走了，边走边在心里嘀咕："这位老韩，一点也不理解我。"

王安石不仅读起书来废寝忘食，平时没事也喜欢一个人琢磨道理，每天都是一副神游天外的样子，为此还闹出过一个"只吃眼前菜"的故事。

有一次，王安石的夫人吴氏在家里闲着，外面突然来了一个自称王安石朋友的人，特地送来一些獐肉，还不忘叮嘱吴氏："王安石特喜欢吃这个!"

吴氏一听很奇怪："你咋知道咱家老王爱吃獐肉呢？我和他一起这么多年都不晓得哩。"

来人回答："上回咱请他吃饭，他就猛吃一盘獐肉，其他啥都没碰!"

吴氏听了，大笑不止："你仔细想想，当时把獐肉放哪里了?"

来人听后，一琢磨："嗯，那盘獐肉好像确实就放在王兄的眼前。"

吴氏一听就乐了："这就没错了，我们老王每天神神道道，对吃喝从来不讲究，他的习惯就是只吃眼前那盘菜，至于菜的酸辣香甜、口味好坏，他是尝不出来的……"

关于王安石生活不拘小节的段子层出不穷，最为人诟病的还是不讲卫生。

古代有身份的人讲求衣冠楚楚的仪表，不穿戴整齐是不肯出门的。可王安石经常是蓬头垢面、胡子拉碴，衣服、裤子又破又脏，关键是还经常不注意洗脸、洗澡，活脱脱一副乞丐模样。于是，好心的朋友经常会拉着王安石去洗澡，洗完澡还会给他备上一套新衣服。

而这个王安石呢，往往换上新衣服就走，也不知道说一声谢谢。据朋友们判断，老王估计连自己的衣服被换了都不知道！

王安石就是这样一个人，他似乎永远活在自己的精神世界里，外面的评价：褒，不值得自喜；贬，不足以挂怀，不过是一些喧嚣杂音而已。

"此时少壮自负恃，意气与日争光辉……材疏命贱不自揣，欲与稷契遐相希。"（《忆昨诗示诸外弟》）

除了理想抱负，一切都与我无关。

## 磨砺心志

庆历六年（1046），王安石获得了第二份任命——鄞县（今属浙江宁波）知县，正式成为一名地方主官。

在这个任命到来之前，王安石干了一件让人大跌眼镜的事情，他主动放弃了一个入京当官的机会。按照朝廷规定，像王安石这样的名次靠前者，前三年任职期满后，可以向朝廷申请求得馆职。馆职的重要性已经不需要我们再赘述，那既是升官的捷径，也是读书人的一项巨大荣誉，就连清高如司马光者，第一次得到馆职的时候也激动得直流眼泪。可王安石对馆职一点兴趣都没有，当别人问他原因时，他的回答更加雷人："京城里消费水平太高，馆职的俸禄太低，我又刚刚结婚，到了京城消费不起啊。"

本来，文人是最避讳谈钱的，可王安石谈起钱来脸不红心不跳，一句话就把人给噎了回去。

王安石真的是因为缺钱不去京城吗？有了馆职，很快就能升官，还愁俸禄不高吗？王安石虽然固执，但他可不傻，他只是想以钱为借口，能够迅速屏蔽掉那些"关心"自己的询问者。

王安石刚到鄞县不久，就跑到每个乡村去了解情况，仅走了几十天，他就对当地风俗民情有了一个全面了解。王安石发现，当地大多数百姓最头痛的问题就是高利贷。

由于当时经济水平普遍不高，很多农户一年到头没什么结余，抗风险能力极差，一有个水旱灾害，就入不敷出，只能靠借贷度日，少数有钱的富户乘机发放高利贷，一旦贷款人还不上钱粮，就只能靠卖地抵偿，甚至到了倾家荡产的地步。这样一来，穷者愈穷，富者愈富，不利于社会稳定和农业生产的良性发展。

当然，简单地发布命令制止高利贷也是不现实的，王安石并没有粗暴地用行政命令干涉经济运行。回到县衙，王安石和主管财务的官吏进行了周密地筹算，把县衙能够动用的粮食和全县每年需要借贷度日的农户进行了全面统计。

不出几日，王安石迅速推出了官府放贷的措施，也就是说，遇到粮食不足的时候，百姓不必再向地主们借高利贷，而是可以选择向官府借粮，官府根据农户的实际情况发放粮食，收取的利息则远远少于那些富户。如此一来，百姓们得到了实惠，生产积极性更高了，地方上的储备粮也实现了"增值"，一举两得。

王安石在鄞县所实行的低息贷粮政策，颇似现在的低息农业贷款，充分蕴含了现代经济学原理，要知道，那可是一千多年前发生的事情！无疑，王安石的改革创新精神已经远远领先于同时代人。

除了实施低息贷粮外，王安石还在境内大兴水利，进一步增加农田灌溉面积，增强农户抵御自然灾害的能力。经过短短三年，王安石在鄞县取得了非常骄人的治理成绩，他的才名也逐渐传颂开去。

皇祐二年（1050），王安石在鄞县任职期满，照例回到京城听候新的任命，由于三年里政绩突出，朝廷晋升他为舒州（今安徽潜山）通判，这个职务类似现在的地级市副市长，为正六品衔。朝廷为了表彰王安石，还给了他一个殿中丞的虚衔，相当于从五品。

在赴任舒州前，王安石去了一趟杭州，在那里，他游览了杭州著名的古刹灵隐寺。灵隐寺前有一座飞来峰，峰顶矗立着一座高塔。那日，王安石登上了高塔顶层，凭高远眺，只见山腰浮云缭绕，山下全城景色尽收眼底。

回想起几年来的从政经历，王安石已经对自己施政方略有了初步构想。或许，那些惊世骇俗的主张现在还很难得到认可，但只要假以时日，它们一定能成为强国富民的良方。

那些世俗观点，正如脚下的浮云一般，终究无法遮蔽他的目光！想到此，王安石兴笔写下了一首气势恢宏的《登飞来峰》：

飞来山上千寻塔，闻说鸡鸣见日升。

不畏浮云遮望眼，自缘身在最高层。


皇祐三年（1051），王安石来到舒州通判的岗位上，可是屁股还没坐热，又接到了朝廷发来的公文，命令他马上回京城参加馆职考试，然后等候新的职务安排。

原来，当时的宰相文彦博听说了王安石的故事，对他不贪权位的态度十分欣赏，非要把他调到朝廷重用。也是，按照当时的官场风气，多少人费尽心机要上位，王安石有机会却主动放弃，实在是一股难得的清流。文彦博也很有意思，你不想来，我还就要你来。

本来，申请馆职是要经过考试的，但从公文的内容来看，朝廷早就属意王安石，考试也就走个形式，等于白送你一顶官帽。可王安石依然没有答应，不过，这回他写了一份《乞免就试状》，理由还是"家贫口众，难住京师"等。

说白了一句话——没钱，俺不想来。


转眼三年又过去了，王安石在舒州通判的任期届满。至和元年（1054），王安石回到京城等候新的任命。

可是，王安石左等右等，新的任命文书没等来，却等来了一份中书省的敕文，内容是任命他为"集贤校理"——一个大家梦寐以求的馆职。更有趣的是，敕文上还特别说明，如果你觉得生活有困难，可以破例，任职不满一年再给你安排新职务！

你不是不肯参加考试吗？我直接任命你！

你不是说没钱吗？我破例给你安排高薪岗位！

看你来不来！

前面说了，司马光有个绰号叫"司马牛"，很巧，王安石也有个绰号，叫"拗相公"。

两个绰号都一个意思，自己认准的事情，谁说都没用！

结果，王安石封还敕文，并附上一篇《辞集贤校理状》。

可这回朝廷也跟王安石拗上了，一个月后，又发了一道敕文，内容基本相同。

王安石继续封还。

过了几天，中书省又派人送了一份敕文，还加上了一句——不得辞免！

告诉你，这是命令！

王安石更牛，赶紧又回了一篇《辞集贤校理状》。

我也告诉你，咱就是不想去！

三个回合后，王安石这里终于安静了，朝廷没有再发敕文，可也没给王安石安排新的官职，双方就这么僵住了。

僵就僵吧，王安石也没闲着，趁着空档期，他和弟弟王安国、王安上以及两个朋友游历了一次安徽的褒禅山。那次，王安石和大伙一起拿着火把进入一个幽深的山洞探险，大家本想探得深入一点，但中途有人认为火把快烧完了，只好退了出来，等退出来后，一伙人又有点后悔，觉得出来太早，没玩尽兴。

　　王安石连外出游玩也没忘记自己的理想抱负，就是这么一个小插曲，成就了他的散文名篇《游褒禅山记》。

　　"夫夷以近，则游者众；险以远，则至者少。而世之奇伟、瑰怪、非常之观，常在于险远，而人之所罕至焉，故非有志者不能至也。"

　　王安石在《游褒禅山记》中隐晦地表达了自己的志向，他要不避艰险，走向"险以远"的地方，创造一番常人不可及的伟业。

　　然而，这似乎又和他现在的行为相互矛盾。若要安邦济世，就应该走上更大的舞台，王安石为什么迟迟不肯到朝廷任职呢？

　　谁也猜不透他的心思。

　　回到京师，已是九月。

　　不久，王安石终于答应留在京城工作，之所以产生如此大的转变，只因他见到一个偶像级的人物——欧阳修。

　　王安石对欧阳修非常敬仰，而且他很早就结识了欧阳修的弟子曾巩，并通过曾巩将自己的诗文交给欧阳修指点。王安石曾数次找机会拜访欧阳修，都未能如愿。这回，欧阳修回京担任翰林学士，王安石终于得以面见自己的偶像。

　　欧阳修对王安石的才华和品格非常欣赏，特意为他题了一首诗《赠王介甫》：

　　　　　翰林风月三千首，吏部文章二百年。

　　　　　老去自怜心尚在，后来谁与子争先。

　　　　　朱门歌舞急新态，绿绮尘埃试拂弦。

常恨闻名不相识，相逢樽酒盍留连。

这里的"翰林"是指曾任翰林学士的李白，吏部是指曾任吏部侍郎的韩愈。欧阳修将王安石与李白、韩愈相提并论，称赞他拥有后人无法企及的才华，对他寄予厚望。

这次见面，除了切磋文学，欧阳修还为王安石推荐了一个"群牧判官"的职位。

群牧判官，属于群牧司里的官员，群牧司则是负责国家马匹管理的机构。

当然，欧阳修可不是让王安石去担任"弼马温"。事实上，当时马匹属于重要的战略资源，群牧司的地位也不低，群牧判官的俸禄也比较高，更重要的是，这个岗位实务性很强，和那种整天寻章摘句的馆职不同。

王安石对欧阳修的体贴安排非常感激，终于答应下来。

群牧判官毕竟不是王安石的志向所在，只干了不到两年，他就继续请求外放。

从嘉祐元年（1056）到嘉祐四年（1059），王安石又先后担任常州（今江苏常州）知州和提点江东刑狱。

至此，王安石完成了县、州、路三级地方行政机构的历练，在这些岗位上他不断实践自己的施政理念，为自己积蓄力量，一旦时机成熟，就会义无反顾地去实现自己的理想。

## 安石不出，奈苍生何？

嘉祐四年十月，王安石接到新的任命：三司度支判官。

三司度支是掌管国家预算的地方，在这里工作能够掌握全国的财政收支情况。接到这个任命后，王安石没有推辞，立刻上表谢恩。

与此同时，司马光正担任着判三司度支勾院，也就是说，在这段时间里，王安石和司马光成了同处一个部门的同事。

这确实是一个值得牢记的时刻。公元 1059 年，这两个北宋官场最具个性、最富才华的官员相遇了，从此开启了他们从挚友到死敌的传奇经历。

见面前，司马光早就听说过王安石的事迹，对于王安石淡泊名利的态度，司马光非常推崇欣赏（自己也一个德行）。

在三司的日子里，司马光和王安石迅速找到了许多共通之处：他们都胸怀报国的理想，都有着非凡的才华，都喜欢钻研学问，都讨厌庸俗圆滑的官场风气，都讨厌无聊的声色享受……

他们的相似之处实在太多了，甚至有些故事也惊人的雷同，比如司马光拒绝纳妾这种事情，在王安石身上竟也同样发生过。

事情竟然也是由自家老婆主动发起。

王安石官越做越大，俸禄越来越高，在生活上却仍是一个普通人。进了京城后，达官贵人个个喜欢生活享受，尤其是官稍微大一点的，都会有三妻四妾，可王安石一点都没有再娶几房的念头。

王安石没想法，妻子吴氏却反而替他着急了，因为古人纳妾是正常事，像王安石这样的大官不纳妾，人家会认为家里养了个"母老虎"。吴氏不想当"母老虎"，就花九十万贯钱给他买了一个小妾。

一天下班，王安石到家里后，发现吴氏不在，自己房里却多了个年轻貌美的女子（没办法，都是一样的桥段）。

王安石的反应不像司马光那样强烈，因为他连夫人的用意都猜不透，只能一脸茫然地问女子："你是何人，为什么来这里？"

女子羞答答地告诉王安石，自己乃是依据夫人的安排，来服侍他的。王安石终于明白，原来是妻子搞的鬼，就继续追问详情。

原来，女子本是一个小武官的妻室，丈夫在一次押运官府物资的过程中，出现了翻船事故，造成了巨大的经济损失。现在官府要拿丈夫问罪，如果能还上这九十万贯的损失，就可以宽宥他的罪行。所以丈夫就把她贱卖为妾，来筹集这笔巨款。

王安石听完女子的诉说，宽慰了几句，就直接告诉她："我也不需要你给我当妾，你现在就可以走了。"

女子以为自己听错了："就这么让我走了？那九十万贯钱怎么办呢？"

"算了，钱就不用你还了。"

王安石比司马光还牛，不但回绝了女子，还大方地搭进去了一笔巨款。妻子回家后，见事情已然如此，也不好再说什么。


在那段时间里，司马光和王安石经常聚在一起，或讨论国事，或谈诗论文，两人虽然经常出现观点上的分歧，但丝毫未影响到双方的友谊。

　　同时期内，还有两个叫吕公著、韩维的人，也是他们这个小团体的成员，四人被人们戏称为"嘉祐四友"。可谁又能想到，这个亲密的小团体，后来会分裂成两个水火不容的阵营？

　　或许是历史觉得嘉祐四年的三司还不够热闹，在王安石和司马光双星闪耀的时候，又为这里增添了一个同样光芒四射的人物。

　　如果大家熟悉前面的故事，会发现，此时的三司使乃是包拯包大人。

　　都说三个女人一台戏，其实三个男人也可以是一台戏。

　　三位历史红人就曾上演过一场劝酒的好戏。


　　话说，一日包拯在三司衙门宴请诸位同僚，大家赏花喝酒，都喝得很开心。忽然，包拯发现角落里还有两个官员，既不言语，也不喝酒，活像两根木桩一样杵在那里，与眼前的情景极不协调。

　　此二人当然是王安石和司马光喽。

　　包拯笑眯眯地看着两人问道："你们两位怎么不喝酒呢?"

　　王安石和司马光恭恭敬敬地站了起来："我们不擅长饮酒。"

　　包拯豪爽地叫人给两位倒上酒，举杯劝道："今天尽兴，你们一定要喝上一杯。"

　　照理说，本部门领导敬酒，怎么着也要喝一杯，可这两位从来都是固执透顶的人，哪管什么领导不领导。

　　不管包拯怎么劝，王安石和司马光依然不喝。

　　而那回包拯好像兴致特别高，非要让两人喝一口不可，他干脆端着酒杯径直走到了两人跟前，亲自劝酒："无论如何，今天都要喝上一杯。"

司马光拗不过包拯，最后勉强喝了一杯，可王安石依然不为所动。

包拯接着又看了看王安石，意思是，你呢？

王安石仍然是那句话："属下不会饮酒。"

最终，不管包拯怎么要求，同僚怎么劝说，王安石还是没喝一口酒。

包拯见状，也只好自己打圆场："介甫硬气，佩服佩服！"

如此看来，王安石的"拗相公"，确实名不虚传。

也幸亏三司使是包拯，若是换成别人，王安石不知要被穿多少双小鞋！

王安石在担任三司度支判官后不久，便向仁宗皇帝递交了一封长达万字的奏疏，史称《上仁宗皇帝言事书》。在这篇奏疏里，王安石对当时宋朝社会存在的弊病进行了深入分析，提出了自己系统的改革主张。

看了万言书，人们就不难理解为什么王安石此前迟迟不愿到朝廷任职。和生活上的随性不同，王安石对自己的政治理想有着缜密的设计和思考，他需要契合实践的一手经验，而不是书斋中的只言片语。也正因为如此，他在向朝廷申请时，宁可成为一方主政小官，也不愿意出任中枢有名无实的副职、闲职。

面对愈演愈烈的"三冗"问题和不断加深的政治经济危机，王安石是官僚群体中难得的清醒者，他对庆历新政的失败有着更本质的认识，提出的革新思路也更具有创见。这次，是他第一次详尽系统地阐述自己的执政思路。

只可惜，此时的仁宗已入垂暮之年，早就没了改革的意愿和勇气，王安石洋洋洒洒的万言书，最后只是石沉大海。

嘉祐五年（1060），王安石和司马光两人又进行了一次别开生面的辞职竞赛。那年年底，这两位备受瞩目的政治明星同时被任命为"同修起居注"。

"同修起居注"是负责记录皇帝言行、朝廷日常事务的官职，任期届满后，极有可能当上知制诰或翰林学士。如此美官，在王安石眼里却是一个干不了实事的岗位，他又提出了辞免申请。

朝廷不接受他的申请，直接派人把任命文书送了过来。王安石更牛，为了躲避来使，居然藏进厕所里。使者没办法，把文书放在桌案上，想弄个"留置送达"。

王安石就拿起文书追了出去，就这样推来搡去不知多少回，才勉强接受了任命。

司马光也不想担任"同修起居注"，就拿王安石作说辞："你看，王安石水平那么高，都不肯担任同修起居注，我就更不好意思当了。"

司马光的推辞信也写了四五封，但最终结果还是一样：让你干，你就得干。

好在两人都没在这个岗位上干很久，一年后，司马光去谏院干活了，王安石则担任了知制诰。

知制诰是皇帝身边的近臣，相比三司度支判官，知制诰所上的奏疏应该更能引起皇帝的注意，王安石又萌发了向皇帝提建议的念头。

可令王安石哭笑不得的是，一次鱼饵事件让仁宗皇帝彻底失去了对他的信任。

嘉祐六年（1061）三月，一个天气晴好的日子。

宋仁宗赵祯邀请各位近臣吃饭，饭后还让大家一起到宫苑里看他钓鱼。群臣见皇帝兴致不错，都前去围观，王安石也在其中。

正当大家乐呵呵地盯着皇帝的钓钩时，王安石又习惯性走神了，他对钓鱼一点都不感兴趣，就一个人孤零零地站在旁边。正巧，王安石的身边有一个石几案，几案上还放着一盘点心。王安石倒也没把自己当外人，边走神边拿起几案上的点心吃起来。

嗯，味道还挺香，不错，再来一个。

王安石一边神游天外一边伸手掏点心，一颗接一颗，不一会儿，居然把金盘里的点心吃了个精光。

好吧，点心吃光了，皇帝鱼也钓得差不多了。散场，走人。

王安石倒是吃开心了，可他不知道，那盘子里的哪是什么点心，分明是内侍为皇帝钓鱼准备的鱼饵啊。

要说这事王安石确实过分了一点，吃鱼饵怎么也能吃成光盘呢？你就算不考虑皇帝的感受，你考虑过鱼的感受吗？

仁宗事后也没找王安石算账，只是愤愤地对人说道："王安石真是一个虚伪的人，就算你不小心把鱼饵当点心吃了，吃一颗也就该停下了啊，怎么能把一盘都吃光呢？"

没办法，仁宗并不理解这个特立独行的人。

隔了一段时间后，王安石向仁宗呈上了一份《上时政书》，言辞恳切地希望皇帝重视危机，果断革新政治。有那次"鱼饵"事件垫底，《上时政书》的命运可想而知，它和万言书一样，依旧没有得到任何回应。

嘉祐八年（1063），仁宗皇帝崩逝，宋英宗赵曙继位。那一年，王安石的母亲也去世了，他回到江宁（今江苏南京）家中为母亲办理丧事，并依律解官丁忧。

治平二年七月，王安石守丧期满，朝廷召他回京任职，他却连上了三道《辞赴阙状》，表示自己还要静养，暂不考虑出来做官。

事实上，王安石远居江宁，并不代表不关心国事，他也时刻从友人口中获取朝廷的情况。只是，病怏怏的英宗，无聊的濮议……那乱哄哄的朝局，让他心生倦意。

和王安石的冷淡相比，他的声望却在不断提升，士大夫群体中对他多有赞誉之声，很多人都盼着他能出来造福百姓。好友司马光甚至在信中说道："远近之士，识与不识，咸谓介甫不起则已，起则太平可立致。"

治平年间，大宋朝野上下逐渐产生了一股强烈的呼声：

安石不出，奈苍生何？

# 第三章 和而不同

## 越次入对

治平四年（1067），赵顼继位，盛名在外的王安石很快进入了他的考察视野。

闰三月，赵顼启用王安石为江宁知府。

九月，赵顼召王安石进京任翰林学士。

这两次任命，王安石都没有推辞，消息传到京城，很多人又开始嚼舌根：你看看，什么淡泊名利，一看到高官美差还不是屁颠屁颠来了？说到底，只是个沽名钓誉之徒罢了。

很多人都不理解王安石，当然，王安石也不需要这些人的理解。不过，有一个人是理解王安石的，他就是司马光。

同为辞官专业户，司马光深知，他们的辞官并不是显摆自己如何清高，他们只是在寻找适合展示自己才华的舞台而已。合则留，不合则去，一切发乎本性，不汲汲于富贵，但也不被声名所累。

君子坦荡荡，小人长戚戚。

熙宁元年（1068）春，王安石终于来到了京城，刚到不久，赵顼便命王安石"越次入对"。

所谓"越次入对"，就是特别准许王安石超越现有官阶，单独觐见皇帝。本来，"入对"是宰执大臣才享有的特权，王安石还只是翰林学士，所以被称为"越次"。

赵顼对王安石的印象非常好，一见面就虚心求教："我早听说你学问渊博、才华过人，如果你对治理国家有什么意见和建议，请务必指教我。以目前的态势，治国该先从哪里入手呢？"

王安石答道："应当选择合适的法度（以择术为先）。"

赵顼听王安石这么一说，立刻来了兴趣，因为王安石的回答果然让他耳目一新。此前，赵顼也曾向其他人询问治国之道，但说来说去都是"用贤人退奸人"之类的大道理，听起来很高调，其实没什么操作性。谁的脸上都没贴贤人奸人的标签，哪有那么容易区分？

赵顼继续问道："依你的意思，学习唐太宗怎么样？"

赵顼的这一问倒也很自信。唐太宗是公认的圣明君主，看样子，这个雄心勃勃的年轻君主立志要做个唐太宗一样的旷世明君。

不过，自信归自信，那也得看和谁比。

王安石脖子一仰："陛下要学就学尧舜，学什么唐太宗啊。"

赵顼顿时被王安石唬得一愣一愣的，天哪，眼前这家伙比我还狂啊！要知道，尧、舜都属于远古大神级人物，是世人眼中完美无瑕的大圣人。

此情此景，好比一个中等生下决心要努力学习，一跺脚，咬咬牙，喊出了要考全校第一名的口号，结果老师在旁边补了一刀：什么全校第一，要考就考个全国第一！

王安石见赵顼有点迟疑，继续补充说："唐太宗的见识也不见得高远，只不过趁着隋末乱世建立勋业，子孙中又多是昏庸之辈，所以他才显得圣明。"

赵顼还是第一次听到有人居然只给唐太宗打了个中评，听得又是一愣。

王安石继续解释："尧舜之道，简单而不繁琐，精要而不迂腐，只是现在的人不能深刻体悟其精髓，才以为高不可攀。圣人立的法度，其实也是为普通人考虑的。"

这么一来，赵顼更觉得不好意思了。他被王安石说得热血沸腾，兴奋得直搓手："爱卿，这个，这个……这个尧舜，你对朕的要求太高了。"

听了这么多新鲜的理论，最后，赵顼又提出了一个疑问："你说要完善法度，可其他大臣都说祖宗制定的法度已经很完备，宋朝能立国一百余年而没什么大变故，全靠祖宗之法，不可轻易变更。这又是为何？"

听了这话，王安石沉默下来。


确实，目前宋朝正好立国一百零八年。一百多年间，宋朝的统治大致是平稳的。如果回放到历史长河中去看，从东周至宋朝，凡一千八百多年，大一统的时间也就五百多年，其间还夹杂着一些局部动乱。因此，不少宋朝士人对这套既有统治模式是非常自豪的，这也成了他们反对变革的主要理由。

王安石不是没考虑过这个问题，但这个问题说起来实在太复杂了，一句两句也讲不清楚。于是，他请求赵顼让他回去写一份奏疏，详细阐述一下自己的观点。

赵顼点头答应。

回去以后，王安石奋笔疾书，很快交出了一份《本朝百年无事札子》。这份奏疏不像万言书那么长，也未像万言书那样详细地讲述问题，但非常具有针对性地回答了"为什么要变法"这个问题。

王安石先是客观地分析了宋朝前一百年太平稳定的原因，无非是以钱财来换取和平（屈己弃财于夷狄，而不忍加兵之效），以相对优厚的待遇来保证官僚队伍的忠心（赏重而信之效），以分权制衡来发现弊病（公听并观，而不蔽于偏至之谗之效）等祖宗成法。

而后，王安石马上话锋一转，指出当今最大的一个弊端，那就是满朝上下所弥漫着的一股因循苟且、浑浑噩噩的萎靡气息。

在这股保守的气息下，那些宋朝赖以生存强盛的"祖宗成法"正慢慢地发生变化，它们的长处正在日益削减，而其所导致的弊病却日益显现。

事实上，正如王安石所言，很多政治制度的出台都是利弊交织，以钱财换来的和平，随着年代久远，只会越来越不牢固；不断膨胀的官僚队伍必然严重影响行政效率；看似富有四海的宋朝，因为养兵养官的基数庞大，正遭遇着空前的财政危机。

王安石尖锐地总结：正因为有弊端而不变革，所以皇上虽然厉行节俭但百姓并不富裕，虽忧劳国事但国家并不强大。幸亏外敌没有闹得厉害，国家又没遇上大的自然灾害，所以天下太平了百年。虽说是君臣努力的结果，其实还不是老天帮忙？

王安石就是王安石，想怎么吐槽就怎么吐槽，言下之意，什么百年无事，只是运气好罢了。

最后，王安石没忘了鼓励赵顼几句：治理国家，就要知道不可能一直依赖老天眷顾，要知道后天也不可懈怠（知天助之不可常恃，知人事之不可怠终），做一个大有为的君主，正在今天（则大有为之时，正在今日）！

看了王安石的奏疏，赵顼激赏不已，他第一次看到如此富有逻辑性、思辨性的文章，对王安石更加钦佩信服。

此后，赵顼经常召王安石对坐深谈，并让王安石也利用讲学的机会，向更多朝臣全面阐述他的施政理念。

正当王安石不断取得皇帝的信任，他的思想观点广泛传播之时，一股反对声浪也相应泛起。

始料不及的是，反对王安石最强烈的人，居然是他的好朋友司马光。

## 殿前辩论赛

赵顼不会想到，一次关于南郊赏赐的讨论，会让他最为中意的两个大臣吵得面红耳赤。

所谓"南郊赏赐"，是宋朝的一种惯例性赏赐。宋朝皇帝每三年都要到南郊进行一次祭祀活动，郊祭之后，皇帝要给官员和军队一定的赏赐。当然，对朝廷而言，这又是一笔巨大的开支。

但是，当时宋朝的财政状况已经非常紧张了。几年内，刚经历过两个皇帝的丧礼不说，北方不少地区又遭遇了水灾。

赵地主家已经没有多少余粮了！

正因为朝廷缺钱，这次赏赐方案中，赏金大打折扣。过去，宰执大臣每人最高可得银、绢、钱八千（两、匹、贯），而这回一共才赏两万，其中宰相三千，其余人不到一千。

鉴于朝廷实在太穷，宰相曾公亮等执政大臣联合上了一道奏疏，意思是目前国家经济实在困难，这回给我们宰执们的南郊赏赐也不用打折了，干脆就全免了吧。

大臣们体谅朝廷，带头辞掉赏赐，这是多么美好的事情！可问题远没我们想象的那么简单，在君主看来，给近臣赏赐是国家的体面所系，不能这么草率地决定。于是，赵顼把曾公亮等人的奏疏交给学士院，由翰林学士进行讨论，并拟出一个答复。

学士院讨论结果出来了，只有司马光一个人赞成免去宰执大臣的赏赐，其他人都认为不应免去。

司马光有这个态度一点也不奇怪，因为他从来都是倡导勤俭节约的积极分子。就在治平元年（1064）的时候，朝廷要把仁宗遗物赐给近臣时（其实也是一种物质赏赐），司马光就表示要把自己应得的一千余贯捐出去，并且倡议宰执等高官带头捐献，只可惜那次他没有得到任何人的响应。现在，宰执们主动提出辞免赏赐，难道还不该赞成鼓励吗？

司马光为宰执们思想觉悟的提高而欢欣鼓舞，还特地写了份折子，洋洋洒洒说了一大堆，大意是：君子尚义，小人重利。在裁减用度上，就应该从上开始。

为了防止因为裁减赏赐而显得君主刻薄，司马光在奏疏里提出了一个折中方案——减半赐予。即对文臣、武臣、宗室、内臣（宦官）划定一个级别标准，在既定赏赐额度的基础上，对较高级别的人员赏赐减半，其余一概不减。

这是一个符合儒家精神的完美方案，臣子们主动体谅君主的难处，要求免去赏赐，君主开明大度，最后予以减半赏赐。

这个方案，非常理想化，非常司马光。

看了司马光的奏疏后，赵顼决定召集翰林学士们再次讨论南郊赏赐事宜。


熙宁元年八月，延和殿内，赵顼召集三名翰林学士商议是否该准许宰执们辞免赏赐。

三名学士，除了王安石和司马光，还有一位叫王珪（guī）。

王珪，字禹玉，成都人。王珪本是王安石的同榜进士，名列第二，本来王安石被取消状元头衔后，他应该可以顶替上去，只因父亲是朝廷官员，所以只好屈居榜眼。

王珪的性格和王安石、司马光截然不同，是个出了名的好好先生，做官信奉"没有观点就是最好的观点"。王珪的戏份并不多，在我们的故事中，他只是一个小小的龙套。不过他有两个很出名的后代，我们不妨交代一下：他有个外孙女，是宋朝词坛重量级人物，叫李清照；他还有一个孙女，被铸成铜像天天受人唾骂，只因她嫁了个更有名的人，叫秦桧。

王珪的家事属于题外话，我们下回再说，接着还是看看王安石和司马光的辩论大赛。

辩论开始，正方司马光率先发言："裁减用度，应该从权贵开始，可以准许二府大臣（即宰执大臣）辞免赏赐。"

反方王安石立刻驳斥："二府大臣的南郊赏赐，明明花不了几个钱，却吝惜不给，省下这几个小钱，不足以让国家富裕，只会白白损伤我大宋体面。当年唐朝的常衮（gǔn）推辞堂馔（御厨为宰相专供的膳食），现在我们的宰执要推辞南郊赏赐，和这种情况差不多。况且国家财用不足，不是如今最紧要的事情（且国用不足，非方今之急务也）。"

王安石口中的常衮，是唐代宗时期的宰相，当时的宰相可以享受由御厨烹制的精美膳食，常衮觉得浪费，主动推辞了这份待遇。结果，当时舆论却并没有看好他的这一做法，反而认为宰相应该做好分内的大事，而不是纠结于一餐饭食，如果觉得自己干不好宰相，还不如辞职。

平心而论，王安石拿常衮来类比也不恰当，常衮被人讥讽，主要还是因为自己身为宰相却碌碌无为，人家也就是借机说事。只是，此时的王安石正急于推出他"理财生财"的观念，故作惊人之语。

司马光抓住王安石的话头，马上接下去："常衮辞去待遇，总比拿着待遇却尸位素餐的人好。国家财用不足是目前最紧要的事情，介甫肯定说得不对嘛！"

王安石正等着司马光的质疑，连忙接茬："国用之所以不足，是因为没有找到善于理财的人。"

司马光回击："什么善于理财的人？不过是想尽办法搜刮民财罢了。百姓贫穷了就会聚集成盗匪，这对国家来说可不是幸事。"

听了司马光的话，王安石说出了他的核心观点："善于理财的人，可以让国家富饶，而百姓也不用增加赋税（民不加赋而国用饶）。"

司马光完全不能认同王安石的话，气得连语速都加快了："天地所产生的财物，是一个定数，不在民间，就在朝廷。譬如天降雨水吧，夏天涝了秋天就必定要干旱！百姓不增加赋税而国家富饶？哪有这样的好事？只不过巧取豪夺百姓的利益而已，它的危害肯定比增加赋税更厉害！"

王安石也不嘴软："天地所生的财物并没有定数，只要制定合理的法规制度，采取正确的措施，就可以推动生产发展，多出产财物，完全可以做到国家用度充足，而百姓却不增加赋税！"

如果用现在的眼光看两人这次交锋，我们肯定会认识到王安石的言论更富有前瞻性。社会财富当然不可能是一个固定的数值，否则何来生产发展财富增值一说？即便当时没有现代社会这样快速的科技革新，生产力还是可以通过制度安排、调动劳动者积极性、改良技术等方式来取得进步。

不过，当时能像王安石一样看待问题的人毕竟是少数。

司马光顿了顿，接着气呼呼地说："这是桑弘羊欺骗汉武帝的说法，司马迁在《史记》里面写得明明白白！"

司马光直接把王安石比成了桑弘羊。

桑弘羊是汉武帝时期大臣，他通过将铸币权收归朝廷、实行盐铁专卖、收取工商税、高消费税、组织军队屯边等方式开拓西汉朝廷财赋来源，为汉武帝几次征伐匈奴提供物质保障。而后世的很多正统文人都把他看成一个只会敛财的小人，并把汉武帝后期民生凋敝的责任归咎于他聚敛太甚。

杠到这个程度，王安石也不示弱："摧抑兼并，接济贫困，变通天下的财物，本来就是正确的事情。后世也只有桑弘羊、刘晏（中唐时期主持经济改革的官员）能勉强符合这些要求。"

听完王安石的话，司马光更愤怒了："汉武帝末年国家民变蜂起，朝廷派绣衣使者到处抓捕，百姓还不是因为穷困而起来造反了？"

汉武帝穷兵黩武造成的民生衰败，都该由桑弘羊来背锅吗？这个问题就不是一句两句能说清了。眼看司马光把近前的问题谈成了一千多年前的问题，王安石觉得实在有些扯偏了，连忙调转话头，继续谈宰执辞赏的事。

王安石举了一个本朝的例子："太祖的时候，赵普等人当宰相，赏赐动辄以万计，这次数量不过三千，哪里算多呢？"

　　司马光决定一杠到底："赵普等运筹帷幄，平定各个割据政权，赏他几万钱财，不应该吗？但现在的二府大臣参与祭祀，不过禀报一下，端洗脸水（办沃盥），递一条毛巾（奉帨巾），有什么功劳啊，怎能和赵普相提并论？"

　　从逻辑上说，司马光的这通反驳有点偷换概念的嫌疑，论证赏赐赵普万钱时，以他一生的功绩来对比；而论证现在的二府大臣，却用郊祭时参与的礼仪活动来对比，这显然是两回事。毕竟，现在的二府大臣平时也要上班嘛。


　　就这样，司马光和王安石你一言我一语地激烈交锋，谁都不肯退让，直接把皇帝赵顼和同事王珪当成了摆设。

　　在此前的交往中，司马光和王安石也经常产生观点上的分歧，但那只限于对某段经义、某句诗文的不同理解，双方的争论都只在学术范围之内。而现在，涉及朝廷施政方向、政治决策，以两人的性格，自然谁都不肯让步。

　　司马光也开始意识到，王安石一旦获得大用，势必会让朝廷的决策发生翻天覆地的变化，而这种变化，又是他绝对无法接受和容忍的。


　　延和殿内的气氛越来越紧张，赵顼成了最没有存在感的皇帝，从头到尾只能静静地听着两位"宠臣"的争论，连插句话的机会都没有。

　　最后，还是会来事的王珪出面叫停了："我说大家都别吵了，君实说裁减用度，有道理；介甫说有伤国体，也有道理，都别争了，还是请陛下定夺吧。"

王珪狠狠地和了一把稀泥，把问题又还给了皇上。

赵顼感觉双方都争成这样了，驳了谁的面子都不好，于是和了一把更高级的稀泥："朕意与光同，今且以不允答之。"

这句话是什么意思呢？翻译一下：我的意见和司马光一样，这次暂且以不允许辞去郊赐作答吧。

同意司马光的意见，又说这回暂时按王安石的意见批复。

这个浑水搅得连王珪都不得不佩服。

既然皇上发话了，学士院就照这个意思去拟旨吧。恰好，那天是王安石当值。王安石大笔一挥，一篇措辞带有明显倾向性的诏书就出来了。

诏书里说："关于理财的工作，还有很多要做，你们不去认真思考，反而只想着贬损一点个人待遇，只会伤了国体，也不符合朕的心意（理财之义，殆有可思，此不之图而务自损，祗伤国体，未协朕心）。"

宰执们收到这样的诏书，哪里还敢再辞，立刻表示乖乖接受。当然了，天底下哪有老板发钱却不要的员工，人家才没有王安石、司马光这两人那么纠结呢。

经过这次激烈的交锋，王安石和司马光友谊的小船算是彻底翻了。

从此，两个无话不谈的朋友变成了针锋相对的敌人，开启了长达十多年的争斗和对抗。

## 制置三司条例司

经过一段时间的观察，赵顼终于下定决心，重用王安石。

和赵顼的信任相反，王安石在群臣中的好评率却在急剧跳水，之所以产生这种现象，原因也简单。

在宋朝士大夫的评价标准里，最核心的指标就是道德，大家一开始看好王安石，更多的是因为他辞馆职、辞京官，不贪慕权位，再加上出色的文才和不菲的政绩，那就是士大夫中的标杆型人物。

可当他们发现王安石要大兴变革的时候，顿时陷入了不安之中。更何况，王安石那些稀奇古怪的观点是他们闻所未闻的。这些士大夫普遍都思想保守，喜欢从故纸堆里寻找做事的依据，一听王安石的言论，便觉得此人有点离经叛道。就连曾经推荐过王安石的富弼、文彦博、曾公亮，现在都渐渐和王安石拉开了距离。

不管群臣如何反对，赵顼对王安石的信任却未曾发生一点动摇。据此，很多人以为，赵顼任用王安石，是因为受到了王安石的言辞蛊惑。

事实上，赵顼信任王安石的原因很简单。

因为，他只能选择信任。

不管众人如何唱反调，眼前的政治经济问题总要有人出面解决。那些反对王安石的人，除了批评以外，并没有提出多少让人耳目一新的措施。

过去所经历的一切也告诉赵顼，光靠个人觉悟的提高，不可能解决宋朝的根本问题。

　　"此非卿不能为朕推行，朕须以政事烦卿。"

　　这是赵顼对王安石的瞩望。

　　"臣所以来事陛下，固愿助陛下有所为。"

　　这是王安石对赵顼的承诺。

　　二十一岁的赵顼年轻气盛，胸怀凌云之志，他希望这个日益老迈的帝国能在自己手中重新焕发生机，他甚至想让宋朝恢复汉唐旧境，让自己成为一代圣主。

　　四十八岁的王安石正值壮年，蛰伏二十余年，终于等到了大展宏图的机会，他想倾尽平生所学，成就一番惊天动地的事业。

　　一段千古君臣际遇，一场前所未有的革新运动，就此拉开序幕。

　　熙宁二年（1069）二月，赵顼任命王安石为副相，全权负责变法事务。

　　同月，王安石新设"制置三司条例司"，这个机构单从名称上看可以理解为"制定财政法规局"。

　　之所以设立这个机构，是为了中书省能够统领财政大权。

　　咱们早就说过，宋代实行中书省、枢密院、三司分立制度，宰相只管行政，干预不了军事和财政。现在，作为副相的王安石要推行的变法，首要任务是理财生财，不可能不统领三司的事务。为了不打破旧框架，王安石提议设立这个新机构。

　　当然，制置三司条例司所涉及的事务肯定不局限于理财。事实上，它是一个统筹变法事务的领导机构，为了叙述方便，我们姑且简称其为"条例司"。

"条例司"设立后，王安石推荐选拔了一批支持变法的官吏加入其中，他们中的很多人成为此后几年里宋朝政坛的风云人物。

在变法开始之前，我们不妨先来认识几位：

**第一位：韩绛**

韩绛，字子华，开封雍丘（今河南杞县）人，祖籍真定灵寿（今河北灵寿），真宗大中祥符五年（1012）出生，庆历二年（1042）进士。韩绛出身于一个超级望族——真定韩氏。韩绛的父亲叫韩亿，官至副相，娶前宰相王旦的女儿为妻，生了八个儿子，韩绛排名老三。韩家的八个儿子个个都是中高级官吏，连同韩绛在内，先后有三人出任副相，加上老爸韩亿，人称"一门四相"。

韩绛中举后，历任陈州通判、户部判官、庆州知州、成都知府、开封知府等职，每到一处，韩绛都取得了众口称赞的政绩。韩绛最令人称道之处是敢于硬杠高官权贵，在成都府、开封府这种权贵云集的地方任职，他屡次强行打压官僚特权，连仁宗都感叹："大家都姑息他们，只有你能不屈服于世俗（众方姑息，独卿不能徇时邪）。"

赵顼即位后，韩绛经韩琦的推荐，进入宰执行列，出任枢密副使。韩绛是朝廷中少有的具有革新思维的官员，对提高土地利用率，改变差役法等方面很有见地。作为一名宰执成员，韩绛同王安石一起负责统领制置三司条例司工作。

补充一下，有些细心的朋友可能已经发现，韩绛和王安石属于同年进士。事实上，那一年，韩绛高中进士甲科第三名。如此看来，那一榜的科考成绩含金量实在是高，第二、三、四名都成了重量级人物，倒是那个替代王安石成为状元之人，中举后不久病逝，没来得及施展抱负，着实可惜。

### 第二位：吕惠卿

吕惠卿，字吉甫，明道元年（1032）出生，泉州晋江（今福建泉州）人，嘉祐二年（1057）进士。

前面提到，欧阳修在嘉祐二年主持科考时，录取了一大批人才，人称"千古第一榜"，吕惠卿正是这一榜的进士。吕惠卿出身于一个中下级官吏家庭，中进士后做过真州军事推官、永兴军节度掌书记等官职，因为才干过人，先后得到了欧阳修、曾公亮等人的赏识。尤其是欧阳修，在推荐吕惠卿出任馆职时称赞他"才干和见识都很卓越，文章也写得很好，能用古代的礼法约束自己，可以说是个端庄高雅的人（材识明敏，文艺优通，好古饬躬，可谓端雅之士）"。

王安石能结识吕惠卿，也是因为欧阳修专门写信向他引荐。应该说，在吕惠卿跟着王安石倒腾变法前，他还是一个广受称赞的"好孩子"，只是后来发生了太多曲折的故事，让他以前收到的好评统一笔勾销。

王安石结识吕惠卿后，两人的观点非常契合，王安石经常找他一起商量（事无大小必谋之）。条例司一成立，吕惠卿就担任了"检详文字"，负责变法条文的具体起草工作。在今后的岁月里，他将成为变法派中仅次于王安石的人物。

### 第三位：曾布

曾布，字子宣，南丰（今属江西）人，生于仁宗景祐三年（1036），嘉祐二年进士。

和韩绛一样，曾布也出身于名门望族——南丰曾氏。

说起望族，我们不能不考虑时间指标，你的家族只有牛了很长时间，才能被称为望族，否则人家只会当你是暴发户，可历史悠久如曾布家这样的，那也确实罕见。南丰曾氏的远祖能一直追溯到夏禹时代，到了宋代，曾家由进士及第做官的多达十几人，而且很多人还属于官员和学者的复合体。

曾布和吕惠卿同出于"千古第一榜"，如我们前面所说，那一榜里，还有一个更富文学才华的兄长——曾巩。

曾布最大特点是行文做事逻辑性强、善于雄辩，走上仕途后，曾干过司户参军、县令等基层小官。熙宁二年，在王安石的推荐下，曾布来到开封，成为王安石的左膀右臂。

### 第四位：章惇

章惇，字子厚，建州浦城（今属福建）人，生于仁宗景祐二年（1035），嘉祐四年进士。

变法团队多个性人物，但若论最有个性的，非章惇莫属。其实，章惇和吕惠卿、曾布一样，都在嘉祐二年中了进士，可他却主动放弃了那年的科举功名。只因在那次考试中，他的族侄章衡当了状元，这让章惇羞愤不已，一怒之下居然把朝廷下发的录取通知书（敕诰）给扔了。过了两年，章惇重新参考，中了一甲第五名，这才走上仕途。

因此，章惇绝对属于那种有才任性的类型。

　　章惇个性豁达豪放，这一点和大文豪苏轼很像，早期两人确实私交不错。章惇担任商洛县令的时候，有一次曾和苏轼一起结伴外出游玩，两人来到了一处深潭前，深潭上面横着一根木头，下面则是陡峭的崖壁。章惇提议和苏轼一起到崖壁上题字留念，苏轼觉得太危险，表示不敢，章惇却用绳子系在木头上，冒险走过去，写了"章惇苏轼来"五个大字。

　　王安石结识章惇后，对他的个性和才华非常欣赏，任用他做了编修三司条例官，章惇由此成为变法派的核心成员之一。

# 第四章 赚钱的方法

## 均输法

在讲述"庆历新政"的时候我们提到过，宋朝这辆老爷车已经开了很久，故障越来越多，再不修理就得"歇菜"。范仲淹是第一个修车师傅，但是结果大家也知道，车没修好，修车师傅却被赶跑了。确实，变法这档子事情，总是失败的多，成功的少，就算偶有小成，最后还是解决不了根本问题，结果总是崩盘、换车、结束。

现在，修车的扳手从范师傅手中传到了王师傅手中，事情依然不好办。是啊，变法毕竟比不得修车，事情要远远复杂得多。本章我们还是延续既往的模式，用最直白的语言讲述最复杂的制度变革。

范仲淹等人搞的"庆历新政"，最核心内容是整顿吏治，换句话说，他们认为宋朝最大的毛病是官吏队伍烂掉了，如果每个官吏都能像老范那样廉洁敬业，问题也就解决了。

而残酷的现实告诉我们，这是一个主观愿望非常美好，具体操作起来非常不美好的一件事情。因此，赵顼和王安石把变法的重点集中到了理财上，通俗点说，就是"赚钱"。

显然，赚钱是一种更加务实的手段，至少要比对着大小官吏们谈理想情怀靠谱得多。

王安石的脑海中，有着一整套变革经济制度的方案，但是作为一个成熟的政治家，他不可能一上来就将几服猛药一起下锅，那是会把宋朝玩休克的。

熙宁二年七月，王安石推行了第一个波及面较小的变法措施——均输法。

"均输法"是针对宋朝中央物资供应制度的改革，要讲明白"均输法"，先得说说这物资供应是怎么回事。

在宋代，朝廷的政治中心在北方，开封更是当时亚洲最大最繁华的都市，数量庞大的王公贵族、官僚队伍，另加上数十万人的军队，这些人消耗的大量物资需要地方上源源不断地供应。而且，朝廷需要的物资也是五花八门，绝不是常规的大米、绢帛、茶叶那么简单。其他还有诸如木材、毛皮、中草药等五花八门的名目，甚至还有笔墨纸砚、蜡烛、胭脂、瓷器、席子等各类生活用品。这些物品下面还要细分很多子项，比如光毛皮一项下面，便有白毡、紫茸毡、靴毡、鹿皮等种类。这些不同名目的产品，都要由相应的特产地供应，我们之前说过，包拯曾任职的端州以盛产砚台闻名，那里每年就得向朝廷供应一定数量的端砚。

当时，宋朝物资供应系统由发运司管理。可发运司纵然肩负重任，办起事来却非常官僚。它在征收物资的时候做法很简单粗暴，想要东西了就拿着一本用了几十年的册子依样点名：某某州，上贡白纻布多少匹；某某州，上贡牛黄多少斤……年年如此，毫不变通。

如此操作，自然弊端丛生。

首先，地方政府是不可能知道朝廷库存情况的，哪怕你仓库里的蜡烛已经多得可以当柴烧了，负责供应蜡烛的官府还是得埋头征收，然后劳心劳力地往上面输送。至于发运司的官员，他可不负责预算统筹，如果物资没收齐，挨批的是自己，反之如果东西收多了，苦的是地方百姓，和自己没半毛钱关系。所以，他们宁可浪费也不肯改变征收计划。

赵顼就曾和王安石一起查看过开封的一个仓库，发现大量上好的绸缎因为存储时间过长，已经发黑变脆了，用手一摸，居然变成了碎片，把赵顼心疼得直撇嘴。

这还不算什么大毛病，关键是有些物品的收成是不固定的，遇到好年景，产量高一点，遇到坏年景，产量就低很多。可发运司才不管这些情况，仍然按照固定额度征收。最极端的情况是，有些地区由于自然条件发生变化，已经不产某种物品了，发运司仍然照收不误，地方政府也只好硬着头皮去征收。

什么？今年搞不到那么多麝香？刁民！带走！

什么？你那里已经不产石斛了？刁民！带走！

于是，地方政府为了完成任务，哪怕是花钱到别的地方去购买，也要把上贡朝廷的物品数目凑足。

这种执行状况让百姓苦不堪言，唯一高兴的是一帮善于投机的大商人，他们可以借机从各地倒腾物品，赚取差价。有时候，朝廷上某种物品消耗过快，耗光了库存，只能到市场上去购买，一些大商人知道消息后，立刻囤积居奇，然后高价卖给朝廷，赚取暴利。当然，这里面会不会滋生一些官商勾结的猫腻，就更难说了。

从上面的介绍中我们也可以看出来，宋朝中央物资供应制度的最大弊病在于那个吃干饭的"发运司"，完全是机械操作，没有一点灵活性。

针对这种情况，王安石发布了"均输法"，赋予发运司三项职能。

一个是"变易蓄卖"。也就是说，发运司再也不能拿着老账本催收物资了，必须随时查看朝廷的府库，知晓各类物资的存量情况，然后合理安排不同年份的物资征调，尽量防止物资浪费。

一个是"徙贵就贱"。这是指发运司在征收物品的时候，不再一律征收实物，如果地方上遇到灾年歉收、物价上涨的情况，可以折成钱币上交，再由发运司用征收到的钱到物资相对充裕的地方购买。这样一来，地方政府在完成物资供应任务方面，操作弹性更强了，可以选择最有利于自己的方式执行。

再一个是"用近易远"。如果某项物资有多个地区可以提供，发运司必须选择距离较近且交通便利的地区供应，从而减少运费。

光有这些规定似乎还不够，因为发运工作干得是好是坏，最终还是取决于干活的人。

于是，王安石又专设了一个江淮发运司，主管东南六路的发运，允许发运使自己举荐、任免官吏，允许截留部分上贡钱财作为辗转交易的本钱。同时，还特地从内藏库（皇帝的私人金库）拨付了一笔钱，充作流动资金。

当时，宋朝的经济中心已经南移，其中东南六路更是财赋重地，那里物资充足，又可以依靠水路进行运输，承担了繁重的物资供应任务。因此，王安石把工作重心调整到了江淮地区，希望有重点地解决物资供应问题。

王安石的"均输法"，搁现在看，似乎也没什么特别之处，普通人都想得到。但是在一千多年前，能有一个从"之乎者也"中成长出来的官员，如此务实地考虑问题，已经非常难得。

尽管"均输法"只是一项牵涉面不大的改革，措施也合情合理，却仍然招来了一大片反对声。

反对声也没什么具体理由，说来说去只有一条大道理——人臣不该言利。

换句话说，当臣子的不应该一天到晚想着钱、钱、钱！

比如，时任知谏院的范纯仁就说了："做官应该想着以农为本，节省用度，不该整天想着钱财（人主当务农桑、节用，不当言利）。"

范纯仁是范仲淹的次子，做人做学问没得说，有老爸范仲淹的风范。但是这位前任改革者的儿子，在这次变法中却成为了坚定的反对者。在这些恪守传统道德者的眼里，读圣贤书的人怎么能一天到晚算计几个小钱呢？

没办法，在这些道德君子的认知范畴内，任何弊病都只应该在传统框架内进行缓慢地调整，否则就违背了"祖宗成法"。

加入反对者阵营的，还有苏轼、苏辙，两位天才文士的开放思维，显然只限于文学创作领域，而未涉及政治、经济，"唯利是嗜""与商贾争利"是他们的主要观点。

更要命的是，他们还不约而同地把王安石比作桑弘羊。

为了说明这个问题，我们不得不再到故纸堆里扒拉一番。桑弘羊确实也干过类似的事，但他的所作所为和王安石的均输法还是有所差别的。

原先，汉朝对各地所上交的实物，一律收入府库，一旦用不完，就出售给大商人。桑弘羊把工作方式稍微改了一下，允许官府将多余实物运到价格高的地方去卖，买回当地所产又价格便宜的物品。说到底，桑弘羊的追求也很简单——"没有中间商赚差价"。

桑弘羊是不是该被全盘否定不说，把王安石完全等同于桑弘羊肯定有点冤。因为"均输法"虽然也剥夺一些大商人的赚钱机会，但主要目标还是用最经济的办法保证物资供应。王安石既限制了大商人，又实惠了百姓，还节省了运营成本。

只可惜，在当时能够理解王安石的人屈指可数，"兴利之臣"的大帽子还是朝他狠狠地扣了过来。更有个别打了鸡血的谏官，开始发挥专业特长，长篇累牍地痛斥王安石虚伪奸诈（外示朴野，中藏巧诈），甚至把王安石的几次辞官也说成了沽名钓誉。

当然，这种给王安石人品泼脏水的做法，连大多数反对变法者都不认同。用不着王安石亲自反驳，赵顼一怒之下，就把这几位踢到了边远地区。

道理很简单，不兴利、不言利，那大家吃什么？

## 青苗法

如果说，"均输法"只是王安石端出来的第一道开胃小菜，那么，接下来颁布的一道变法大餐，立刻引发了满朝上下的集体炸锅。

"青苗法"。

青苗法是对旧有"常平法"的一种革新。

所谓"常平法"，是朝廷利用行政权力对粮食价格进行宏观调控的一种举措。早在汉代，朝廷就在各地设置"常平仓"以囤积粮食，每当粮食丰收、粮价下跌的时候，官府就用高于市场的价格向农民收购粮食，存入专设的"常平仓"，以防止"谷贱伤农"，这一做法称作"籴（dí）"。每当遇到粮食歉收、粮价上升的时候，朝廷就用低于市场的价格把储备粮卖出去，以防"粮贵伤民"，这一做法叫作"粜（tiào）"。

其实，咱们光看这两个字就能明白其中的意思，平价收米进粮仓就是"入米"，叫作"籴"；平价卖米就是"出米"，叫作"粜"，十分贴切形象。

宋朝建立后，也在各路及州县设立了常平仓，王安石在鄞县实行的"低息贷款"政策，钱粮便来自常平仓。

从设计初衷看，常平法无疑是一项利民的举措。但是，从实际操作情况来看，效果并不理想。

很多官吏自带懒虫属性，无论丰年灾年，都不愿意去倒腾那些稻米（厌籴粜之烦）。于是，常平仓就成了普通的粮仓，常平法也成了一纸空文。干好干坏，都少不了官老爷的一份俸禄，谁愿意凭空多干一份活儿呢？没贪污挪用粮食就不错了。

还有一些官吏倒是很有工作积极性，他们和富商土豪勾结在一起，把常平仓变成了小金库。该低价放粮（粜）的时候，直接卖给那些大商人，由大商人转手高价卖出；该高价收粮（籴）的时候，也通过大商人中转。如此一来，原本为防止富商囤积居奇而设的常平仓，现在反而成了方便他们牟利的工具。

熙宁二年九月，王安石颁行青苗法，法令内容很多，主要是这么几条：

第一，以常平仓和广惠仓（用于赈灾的粮仓）中的粮食为本钱，以过往几年的平均粮价为标准，允许官府向百姓发放贷款。

第二，百姓在农业生产中遇到资金困难的，都可以向当地的州县官府申请贷款。

第三，贷款数额要根据自己所拥有的田产衡量，小户则少贷，大户可多贷。

第四，每年发放两次贷款（夏料和秋料），贷款利率一律定为两成，到期还本息，如果遇到大灾之年，还可以推迟一年返还。

第五，愿意贷款者应相互作保，一般以五户或十户为一保，由三等以上的民户作甲头。

第六，贷款一律自愿，官府不得强行抑配。


从内容上看，青苗法显然要比常平法更具操作性，它更清晰地告诉官吏该怎么去干活。同时，也通过贷款申请，使得长期处于被动地位的百姓成了变革的推动力量。

很多人会有一种感觉，青苗法更像是一个现代人穿越过去后制定的法令，透着一股浓浓的现代经济学气息。后世肯定王安石变法者，每每为变法理念的先进而击节赞叹。

然而，先进归先进，领先太多了，就容易变成"先烈"。

王安石变法从开始那天起，就一直在唾沫横飞中艰难前进，而诸多变法措施中，争议最大的，就要数青苗法。它刚一出台，反对的奏疏就像机关枪扫射一般疯狂袭来，差点就让变法提前"歇菜"。

看上去挺完美的青苗法为什么招来那么多"板砖"？反对的理由是不是站得住脚？为了尽量客观地讲述历史，我们有必要组织一场公正、透明、客观的辩论赛，允许正反双方都有表达意见的机会，至于谁对谁错，还是得评委赵顼说了算。

好了，我们今天的辩题是：青苗法该不该被废除？

正方观点：青苗法应该废除（压根就不该出台）！

反方观点：青苗法不该废除（我看谁敢）！

下面，我们先请正方辩手出场，呃，看样子人比较多，准确地说，是非常多。

正方一辩：翰林学士、知通进银台司　范镇

正方二辩：知太常礼院　刘攽

正方三辩：三司条例司检详文字　苏辙

正方四辩：殿中丞、直史馆　苏轼

正方五辩：知青州　欧阳修

正方六辩：翰林学士、权知审官院　司马光

正方七辩：河北安抚使、判大名府　韩琦

　……

鉴于篇幅有限，反对青苗法的名单我们就不再列举了，反正是宰执臣、言官御史、馆职清流、地方大员，应有尽有。

和正方辩手人满为患相比，反方辩手的队伍非常干净清爽。

王安石。

没错，一个，仅有一个。

很多人可能会有疑问，变法派不是也有几名干将吗，也不至于让王安石孤军奋战嘛。事实上，支持变法的官吏确实也有不少，但当时他们大都还属于执行者，官阶普遍较低，能在赵顼面前参与辩论的，也就王安石自己而已。

以一敌百，舌战群儒，就这么开始吧。

### 辩论第一回合：实施青苗法有没有必要？

正方："青苗法弄得家家借钱，不符合圣人的治国之道（甚非圣人之意也）。"

王安石："《周礼》中也有关于借贷的说法，利息还不止二成，青苗法所涉及的款项都是用于农业生产，朝廷并不从中获利（公家无所利其入）。"

"君子不言利"是反对派常唱的道德高调，关于这一点，在实施均输法的时候，双方已经吵了不知几回，孰是孰非，一目了然。

### 辩论第二回合：实施青苗法该不该收利息？

正方："青苗法既然要利民，就不该收取利息，收取利息就是盘剥百姓，相比地主豪强放贷，青苗法属于五十步笑百步（少取与多取犹五十步之与百步耳）。"

王安石："取二分利，不如取一分利，取一分利不如不收利息，贷款不如白送。然而，为什么不白给，反而要收二分利呢？运输费用、水旱灾害、鼠雀消耗……哪样不得花钱？所以，收取利息还不是因为担心政策不能够延续下去（为其来日之不可继也）？"

这个议题的辩论更无厘头，因为王安石从来没把实施青苗法当作慈善事业，旱涝保收的官吏肯定体会不到小农户的痛苦，如果少收利息属于跑五十步，百姓估计都希望自己被多笑几回。

### 辩论第三回合：该不该用青苗法来干预贫富分化？

正方："百姓之所以有富裕者和贫穷者，是因为每个人的能力素质有差异（夫民之所以有贫富者，由其材性愚智不同）。富裕的人往往深思熟虑，宁可吃苦，也不会借债，贫穷的人往往苟且偷生，没有长远考虑，家财经常没有盈余，急了就向人借债，最后不能偿还，以致卖妻卖儿，冻死沟壑也不知悔。因此，富裕者经常借钱给穷困者，进而使自己变得更富裕，穷困者经常向富户借钱以求生存，虽然苦乐不均，但也只有这样，才能彼此相互依存。"

以上这段话选自反新法积极分子司马光的《乞罢青苗疏》，很多反对派的观点和司马光如出一辙，他们并不否认高利贷的存在，但又觉得这是顺理成章的事情，没必要干预。

客观而言，要不是司马光的道德操守过硬，就凭上面这些话，他的形象算是彻底崩塌了，用某些人的说法，活脱脱一个土豪地主代言人。

是的，土豪地主并非个个"为富不仁"，贫穷百姓也不乏"游手好闲"之辈。可是，作为一个身居高位的政治家，显然不能只研究地主老财们取得财富的过程是否合理合法。

因为，历史一再告诉我们，贫富分化本来就是个大问题。关于这一点，只要参考史不绝书的农民起义就足以证明。而再看当时的宋朝，贫富分化、土地兼并已经非常严重，再不医治这个顽疾，赵家江山一样得玩完。

对此，王安石看得非常明白："青苗法本来就是为了抑制兼并，增加粮食储备以应对灾荒，对百姓又有什么不利？关于百姓的评论，君主只听个别人的意见，就会变得平庸，听取各方面的意见，才会变得圣明（民，别而言之则愚，合而言之则圣）!"

**辩论第四回合：青苗法该不该实行贫富互保？**

正方："青苗法虽然规定贷款自愿，但又规定要几户连保，由上等户做甲头（第一担保人），各地官府为了保证青苗钱不亏损，肯定会强制让上等户做保，一旦贷款还不上，上等户肯定要先予赔偿。如此一来，几年后，富户就都破产了（十年之外，富者无几何矣）。"

贫富互保和"抑配（摊派贷款）"问题，几乎成了所有反对者攻击青苗法的利器，这也是双方在法令操作层面上一次有真正意义的争论。

王安石的回答很直白："青苗法已严令不得抑配，即使地方官府强行抑配，富户也出不了多少钱。以此来扩大常平仓的储备，防止灾荒，比起强令百姓缴纳钱粮设置义仓，要好得多。"

就内心而言，贷款是否应该自愿，王安石并不在意，如果抑配富户，收取利息，则能更好地将社会财富转移到所需要的人群中。只是强制贷款，确实缺乏合理性，才增加了禁止"抑配"的规定。说到底，王安石更愿意站在底层百姓的角度考虑问题，只要青苗法能让大多数人受益，就值得一试。


从熙宁二年九月到熙宁三年（1070）初，近半年时间里，反对派和变法派的争论就一直没停过。

此时，最可怜的人非赵顼莫属。

这个缺乏执政经验的年轻人，每次入殿办公，都能见到桌上堆积如山的反青苗法奏疏，每次一读这些奏疏，顿觉自己被骂得体无完肤，进而开始怀疑青苗法的合理性。

可赵顼一召见王安石，他又会惊奇地发现，这哪里是一张嘴啊，简直是一尊超大口径火炮，而且弹药充足、火力奇猛。赵顼小心翼翼地拿反对者的理由询问王安石，结果往往会被狠狠地喷上一顿。被喷完以后，他又会觉得王安石说的句句在理，自己差点被众人忽悠了。

可到了第二天，反对者唾沫袭来，赵顼又会动摇，又不安地去问王安石，结果，又被一炮轰回来……

变法，还是不变，赵顼在一片争论声中反复摇摆。

王安石毕竟是以一人敌万口，尽管他竭力死磕，还是架不住众人的"围殴"。

欧阳修的名望，司马光的正直，韩琦的威望，这些都是动摇赵顼信念的重要因素。

终于，赵顼的天平开始向反对派倾斜！

## 摇　摆

熙宁三年二月初二，满脸忧愁的赵顼将手上的一份奏疏交给宰执大臣们传阅，奏疏是河北安抚使韩琦写来的，内容当然是反对青苗法。

赵顼一字一顿地说道："韩琦真是一个忠臣啊，身在朝外，还不忘忧心王事。我本以为青苗法可以利民，没想到竟然给百姓们带来这么大的危害！朝廷制定政令不可以不审慎啊！"

韩琦的奏疏之所以能打动赵顼，倒不是他的文章写得如何特别，只是因为他在赵顼心目中的地位举足轻重。

毕竟，韩琦是力谏仁宗赵祯甄选王室子弟立储的宰相，更是辅佐赵顼顺利即位的头号功臣。换句话说，没有韩琦，赵顼能不能坐稳皇位还是个问题。

赵顼的话，像是说给诸位大臣们听，又像是自言自语。见此情形，下面立着的几位宰执心情大不相同。

宰相曾公亮和陈升之心中窃喜不已，这两人属于典型的墙头草。他们内心并不认同王安石的变法，却又不似司马光一般激烈论争，赵顼支持王安石推行变法，他们就跟着应和，陈升之还曾一度和王安石共同主持条例司的工作，只是因为态度不积极，又换成了韩绛。两人平时不吱声，当发现变法招来一片反对时，立刻又站到了反对派那边。

这回，眼见赵顼也动摇了，曾公亮和陈升之瞬间使出变脸神功，大呼皇上圣明，声称早该把那破青苗法一脚端倒，让它永世不得翻身。

群臣中，只剩下激动的王安石，一边一目十行地浏览着韩琦的奏疏，一边火力全开地开始申辩。

只可惜，这次他的雄辩未能让赵顼回心转意。赵顼当场斥令条例司重新检讨青苗法，逐一分析条文可能造成的损害。

赵顼的态度转变令反对派们欢呼雀跃，在这群人看来，他们已经取得了最终胜利。很快，条例司将被裁撤，青苗法也将马上变成一张废纸。

倾注了大量心血的青苗法还没得到充分施行，仅仅推行了几个月，就要中途夭折，这让王安石无比愤懑（mèn），他的自尊和学识决不允许自己遭到如此对待。

牛脾气一上来，王安石谁也不怕！第二天，他以身体不佳为借口递交了辞呈，请求赵顼免除自己的副相职位，改任闲官。

废新法？

老子不干了！

从二月初五开始，王安石开始泡起了病假。然而，赵顼并没有回心转意，六天后，他又发布了一条令反对派拍手叫好的诏令：

命司马光为枢密副使。

但是，从来不走寻常路的司马光再次表态——俺不想干。原因很简单，新法还没有被完全废除，自己的政治理念还没有完全被采纳。

司马光虽然迂直，但并不傻，他从赵顼的态度中看出来，这位年轻的皇帝并没有完全放弃变法，只是希望利用他来调整改革措施，避免矛盾的进一步激化。

可是，司马光的字典里绝没有"妥协"两个字，尽管韩琦等人知道消息后也劝他赶紧接受任命，他还是固执地连上了六份辞掉任命的奏疏。

司马光摆出了和新法势不两立的态度，赵顼也拿他无可奈何，不得已，只好收回成命。

宰执成员的任命状下达后，因为大臣的主动请辞而收回成命，这自宋朝建立以来，还是头一遭。

这边司马光不肯上岗，那边王安石还在休假，朝廷顿时成了半休克状态。冷静下来的赵顼开始心生悔意，毕竟没了王安石，朝廷又会回到混吃等死的状况。再者，他也觉得自己那天的表态有点过于强硬，伤了王安石的心，应该好好安抚一下。

于是，赵顼命司马光针对王安石的辞呈，起草了一份批答，劝他赶紧出来干活。

没想到，就是这么一份小小的批答，竟让局势发生了不可思议的扭转。

或许，赵顼让司马光起草批答的本意是为了调和两个人的关系，可他也是不长记性，自己面对的可是两个撞了南墙都不肯回头的直臣，怎么可能顺着他的意愿来呢？

赵顼派司马光去浇灭王安石那簇愤怒的小火苗。

司马光却果断扔过去一个大炮仗。

司马光替赵顼所拟的"安抚"批答只有九十来字，翻译一下：

"我以为你才华高过古人，名气重于当世，将你从民间拔擢出来，担任朝廷要职，对你推心置腹、言听计从，为你力排众议，这些情况，朝野上下人所共知。自新法推行后，士大夫议论纷纷，百姓人心骚动。如此紧要时刻，你却要推脱责任，退居事外，享受安闲？你为自己的私心考虑，倒是没了遗憾，我的希望，能够托付给谁呢？赶快出来干活，不用再废话了（祗复官常，无用辞费）！"

换句话说，司马光是用皇帝的口吻狠狠批评了王安石一通："我以为你很牛，所以委你重任，你倒好，一看形势不对，就想撂摊子走人，还不快出来给我收拾这个烂摊子！

接到批答后，王安石怎肯示弱，随即上了一份《自辩章疏》。

赵顼看到王安石的奏疏，立马察觉事情出了偏差，拿过批答来一看，心中叫苦不迭。

司马牛啊司马牛，你这不是成心添乱吗？

赵顼即刻亲自起草了一封道歉信，让王安石最信任的吕惠卿送了过去，信中还诚恳地说道：都怪自己太急迫草率了，那份批答发出前也没仔细核稿，现在认真一看，真觉得惭愧（乃为文督迫之过，而朕失于详阅，今览之甚愧）。

皇帝都这样表态了，天大的面子喽。

这也就是在宋朝，才会发生如此情况，要是换了汉唐明清，你试试，肯定把你整到永远休息为止。

然而，我们的主人公偏偏是王安石和司马光，他们的执拗总是远远超出正常人的想象力。

收到批答的第二天，王安石回来了，不是来上班，而是继续提交辞职报告！

赵顼再次诚恳挽留。

继续打辞职报告。

继续非常非常诚恳地挽留。

报告也不打，我就是不来了！

赵顼心里苦啊。

好不容易看中两个正直有才的人，怎么都那么有个性？

事实上，赵顼大可不必抱屈，正直有才和个性突出何尝不是一对孪生兄弟。如果王安石和司马光也似普通官僚那般滑头，早就一边你好我好，一边享受高官厚禄去了，至于政治理想、个人操守，算什么东西，几块钱一斤？真若如此，这个法，无论变与不变，恐怕都会落得一地鸡毛。

王安石和司马光都是不可多得的君子大才，只可惜，两人的政治观点却有着天壤之别。

赵顼的痛苦在于，他必须二选一。

从政治理想上看，赵顼更倾向于王安石。自从登上皇位后，他为了证明仁宗选择英宗一脉的正确，一直渴望干出一番令人信服的功业，而破解眼前积贫积弱的局面，则是最好的证明方式。

但是，司马光等人的"自律式"改革方案显然已经是死路一条，短暂的庆历新政就是明证。

司马光代为起草的那份充满火药味的批答，促使赵顼开始重新思考。他意识到，即便很多人出于公心反对变法，但同样存在着偏激和固执。退一万步说，青苗法在全国推行尚不足一个借贷周期，缘何能得出如此结论呢？

与此同时，赵顼派人到京郊各县微服探访了青苗法的执行情况，回报传来，青苗法也并不似反对派声言的那样搞得民怨沸腾。

于是，赵顼内心又倒向了王安石。

在收到《自辩章疏》十日后，赵顼召王安石回来视事，并虚心向王安石解释道："青苗法这事，我确实被群臣的意见所迷惑了，过寒食节的时候静下心来想了一想，这件事确实没什么大坏处，至多是可能会因为贷款无法收回而亏损一点钱财，但这算不了什么。"

王安石听了赵顼的话，一时竟不知如何回应。

从年龄和阅历上看，王安石更愿意把眼前这个年轻人当作自己的学生，但是他毕竟又不是一个普通的学生，无论赵顼如何谦逊，君臣名分始终是不可逾越的鸿沟。

赵顼的激情和进取心，让王安石对这位年轻皇帝倍加欣赏，对他的知遇之恩，王安石也心存感激。而赵顼频繁出现的摇摆和优柔，又经常让他力不从心。

看着转过弯来的赵顼，王安石脸上丝毫没有胜利者的喜悦，只是恭恭敬敬地回道："只要力行变法，不要让一些不合格的官吏曲解执行，哪怕损失钱财的情况也不会发生。"

赵顼点头称是。

和很多变法者不同，王安石从来都不会将变法看成一个尽善尽美的过程。在赵顼动摇时，他曾反复强调：变法不是一朝一夕的事，只要利大于弊，就值得坚持到底。有人不执行法令，则应纠正人事弊端，怎能反过来将新法废除呢？

二月二十一日，王安石复出，随即亲自撰文下发各路州县，严令声明：

"从即日起，若有州县官吏松弛怠慢或勾结破坏青苗法执行的，不得归咎于青苗法本身，曲解新法者，严惩不贷!"

自此，青苗法全面恢复执行!

青苗法之争，以王安石胜利而告终，而他和好友司马光之间的裂隙也越来越大。

就在王安石复出后不久，司马光写了一封长达三千余字的《与王介甫书》，在这封信里，他又苦口婆心地阐述了一遍自己的观点，认为王安石的错误在于过于自信固执（其失在于用心太过，自信太厚而已），导致生事征利、侵官乱政。

司马光也知晓王安石的性格，在写这封信时，他并不指望通过区区几千字就能让王安石回心转意，但作为曾经的挚友，他觉得自己有必要做最后一次努力，哪怕只是象征性的努力。于是，在信尾，他近乎哀绝地说道："到底是听从我的规劝，还是加罪于我，还是敕令驳斥我，亦或向皇上进言贬谪我，都可以，我司马光待命而已（介甫其受而听之，与罪而绝之，或诟詈而辱之，与言于上而逐之，无不可者，光俟命而已）!"

王安石收到司马光的信后，立刻起笔回信，他以非常平和的语气为自己的变法措施进行了解释。

接到回信，本意为进行最后一次劝告的司马光忍不住又回了一封书信，对王安石的观点再是一通批驳。

如果说，如此两位大才闹得互成水火，是宋朝政坛的不幸。那么，两人的书信来往，却又成了北宋文坛的一大幸事，抛开观点不谈，两人的文章引经据典、情理交融，用词温和坚定，却又柔中带刚，堪称政论文的巅峰之作。

读完司马光的第二封信，王安石心中愈加酸楚，自变法以来，自己费尽心血，却饱受指责，而最令他痛心的是，擎起反变法大旗的人，居然是自己最尊重的好友。

在无数次的交锋中，王安石和司马光都已经反复陈述了自己的观点。这次，他不想再和好友无休止地争论下去，于是，起笔写了一封言简意赅的回信，此即著名的《答司马谏议书》。

信中，王安石针对司马光侵官、生事、征利、拒谏四项指责，慨然回应：

根据皇命，变更法度，设条例司以推行变法，不是侵害官体（受命于人主，议法度而修之于朝廷，以授之于有司，不为侵官）；

革除前代弊病，不是滋事（举先王之政，以兴利除弊，不为生事）；

为天下苍生经营财富，不是谋利（为天下理财，不为征利）；

摒弃邪说，辞退奸佞，不是拒绝谏议（辟邪说，难壬人，不为拒谏）；

临尾，王安石不忘表明自己的果决态度："如果你指责我在职这么久，却不能辅佐皇上有所作为，为百姓带来福泽，我知罪。如果你说今日不该有所作为，只要墨守成规就可以，那么我绝不敢盲从（如君实责我以在位久，未能助上大有为，以膏泽斯民，则某知罪矣。如曰今日当一切不事事，守前所为而已，则非某之所敢知）！"

《答司马谏议书》成了反击保守派的最强宣言。

收到信后，司马光又回信一封。王安石觉得言辞已尽，未予回复。

至此，两人断绝往来。

昔日惺惺相惜，谁曾料，今日分道扬镳！

熙宁三年八月，司马光在一次觐见赵顼后，提出要离开朝廷。赵顼百般慰留，无奈司马光去意已决。

既然自己的谏议无法为君主所采纳，就应该主动避位，这是司马光一生所坚持的信条。

赵顼知道司马光和王安石的矛盾已经无法调和，只好答应他的请求，命其出知永兴军（治今陕西西安）。

第二年四月，司马光来到了洛阳，转任判西京御史台，这只是一个虚衔，没有多少实际职权。

从此，司马光远离政坛，埋首书斋。

从此，一个保守固执的官僚消失了，一个伟大的历史学家横空出世。

# 第五章 免役法

## 差 役

正当青苗法的争议闹得沸沸扬扬的时候，另一项重要变法措施也在酝酿之中。

免役法，又称募役法。

要讲清楚免役法，还得从一个古老的概念说起——徭役。

我们在描述古代百姓的艰辛生活时，一般会说他们身上总是压着沉重的赋税，其实还有一项义务丝毫不比赋税轻松，那就是徭役。

"徭役"是一个政权要求他的子民必须承担的劳动任务，自秦汉以来就一直存在。到了宋代，情况也没什么大变化，活总要有人干，反正赵官家自己不会扛着板砖去砌墙。

宋代徭役制度的核心内容是"差役法"，也就是以户籍为标准，摊派工作任务。

宋朝的徭役分配和户籍紧密相关，因此，在谈论差役法之前，我们必须再耽搁一点时间，了解一下宋朝的户口划分制度。

根据宋代的经济结构，户口的划分方法有很多种。

按照百姓有没有财产，可以分为主户和客户两类，有田产者为主户；无田产者为客户，俗称佃农。

按照居住地的区别，又可以分为乡户和郭坊户，乡户居住在农村之中，郭坊户则是城市居民。

按照身份的差异，又可分为官户、僧道户、民户。官户，是指官员家属和他们的后代；僧道户是指道士、和尚、尼姑们。剩下的民户，自然是占绝大多数的平头百姓。

如果按照社会地位划分，还可分为形势户和平户。形势户不仅包含了官户，同时还囊括了人数更多的州县胥吏、地方豪族。

需要特别注意的是，第四种户籍划分方式才是最具有现实意义的。

宋代的户籍，除了有种类区别，还有着严格的等级划分。

以乡村主户为例，宋朝根据田产和人口的多少将他们划分为五等。第一等户是拥有田地三顷至几十顷、几百顷（一顷等于一百亩）的人户，这就是我们常说的大地主阶层。在《水浒传》中，我们看到的祝家庄、李家庄，其实就是祝大地主、李大地主。这里所说的"庄"，并不是村庄之庄，而是庄园之庄，祝家庄就是祝大地主的庄园。他们占有着数量惊人的田地，雇佣着成百上千的佃农，过着最为滋润的生活，难怪梁山好汉看了会眼红。

第二等户是拥有田地一顷到数顷的人户，他们虽不如第一等户那么土豪，但也绝对是有钱人家。所以，一、二等户又被称为上户。

第三等户是占田百亩以下的人户，在这个阶层里，混得好点可以有一定地租收入，成为中小地主；混得次点也可算一个富裕的自耕农，反正，吃饱饭绝对没问题，往往还会有闲钱供孩子读书考功名，有点类似于现在的中产阶级。认真点的朋友就会发现，宋朝的很多名臣都出身在此类家庭中。因为，这样的家庭有余力支撑子女的教育，同时，他们的后代又仍然具备向上攀升的动力。

通常说来，第一、二等户非常有钱可称为上户，第三等户比较有钱，可称为中户。

剩下的第四、五等户，则只能称为下户了，因为穷嘛。

第四等户属于基本能够解决温饱的自耕农，而五等户则是贫农，往往自己只有薄田几亩，还要靠租种一些别人的田地才能生活下去，如果运气背一点，碰到个饥荒灾害，就可能直接被打成佃农。

郭坊户和乡村户一样，也根据财产划分，一共可分为十个等级，从店铺如云的大商人到挑个担子沿街叫卖的摊贩为止。如果大家觉得这么说还不够形象，可以再借助一下古典名著，脑补一下某个医药连锁店老板和炊饼摊主的故事。

好了，户口划分完毕，那么朝廷会如何分配干活呢？按照宋朝官员的说法，差役主要摊派给上三等户，穷人就免了。

光听这条规定，是不是觉得宋朝的官员太人性、太仗义，简直是正义感爆棚。

不急，你别忙着鼓掌，我的话还没说完。

宋朝官员口中的"差役"，一共可分为四种。

第一种称为"衙前"，主要负责替官府押送财物、看管仓库、筹办宴席、管理馆驿等，这也是最为重要的一项职役。

第二种称为"里正、户长、乡书手"，主要工作是帮助官府督促缴纳赋税和分配杂役。其中，里正属于正职，户长和乡书手则是副手。

第三种称为"耆长、弓手、壮丁"，主要职责是替官府逐捕盗贼，弓手和壮丁都要听从耆长指挥。

第四种称为"承符、散从官、人力、手力"，这些人在差役中等级最低，供州县衙门随机调用，帮助其他差役完成任务。

看了工作内容后，大家估计已经明白，官府为什么规定这些差役由上三等户来负责。因为这些人直接替官府打杂，需要有一定的威信，最重要的是，手头得有钱。只要他们家中有米，即使把活干砸了，官府也不怕找不到赔偿人。

那么，最广大的四、五等户是不是反而很舒服呢？想得美！

他们需要承担更为繁重的力役。

宋代的徭役，其实可以分为差役、力役两类，差役又被称为"职役"，如上所述，尽是些有头衔并需要承担一定责任的岗位。

宋朝的"力役"，又被称为杂役、夫役，顾名思义，都是些力气活，内容非常庞杂，包括挖河修堤、土木营造、矿产开采、城墙修筑、粮食运输等各类脏活累活。不用说，这些任务都要压到四、五等户以及境况更差的客户身上。

有钱的出钱，有力的出力。单从设计上看，宋朝的徭役分配制度似乎还算合理。

可是很多政策走着走着都会变样，宋朝的徭役制度经过一百余年的演变，居然成了一项弊病最多的社会制度。

第一条弊病就是不公平。根据规定，形势户、僧道户、女户、单丁户都拥有免差役特权。如果说，免女户、单丁户的差级是属于对弱势群体的照顾，尚可理解；那么免形势户、僧道户的差级则是赤裸裸的阶级特权。

其中，形势户的免差役特权危害最大。因为，所有的一等户几乎都是形势户。

宋朝的官员收入比较丰厚，自然有较多的闲钱购置田地，而有钱的地主也比较容易通过科举成为官员，于是大小官员和大小地主合二为一，成了一个相对固定的集团。

说到这点很多人可能会不同意，宋朝的科举不是号称不问门第出身，只以文章水平定高下吗？话是说得不错，但教育毕竟离不开家庭环境，你很难想象一个贫农子弟，如何战胜一个官宦世家、书香门第出来的学子。个人禀赋和后天努力且不说，人家藏书万卷，你想苦学都未必能有书读；人家身居京城，你却要从大老远的地方乘小船、骑驴车赶过来，备考时间都没法比。

因此，即便是在宋朝，我们也很难看到寒门学子的励志故事，而且，随着阶层固化越来越严重，出线概率一路走低。

阶层差距，从来都是最冷酷的现实。

宋朝的官员可以高薪买地，那些州县胥吏也不是省油的灯，他们虽然一没有官职，二没有薪俸，却是地方上的实权派。宋代的州县官员一般都异地调任，而且时间很短，胥吏却长期盘踞在当地衙门里，熟悉地面上的真实情况，州县官员想让自己的命令在当地得到有效执行，不得不仰仗这些地头蛇。故而，胥吏虽然没有俸禄，却仍是热门岗位，很多人都愿意自掏腰包为官府办事，无非是想着趁机操弄权力，敛取钱财。于是乎，一些善于投机的胥吏也加入了地主集团。

如此一来，几乎所有的一等户都有了高官、勋臣、胥吏的背景，成了不用服差役的特权群体，所有的差役都压到了二、三等户身上。

二、三等户虽然有一定的经济基础，却视差役为洪水猛兽。宋代服差役，官府是不给经济补贴的，服役者还要自备所需要的钱粮、器物，换句话说，白干活不说，你还得倒贴钱。当然，这些还不是最关键的，最担心的还是怕承担赔偿责任。

比如，差役中最重要的"衙前"一职，承担着押运官府财物的职责。如果此人运气很差，半路遇到了几个收买路钱的，或者遇上个翻船事故什么的，甭说，你就等着卖房卖田吧，辛辛苦苦攒了一辈子的家底，就因为服了一次差役，一夜回到解放前。当里正也不好过，税赋如果收缴不上来，自己就得先行垫付，遇上几个赖账的，自己就得充当冤大头。

在一个州县里，二、三等户是轮流服差役的，如果某个地区富户比较多，你服差役的周期就相对比较长，那日子还好过点。如果一个地区，只有那么几个大户，那就等着天天被薅羊毛吧，直到羊毛被薅光了，才可以解脱。

只是，解脱的时候，你已经由小地主张三变成了贫农张三，确实不用当"衙前"了，直接去搬砖吧。

上有政策，下有对策，二、三等户为了避免自己因"役"返贫，就想尽办法躲避差役，有人就琢磨着把自己的田产偷偷登记到形势户的名下，以此来降低户等。但形势户不能白给你办事啊，总得有点好处不是？更有一些缺德的形势户，趁机霸占了别人的财产。还有一些上等户故意虚立多个名户，把财产进行形式上的分割，以此达到变成下等户的目的，这又造成了户籍管理上的混乱。

以上种种手段，当时称"诡名挟户"，经常造成种种社会纷争，却并不能从根本上减轻百姓的负担。因为，活总还是得有人来干，你降了户等，任务就要转嫁到其他人头上，到头来，吃亏的总是最老实巴交的几个农户。如此内卷下去，百姓竟然没有发家致富的念头了，反正伸头一刀，缩头一刀嘛。

会不会某个地区评不出几个可以服差役的富户呢？如此天真的想法你可不能有，因为官府是有权裁定户等标准的，没了高个子，就矮中拔长喽。在财产登记的时候，也大有文章可做，一番计算下来，你家的财产正好离三等户差那么一丢丢，不要紧，大家瞪大眼睛再找找，院子里那只老母鸡，墙角边那把扫帚……统统给我折算上，直到你光荣地被登记为三等户为止！

混乱的差役制度还不可避免地诱发了腐败问题。在很多人千方百计逃避差役的时候，居然还有一撮人会主动去服差役！躲避的人是怕担责任，主动服役的却是想着趁机渔利。比如负责收缴赋税的里正、户长、乡书手，那可都是有自由裁量权的活，有良心的人不想干这种压榨乡里的事，没良心的人渣却非常乐意去借机捞一把。于是，基层管理者进行了一番"选劣裁良"的逆向筛选，长此以往，逼出几个梁山好汉也就不足为奇了。

## 募 役

差役法如此糟糕，引无数士大夫尽吐槽。

早在王安石变法之前，司马光、欧阳修、苏辙等人都曾上疏议论过差役法的危害，强烈要求改变现状。

至于怎么改变，如何改变。对不起，他们还真没给出答案。所以，脏活累活还是得猛人王安石来干。

熙宁三年十二月，王安石试行免役法，具体条文很庞杂，主要有如下几条：

一、民户按照户等，每年分夏秋两次缴纳免役钱。

二、四等以下的民户、六等以下的郭坊户，免纳免役钱。

三、官户、僧道户、女户、单丁户缴纳半数的免役钱。

四、免役钱的数额由各地州县根据实际需要规划，按户等平均分担。

五、在平均分担免役钱的基础上，另增收两分免役宽剩钱，以备水旱灾害。

六、官府利用免役钱雇佣专人充役。

百姓交纳免役钱，由官府花钱招募专人服役，这是免役法的核心所在，免役法也因此被称为募役法。

免役法是王安石最看重的一项变法措施，光讨论详细条目就花了一年多，在颁布变法之前还创造性地向各州县征求了意见。

免役法的好处显而易见，用现代话语来表述，那就是实现了工作的专业化。

原本要服差役的民户现在只要交一笔钱就可以免役，虽然是增加了一笔经济负担，但是可以免去赔得倾家荡产的恐惧，更不需要费尽心机地去降低户等。此外，被差役搞得灰头土脸的民户一旦得到自由身，自然可以把更多的精力放到农业生产之中。

官府花钱雇役后，增加了就业岗位不说，被招募的人干起活来也必然更加专业，毕竟他们将长期稳定地干一份行当，肯定是越干越精。试想，让一个临时兼职的平头百姓充当弓手，去负责抓捕盗贼，没把自己小命搭进去就不错了，还不天天磨洋工盼着服役期早点结束？但如果换成一个职业猛男，盗匪再嚣张试试？

当然，一项改革肯定是有人满意，有人不满意。最不爽的当属官户、形势户，他们本不需要承担任何责任，现在也需要缴纳免役钱，等于额外增加了一笔支出，同时也失去了趁机兼并其他民户田产的机会。

不过，这正是王安石所要追求的目标，所谓"去疾苦，抑兼并，便趣农"是也。

在诸多变法措施中，王安石对免役法最有信心，他自认为此项措施考虑最为周密，比起旧法优势也最为明显，怎么说也该换来一片点赞。

可令他始料未及的是，朝堂之上，骂声依旧。

比起青苗法，反对免役法的理由听上去更加站不住脚，无非是说免役法又增加了百姓的一笔经济负担，对于那些有力气没钱的百姓很不方便之类。这些理由没等王安石开炮，连赵顼那里都糊弄不过去，直接就被否了。

还有一些反对者提出的意见更牵强，但却非常实诚——自古以来官户都有免役特权，现在怎么也要交钱了呢？

这个理由就不是技术操作层面的探讨了。那些张口黎民百姓，闭口天下苍生的士大夫开始急吼吼地维护自己的特权了。

赵顼和王安石等宰执大臣曾有过一次关于免役法的讨论。

当着赵顼的面，一堆口水互喷后，众臣辩不过王安石，时任枢密使的文彦博搬出了终极法宝——祖宗。

拿祖宗来教训皇帝，是臣下进谏的传统手段，你是皇帝，比谁都大，但总大不过祖宗嘛。反正赵匡胤又不可能从棺材里跳出来发言，我就替他教训你了。

文彦博说道："祖宗们制定的法度都很健全，没必要更改以失去人心（祖宗法制具在，不须更张以失人心）。"

赵顼回道："变更祖宗法度，对于士大夫来说虽然不利，但对于天下百姓来说没什么不便利啊（更张法制，于士大夫诚多不悦，然于百姓何所不便）。"

接下来，文彦博的话就更加赤裸裸了："陛下是和士大夫共治天下，并不是和百姓共治天下啊（为与士大夫治天下，非与百姓治天下也）！"

在现实利益面前，自家的一亩三分地，显然要比孔孟之道值钱得多。

文彦博把话说到这个份上，倒把赵顼给噎住了。

最后，还是王安石站出来，帮赵顼顶了回去："如果祖宗定下的制度都很健全，那么现在就应该财赋充足，国家强盛。但是现状并不如人意，那就不能说祖宗定下的法制已经健全。"

廷前讨论不欢而散，赵顼推行免役法的决心却未改变，经过近一年的试行后，免役法开始在全国范围内铺开。


为与士大夫治天下，非与百姓治天下。

文彦博的话代表了很多官员的心声。坚韧如王安石，听到这种"图穷匕见"式的表达，也感到了前所未有的压力。

没错，王安石所要面对的，正是一个庞大的既得利益集团，他们以科举、婚姻、仕途为纽带，紧紧地捆绑在一起，盘根错节，根深蒂固，哪怕只触动一小块利益，都会牵一发而动全身。

以反对变法最激烈的前宰相韩琦为例，翻开人家的族谱，足以亮瞎你的眼睛：长子韩忠彦娶吕公弼（官至枢密使）的女儿为妻，五子韩粹彦娶孙固（官至知枢密院事）的女儿为妻；侄子韩公彦娶贾昌符（堂兄贾昌朝官至枢密使）的女儿为妻，韩正彦娶王曾（曾任宰相）的孙女为妻；孙子韩治娶文彦博（曾任宰相、枢密使）的孙女为妻，一个孙女嫁给了蔡确（后任宰相）的儿子，一个孙女嫁给了蔡京（后任宰相）的儿子。

豪门，如假包换的豪门！

话说回来，古代婚配讲究门当户对，官宦子女互相结为姻亲本身并没什么过错，王安石、司马光家族的婚姻也大抵如此。只是这种人身关系的泛化，客观上必然造成权贵阶层的抱团，社会上的优势资源不断积聚到世家大族手中。朝廷中如此，地方上也如此。其结果就是当官的世代为官，耕田的世代耕田，如果用学术语言来描述上述现象，那就是——阶层固化。

王安石要干的事，正是跳出自己的集团，打破这块僵化的铁板。

只可惜，有此觉悟的能有几人，有此能力的又有几人？

## 三不足

随着变法深入，反对声浪越来越猛，对王安石的围攻也逐渐从事务讨论上升到了从政道德高度。

把业务问题搅和成"忠奸"问题，这也是历史上诸多无良官僚打击对手的传统法宝。他们挥向王安石的大棒非常唬人。

不敬畏老天爷!

不尊崇老祖宗!

不尊重民众的呼声!

最先给王安石总结这三条罪名的人,还是老朋友司马光。

早在熙宁三年三月,司马光借主持馆职考试的机会,又向王安石放了一支冷箭。馆职考试,说白了就是考作文,主考官司马光拟定了一个长长的作文题,翻译成现代文大意如下:

> 现在有些人说:"天地和人,并没有什么关系,饥荒、地震之类的灾害,都有定数,不值得敬畏。祖宗的法度,未必尽善尽美,能改变的就要改变,不值得遵循。庸碌的人喜欢因循守旧而害怕有所改变,可以和他们共享成事的快乐,难以和他们共谋变革的事务。因此,众说纷纭,也不值得去听取。"
>
> 如果说,古人今人应适宜不同的知识,那么难道《诗经》《尚书》等传统经典都不可信了吗?将先辈圣人的言论解释得高深晦涩,不是平常人所能知晓的,难道前代儒生们对圣人言论的注解都不可信了吗?请大家试着分析辩驳。

明眼人一看就知道,司马光的作文题正是冲着王安石来的,所谓"今之论者",就是你王安石。所谓"愿闻所以辨之",就是请大家狠狠地帮我批老王一顿。

前面三条，正是司马光为王安石总结的经典反动言论。

"天变不足畏，祖宗之法不足守，人言不足恤。"

好在馆职考试题目是要皇帝亲自审核过目的，赵顼拿到后一看，知道两人又会要掐架，于是赶紧灭火，批示：

换一个题目（别出策目）。

司马光发起的大批判运动并没有成功，但事情也没有这么轻松结束。以当时的观念来看，王安石的言论确实属于异类，简直把天捅了一个窟窿，赵顼必须找王安石问个明白。

第二天，赵顼就召见了王安石，问道："你听到过'三不足'的说法吗？"

"没听说过。"王安石立即回答。

赵顼继续追问："外面有人说'现在的朝廷认为天变不足畏，人言不足恤，祖宗之法不足守'。昨天学士院研究馆职考试，有人专门提出这三句话，这是什么道理？朝廷什么时候有过这种说法？我已经命令他们改用别的题目了。"

很明显，赵顼是在试探王安石，是否明确说过这"三不足"。要说以王安石的脑洞，喊出如此具有煽动性的口号倒也完全有可能，因为以司马光的迂阔，即使想栽赃，也编不出具有如此开创性的话。

现在最大的问题是赵顼无法接受如此超前的观点，至少不能公开接受。虽然他在政治观点上完全倾向于王安石，但他的观念水平还不能和王安石相提并论。

　　好在王安石除了会放炮，脑瓜子也比常人转得快，他立刻领会了赵顼的意思。看样子，正面承认是不行的，必须绕着弯子对他进行思想教育。

　　于是，王安石雄辩模式立刻开启："陛下勤勉处理政务，没有流连于声色享受，没有荒唐乖张的行为，每做一件事都怕伤及百姓，这样做就是敬畏天变。陛下询问采纳各色人言，并没有偏听偏信，怎么能说是不恤人言呢？然而人言中也必定会有不足听取的，只要所做的事符合义理，那么某些人的言论又何足听取呢？所以，《左传》里说，'在礼法道义上没有过失，何必忧虑别人的议论呢（礼义不愆，何恤于人言）？'《诗经·郑风》里也说'旁人的谗毁太多，也让人感到害怕啊（人之多言，亦可畏也）'。如此看来，就算声称'人言不足恤'，也不算什么过错。"

　　总而言之，这么多张嘴巴说话，总会观点不同，能耐心听听就不错了，总要有所取舍啊。

　　"人言不足恤"这事总算蹚过去了，王安石擦口唾沫，继续说："至于祖宗之法不足守，本来就应该这样嘛。你看，仁宗在位四十多年，几次修改法令，如果法令一旦制定，子子孙孙必须世代坚守，那么老祖宗自己为什么经常变来变去呢？"

　　王安石发言完毕。


　　关于天变的事，王安石没有正面回答，他只能更婉转地表达自己的意见。

　　确实，"天变"这顶帽子实在是太大了，皇帝再牛，也不能公开说老子天不怕地不怕，因为从逻辑上说，皇权本来就是老天恩赐下来的，你怎么能翻脸不认"老天爷"呢？

因此，"天变"也成了很多大臣拿来说事的借口，凡是自己的意见没被采纳，碰巧老天又送来个水旱地震、火灾饥荒什么的，他们都可以拿此说事：你看，不听我的话，连老天都发怒了吧！

不过，关于天变这事，王安石私下里也没和赵顼少谈。

熙宁二年春，变法刚刚萌芽的时候，老天就碰巧送来过一颗彗星。得，没有灾荒，就拿一颗星做文章吧。

反对派上来就是一通叽叽歪歪，什么上天示警云云，王安石直接就怼了回去："灾异都有天数，和人事没有一点关系！"

王安石把反对派的奏疏当笑话看，赵顼却不能这么淡定，转手把这些奏疏又扔给了王安石，想听听他的意见。

王安石看完后，只是报以一笑："天地运行自有它的规律，与人事毫无关系，所谓的天人感应之说，不过是古代儒生劝谏君主的一种伎俩而已。"

赵顼惊讶地看着王安石，无论如何也不能接受这个解释："你这话说得不对吧？天象警示人事，自古如此。史书上都有过多次记载，你怎么能不当回事呢？"

王安石从容回道："尧帝和汤帝都是古代的圣王了吧？可是尧帝在位时连续九年发洪水，最后，还是依靠大禹，耗尽天下之力才治服水患。水灾如此迅猛，难道尧帝也是昏君吗？汤帝在位时，连续七年国家大旱，也没听谁说这是上天在警告汤帝啊？"

对啊，从小到大，怎么就没人从这个角度考虑过问题呢？

听了王安石的话，赵顼感到上半辈子的书算是白读了。

难道自汉代董仲舒以来，那些老学究天天挂在嘴边的天人感应学说，都是蒙人的？

王安石见赵顼被自己说得一愣一愣的，心中不免得意，又补刀了一句："董仲舒说天变是为了警示君主，君主荒淫则天下发大水，君主狂妄则天下大旱。那么请问，如果一个皇帝既荒淫又狂妄，那老天爷该怎么安排他的天气呢？"

听到这句话，就连赵顼也忍不住笑出声来。

是啊，这些迂腐的言论，根本经不起逻辑上的推敲，充其量只能骗一些书呆子。

天变不足畏，祖宗之法不足守，人言不足恤！

何等自信豪迈，何等气势磅礴，如此惊世骇俗之论，非博览群书、学问通达之人不能言，非聪慧绝伦、超然脱俗之人不能言，非气吞宇宙、手握乾坤之人不能言！

横贯古今，非王安石不能言。

在那些浑浑噩噩、庸碌不堪的官僚群体中，王安石如皓月独悬夜空，那样光辉醒目，却又透着一股难言的清丽孤独。

奈何，卓越的人，从来孤独。

# 第六章　人才

## 贡举新法

2004 年，当冯小刚执导的电影《天下无贼》热映之时，黎叔的一句台词也随着影片火遍了大江南北："二十一世纪什么最贵？人才!"

其实，人才什么时候都是最贵的。回到一千年前，赵顼和王安石也是这么想的。

刚开始推行新法的时候，连赵顼都经常感叹："人才太少了，必须要多网罗一些（人材绝少，宜务搜拔）。"

众所周知，宋朝以科举取士为人才选拔方式，较之前面的隋唐五代，宋代的科举制已经完善了很多，可是，真到了用人之际，还是发现有不少问题。

在科举制度下，选出来的多是一些舞文弄墨的文人，写诗作文是一把好手，真到了处理政务的时候，却总感觉专业不对口。尤其是那些州县基层官僚，碰到的都是征钱粮、抓盗匪、抗灾荒、备军需、断案件等事，办这些事所需要的专业知识，孔孟经典里是找不到的。

正因为有这个症结在，宋朝的基层行政事务长期被胥吏豪强把持着，朝廷任命的州县官员反而成了摆设。有时候，两边还互相看不起，官员觉得自己是正宗的科举出身，瞧不上那些地方土豪。

反之，土豪们也瞧不上这些书虫：你一个夸夸其谈的书呆子，神气什么？真到了民变四起、匪患猖獗的时候，烦请你赋诗一首以退敌？

宋朝要选拔真正的人才，就必须改变科举制度。

在第一卷里我们说过，宋朝的科举最主要就是进士、明经两科，只要你考中一种，就算功名在身了。比如，司马光的儿子司马康就是明经中第，而王安石的儿子王雱就是进士及第。

明经、进士都是读书人求取功名的渠道，两者地位却有所不同，相对而言，进士科要比明经科显耀得多。因为明经科主要考人们对典籍原文和经典注释的背诵，说白了就是比记忆力，所以没什么技术含量，这张文凭的含金量也就低了一些。

宋朝人最关注进士科，进士科既考诗赋，又考策论，其中又以诗赋最为重要，因为诗赋能够更好地体现学子们的水平差异。试想一下，如果考官让大家都以"雪"为题作诗，有人提笔就是一句"终南阴岭秀，积雪浮云端……"，而你憋了半天，憋得满脸通红，最后歪歪扭扭地写了一行"江山一笼统，井上黑窟窿……"，你就等着在废纸篓里找自己的试卷吧。

以诗赋取士，不光能从诗赋质量分高低，还有一个硬标准——声病对偶。

所谓"声病对偶"就是指写诗不仅要讲究文字优美，意蕴深刻，还要注意韵律和谐。通俗点说，所写的诗读起来必须抑扬顿挫、朗朗上口。为此，凡作诗是必须学会押韵，一旦出韵就会被一票否决。欧阳修第一次考试落榜就是因为押错了韵，被直接淘汰。

很多人不知道的是，当时的诗除了要押韵，还得讲究平仄，也就是对诗中每一个字的音调也有要求。如果你搞错了，同样不行。如此一来，写诗就能帮助考官筛选掉一大批学子。

这里再补充一个题外话。现在，我们常以唐诗宋词并称，其实在宋朝的科举考试中，还是以作诗为主，词只是文人们业余时刻的一种消遣而已。只是，那些文人不会想到，他们喝酒吹牛时填的一首首词，反而成了具有时代印记的文学瑰宝，而那些帮助他们赢得官帽的应试诗，却趴在故纸堆里无人问津。

正是因为长期实行诗赋决定一切的模式，导致宋朝的文学人才呈井喷式涌现，懂实务的人才却极度匮乏。这个毛病也不是到了赵顼的时代才被人重视，庆历新政的时候，范仲淹提出的"精贡举"一策，主张要加强对学子行政实务能力的考察。

王安石也意识到了这个毛病，早在熙宁二年，他就建议赵顼对科考内容来一次大变革，"更贡举法、罢诗赋、明经诸科，以经义、论、策试进士"。

史称"贡举新法"。

换句话说，就是要废除明经科考试，进士考试中也不再考诗赋，而是考经义（解释经书）、论（对时局的评论）和策（提出解决时弊的办法）。

和前面一比就可以看出，王安石的变革主张要比范仲淹更彻底。范仲淹继续保留了明经、诗赋的内容，只是同时强调了策论的重要性。而到了王安石这里，干脆一举废掉了那些死记硬背和花里胡哨的东西。

王安石本人的诗赋水平有目共睹，所以，当他提出这项建议的时候，别人倒也不好说他有私心。

"贡举新法"倒是得到了不少人的支持。不过，他的新法之路也是命运多舛，眼看一项新法措施就要出台了，老王又碰到了一个难缠的对手。

苏轼。

苏轼当时正担任殿中丞、直史馆，作为名满天下的诗赋高手，他对王安石的贡举新法提议表示强烈反对，并长篇大论地写了一份《议学校贡举札子》，反对理由说了一大堆，归纳起来主要有三条：

第一，单从文章来看，策论看上去比较有用，诗赋没什么大用，但是就具体政务而言，策论也是坐而论道的东西，和诗赋一样，都没什么作用（自政事言之，则诗赋、策论均为无用矣）。

第二，文章好坏，没什么具体标准（无规矩准绳），不考"声病对偶"，不容易区分好坏。考试没有客观统一的标准，考官的评卷和录取会具有很大的主观性，只怕会失去公平公正。

第三，从唐代至今，通过诗赋考取功名，进而成为名臣的人，不可胜数（自唐至今，以诗赋为名臣者不可胜数），正说明以诗赋取士没什么大毛病。

苏轼不愧是头号诗文高手，乍一看，讲得也非常有道理。

赵顼一看他的奏疏，也不由得为他的观点所触动。尤其是那句"自唐至今，以诗赋为名臣者不可胜数"，令他感叹再三。

因为苏轼横插一杠，赵顼一度叫停了即将实施的贡举新法。

要说北宋年间确实是一个神仙打架的时代，一群学识渊博、才华横溢的文化名人经常以笔为刀，集体掐架。如果仔细阅读每一篇奏疏，你都会由衷赞叹，用典实在太贴切了，论证实在太严密了，文采实在太棒了，讲得都太有道理了！哪怕是两篇观点完全对立的文章，你都会被这些文字牵着鼻子走。

看看这篇，嗯，有道理，说得好。再看那篇，讲得也挺在理，写得好！

赵顼就这样被苏轼牵着走了一遭。

但王安石可不答应。

他立刻在赵顼的耳边开启了吹风机："旧贡举法让士人天天只知道闭门读书，摇头晃脑作诗赋，对社会上的事务毫不熟悉，哪里是培养人才，其实是摧残人才！至于苏轼所说的'自唐至今，以诗赋为名臣者不可胜数'，初听有点道理，但仔细一想，其实是个逻辑陷阱嘛。因为，自唐代以来，朝廷只用诗赋取士，多数名臣也就只能出身于诗赋。如果用其他方式取士，怎么知道就不会出名臣呢？恐怕只会更多！再者，以诗赋取士，固然招到了一些名臣，但因此招到的迂腐庸碌之人更多！

总而言之，行贡举新法对于培养人才，利大于弊！

经过一番慷慨陈词，王安石成功将赵顼从苏轼这边又牵了回来。

熙宁四年二月，经过一番曲折斗争，贡举新法正式颁布！

在王安石的坚持下，又一项新法措施得以实施，只是，在他的对立面，又多了一个大名鼎鼎的文士。

正如司马光一样，原本和王安石私交不错的苏轼从此也成了他的政坛对手。

当然，苏轼和王安石的过节，并不仅仅因为贡举新法上的争议，此事说来话长。

## 文人掐架

趁着王安石忙于捣腾新法，下面我们来聊一聊大文豪苏轼。其实，苏轼早已在宋朝政坛崭露头角，只因为这里的名人实在太多，才雪藏了他好久。

此前说到，苏轼和弟弟苏辙在嘉祐二年的科考中高中进士，原本可以顺利进入仕途。但是正当两兄弟跃跃欲试的时候，从老家四川眉山传来了一个坏消息——老夫人程氏去世了。

听闻噩耗，苏轼和父亲苏洵、弟弟苏辙连忙整理行装，回家治丧。待苏轼完成守孝，再次出山，已是嘉祐四年。

九月，苏轼再次离家赶赴京城。这回，同行者除了父亲、弟弟之外，还有媳妇王氏和弟媳史氏。全家五口人一路奔波，到达开封时，已经是嘉祐五年二月。又过了几个月，他和弟弟等来了朝廷的任职文书，苏轼被任命为河南福昌县主簿，苏辙被任命为河南渑池县主簿。

县主簿类似于知县的秘书，是一个九品小官，苏轼和苏辙都没有赴任，倒不是两兄弟嫌官位低下，只因他们得到了一个消息：当年八月，朝廷将进行一次制科考试。

关于制科考试，我们在介绍名臣富弼时已经说过了，那是一种招纳特殊人才的专项考试，招录名额极少，而一旦考上，当官的起点就会迅速提高。

苏轼和苏辙对自己的才学信心满满，想着抓住机会再博一把。在制科考试中，苏轼完成得很顺利，凭着一支如椽巨笔，写了一篇六千字长文，无论内容文采，还是文字书法，都没得说，考官一致给了好评，决定授予制科三等。

为什么堂堂苏轼，才给了个三等呢？别误会，制科考试虽然分为五等，但一、二等是长期空缺的，也就是说制科三等已经是最高等级。其实宋朝三百年中，获得制科三等的也就两人而已。

苏轼很顺利，苏辙的卷子却遇到了很多麻烦，一些考官看了以后都觉得苏辙言辞太激烈，想给他判个不及格。

要说这事还得怨老爷子苏洵。因为制科考试和普通科考不同，是没有糊名制度的，在得知两兄弟都要参加制科考试后，苏洵生怕两兄弟文风相似，容易被刷下来一个，就给两兄弟出了个主意：让兄弟二人在文章观点上故意错开一下，苏轼的文风温和一点，苏辙的文风刚猛一点。

结果，苏辙火力没收住，惹了麻烦。本来嘛，宋朝的风气是比较开明的，那些考官哪个没喷过人，但一见苏辙的文章，都觉得太刻意了，简直就是沽名钓誉，不行！

最后，苏辙的录取问题闹到了皇帝那里，好在当时在位的还是仁宗赵祯，出了名的好脾气，还是让苏辙给过了，评为第四等。

可苏辙的风波并未就此结束。

按理说，苏轼和苏辙通过制科考试后，应该被授予官职，而授予官职的文书得由知制诰来起草。不巧的是，当时担任知制诰一职的正是王安石。

王安石爽快地起草了苏轼的任命书，却偏偏拒绝为苏辙起草。

原来，在苏家两兄弟参加制科考试时，王安石也是考官之一，他和很多考官的意见一样，觉得苏轼没问题，苏辙太做作了，应该被刷掉。

按常人所想，现在既然皇帝最后认可了苏辙，那就不该再纠结。可是，王安石的性格，大家也懂的。

好说歹说，王安石就是不肯为苏辙起草任命书，就连当时的宰相韩琦亲自出面劝说都不管用。结果，苏辙外放任官的事情被暂时搁置下来。

这件事情把苏洵气得够呛，在心中狠狠记了王安石一笔。

也是活该生事，不久，和两边都交情不错的欧阳修出面请客，他同时邀请了苏家三父子、王安石，以及王安石的弟弟王安国等人作陪。

苏洵因为对王安石怀恨在心，在酒席上对王安石多有不敬。王安石本人大大咧咧，倒没往心里去，弟弟王安国却看不下去了，出面替老哥回了几句嘴。结果，一场酒席，闹得不欢而散。

回去以后，苏洵觉得还不解气，专门炮制了一篇《辨奸论》。文章说，现在有些人行为怪异得很，"脸脏了都不知道洗脸，衣服脏了都不知道换洗（夫面垢不忘洗，衣垢不忘浣）"，"穿奴仆才穿的衣服，吃猪狗才吃的食物（衣臣虏之衣，食犬彘之食）"，什么"头发蓬乱得像囚犯，满脸污垢脏像居丧"，等等，简直怪得不近人情（此岂其情也哉）！

当然，苏洵不会专门写一篇文章谈论个人卫生问题，接着他话锋一转，总结道：以上种种，都不是一个正常人该有的行为，除非他是一个心怀叵测的小人（凡事之不近人情者，鲜不为大奸慝）。这种人，迟早会变成王衍、卢杞、竖刁、易牙、开方这样的大奸臣！

《辨奸论》也是被收入《古文观止》的名篇，文风锐利如刀，文辞罕见地偏激犀利，虽然没点王安石的名，可谁都明白，其实句句冲着王安石开火。因为，不修边幅、不讲卫生确实是王安石的标志性特点。

当然，王安石再不讲卫生，也没有如苏洵所说的那般夸张，看了文章，我们也只能惊叹，有时候，文人也得罪不起啊。

无论如何，王安石和苏家的梁子算是结下了。就不知道此后苏轼、苏辙多次反对王安石的新法，是不是有意气用事的成分在。


文人掐架的故事暂告一个段落，咱们的故事不能跑偏，还是继续看看主人公苏轼。

苏轼获得的第一个官职是大理评事、签书凤翔府（今陕西凤翔）节度判官厅公事。

　　签书判官，相当于知府的助理，当时的凤翔知府，名叫陈希亮。

　　陈希亮也是四川眉州人，是苏轼的老乡。照理说两人应该比较有共同语言，可是，苏轼偏偏和这位顶头上司很不对付。

　　陈希亮年岁比苏轼大很多，属于苏轼的父辈，为人比较严肃，平时做事一板一眼，许多下属在他面前连大气都不敢喘一下。而苏轼当时已经才名远播，又是通过制科高等取得官职的，多少有点恃才自傲，再加上为人比较率性，所以和陈希亮很不搭调，两人经常会发生点小冲突。

　　苏轼在制科考试中，以"贤良方正能直言极谏科"高中。因此，很多同事都尊称他为"苏贤良"，苏轼也不谦虚，听了还很受用。结果，有一次同事称呼苏轼为"苏贤良"的时候，凑巧被陈希亮听到了。陈希亮一点也不给苏轼留面子，厉声呵斥道："签书判官就是签书判官，哪来什么贤良不贤良？"那位讨好苏轼的同事还因此被打了板子。

　　还有一年上元节，陈希亮在官府置办酒会，苏轼因为心里不痛快，就赌气没去。陈希亮居然上报朝廷纠劾，害得苏轼被批评罚款。

　　这些虽然是小事，却让苏轼和陈希亮的关系越来越僵。苏轼觉得陈希亮嫉贤妒能，故意给自己小鞋穿，总想找机会还击一把。

　　要说机会还真让苏轼等到了。

　　那一年，陈希亮在辖区内修筑了一个供人们休闲观光的高台，名为"凌虚台"。高台完工后，陈希亮命苏轼写一篇《凌虚台记》纪念一下。

　　本来，下属接到这种任务，应该借机好好吹捧一番上司才是，更何况苏轼还是天下闻名的文章高手。不过，他却把写文章当成了一次打击报复陈希亮的机会。

没费多大工夫，苏轼的《凌虚台记》交稿了，陈希亮拿过来一看，里面有这么几句："尝试与公登台而望，其东则秦穆之祈年、橐泉也；其南则汉武之长杨、五柞；而其北则隋之仁寿，唐之九成也。计其一时之盛，宏杰诡丽，坚固而不可动者，岂特百倍于台而已哉？然而数世之后，欲求其仿佛，而破瓦颓垣，无复存者，既已化为禾黍荆棘丘墟陇亩矣，而况于此台欤！"

华丽的文辞不再多说，主要意思翻译一下："登上凌虚台一看，方圆四周都是秦汉隋唐以来的宫室遗迹，想当初，它们何其雄伟壮丽、坚不可摧，比起现在的凌虚台，真是超过了百倍千倍，而现在又如何呢？早就只剩下残砖断瓦，皇宫巨殿都是这般下场，何况眼前的凌虚台呢？"

千言万语化作一句话：修了一个小土台，有什么好显摆的？

苏轼满以为这篇文章能把陈希亮气出脑血栓，没想到，陈希亮根本没在意，反而一笑置之："我平时不给苏轼好脸色看，主要还是怕他年少得志，容易骄傲自满罢了。"

苏轼这才明白，原来，这个平时不苟言笑的老头，其实内心充满了温情，他是在用特殊的方式，暗中保护自己。

只可惜，等到苏轼真正认清陈希亮之时，他的任期已即将届满。

值得一说的是，在凤翔任职期间，苏轼虽然和上司陈希亮相处得并不愉快，却和陈希亮的儿子陈慥（zào）非常谈得来，两人成了莫逆之交。

这个陈慥，还有一个我们更熟悉的名字，陈季常。

在那个大男子主义盛行的时代，他却有一个很多现代男人的通病——怕老婆。

据说，陈季常的妻子柳氏（民间称柳月娥）非常彪悍，又爱嫉妒。有时，陈季常与朋友玩得起劲，柳氏却摔锅打灶地骂起来，弄得陈季常十分难堪。陈季常很怕老婆，又不敢把老婆怎么样。苏轼曾写诗拿他的"妻管严"毛病开涮："龙邱居士亦可怜，谈空说有夜不眠。忽闻河东狮子吼，拄杖落手心茫然。"

翻译成白话就是：我的朋友真可怜，谈论佛法忘记睡眠。忽听老婆一声吼，手杖落地心发抖。诗中的"河东"，本指唐代望族河东柳氏，此处喻陈季常之妻，可谓用典贴切。"狮子吼"一语则来源于佛教，意思是说，佛祖在众生面前讲法，无所畏惧，如狮子大吼，这里比喻柳氏骂声洪亮。

经过苏轼的一番调侃，河东狮吼从此成为凶悍妻子的代名词。关于陈季常"惧内"的事情，还曾被编排成一部香港喜剧电影，片名就叫《河东狮吼》。

这个苏东坡，算是帮朋友扬名千古了。


治平二年正月，苏轼回到京师，等待新的任命。以苏轼的才名，这回自然可被授予一个不错的馆职。

次月，苏轼被任命为殿中丞、直史馆，负责编修国史。

正当苏轼开始新仕途历程之时，他却在短短一年多里，接连遭遇到了两次巨大的家庭变故。五月，妻子王弗不幸因病去世；十一个月后，父亲苏洵也离他而去。

三十岁的苏轼突遭两次打击，意志一度变得非常消沉，他暂时忘却了仕途上的追求，专心打理家庭事务。

治平三年（1066）六月，苏轼和弟弟苏辙护送父亲和妻子的灵柩回老家安葬，并按制居家守孝。

待苏轼第四次回到京师时，已经是熙宁二年。

此时，王安石变法刚刚拉开帷幕。

对王安石的变法主张，苏轼一直持反对态度，就在回到京师后不久，他就向赵顼上书进言，全面批驳新法。

一年后，苏轼又一次上书，更加言辞激烈地反对变法，认为此次变法绝不可能成功，反而会招来大祸（小用则小败，大用则大败，若力行而不已，则乱亡随之），此外，苏轼还把矛头直接指向了王安石，称其为小人（自古惟小人为难去）。

至于具体的变法措施，前面也说过，反正是王安石提一条，苏轼就反对一条，针尖对麦芒，两人从不相让。在贡举新法的争议中，两人的观点冲突达到了顶峰。

其实，王安石和苏轼原本也曾有不错的私交，但没办法，私仇加上公怨，友谊的小船也是彻底宣告翻了。

赵顼本十分欣赏苏轼的才华，但无奈苏轼反对变法的态度始终不肯改变，最终也不得不像对待司马光一样，放他离京外任。

熙宁四年（1071），苏轼被任命为杭州通判，从此远离政治中心，开始了长达十五年的外放生涯。

# 第七章 强 兵

## 强兵之法

自宋朝建立以来，因为众所周知的原因，军事方面的话题总是特别敏感，谁若是想对现状提出哪怕一点点的建议，都要冒着被口水淹死的风险。

记得庆历新政那会儿，范仲淹提出了十条工作建议，仁宗赵祯唯一没批准的一条就是"修武备"。

自此后，军事变革成了皇帝的一块禁脔，谁都碰不得。

王安石不但要碰一碰，还想咬一口。而且，赵顼也有兴趣分一口。

赵顼年轻气盛，对于宋朝这种长期被邻居霸凌，交纳保护费的现状极度不满。而且，宋朝的国防也确实到了非改不可的地步。岁币越交越多，军费开支越来越大不说，关键是军队总是一副病恹恹的样子，看着就窝囊。

赵顼和王安石从变法之初，就筹划彻底扭转颓势，开创一个全新的军事局面，他们甚至把最高理想上升到了"恢复汉唐旧境"的地步。

言下之意，赵顼和王安石不但不想交纳保护费，而且还打算收一点保护费。

宋朝的军事体制太烂了，小修小补是不行的，必须全身上下大动筋骨。王安石一上来，就动到了赵匡胤头上。

没错，正是宋太祖赵匡胤。

赵匡胤为赵家子孙后代制定了一系列规矩，他自称最得意的一条，就是"荒年养兵"。换句话说，宋朝实行的是"募兵制"。

而范仲淹提出"修武备"的建议，其实就是想改"募兵制"为"府兵制"。

所谓"募兵制"，简单说，就是官府出钱雇人当兵；所谓"府兵制"，就是兵农合一的义务兵制度，百姓闲时耕田，战时入伍。

两种兵制其实各有优劣，府兵制最大的优点是比较省钱，生产战斗两不耽误，在经济不发达的战乱年代，还是府兵制比较合适。募兵制相比就很费钱，朝廷养一大批职业军人，这笔花销可不是小数目，不过募兵制的好处就是军队战斗力比较强，因为士兵专业素养较高。

说到这里，很多人肯定要喷，宋朝的募兵制看上去不怎么样呀。

是的，相关原因我们在前面已经说过了，要怪就怪赵匡胤深受五代武夫乱政的影响，给军人套上了太多紧箍咒，导致募兵制的优势没有发挥出来，军队战斗力反而直线下降。

王安石开出的药方叫"保甲法"。

保甲制度并不是王安石的首创，很多人都提出过类似的概念，只不过王安石将它们进行了系统总结，并作为法令推行。

保甲法的内容主要有三条：

第一，百姓每十户结为一保，选择一个有才干的人当保长；每十保结为一大保，选一人为大保长；每十大保结为一都保，选两人分别担任都保正、副都保正。

估计很多人都对"保正"这个词耳熟，《水浒传》中的托塔天王晁盖，就是一个保正，所以人称"晁保正"。

第二，有两个人丁以上的民户，都要选一人作为保丁。保丁配置武器、学习武艺，平时负责日夜巡逻，发现盗贼，就击鼓报警，保长则负责带人追捕，一旦捉到盗贼，官府就给予奖赏。

第三，同保内如果有人干了抢劫盗窃、杀人放火等勾当，保内的其他人要马上报告，如果知而不报的，连坐治罪。

从内容上看，保甲法类似于现在的社区安保联防，用近代学者梁启超的话来说，保甲制还可类比现代的警察系统。安保也好，警察也好，这些都不是赵顼和王安石的最终目标。

他们的本意是要实现兵农合一，让保丁平时保持良好的武力锻炼，从而在战时能够成为最合适的兵源。即，一来保障士兵素质，二来稳定地方，三来节约财政资金，取一举多得之效。

到熙宁九年（1076），宋朝已有六百多万人组成保甲，其中有五十多万人接受过正规的军事训练，为军队储备了大量新生力量。

除了人之外，要提升宋朝军事实力，还缺少两项硬件，一个是马匹，一个是兵器。

宋朝缺马倒也不是什么新鲜事，道理很简单，北边和西北都被占了去，想要优质的战马，自然困难。

宋朝也不是没考虑过自己养马，只可惜投入大、产出少，效果还奇差。仁宗时期，三司曾经做过一份统计，说牧监总共养马才三四万匹，但要占户田九万余顷，每年费钱一百余万缗。更糟糕的是，花那么大代价养出来的马，完全不经用（急有征调，一不可用），还没上战场，就已经自我了断了（驱至边境，未战而冻死者十八九），简直比毛驴还不如。

可是，马偏偏是最不可或缺的军事资源。古代战争中，骑兵是最主要的兵种之一，宋朝如果要变被动防御为主动进攻，更需要增强骑兵力量。

为此，王安石在熙宁五年推行了"保马法"。

保马法的核心思路是调动百姓的积极性，以鼓励民间养马来保障马匹的供应。

根据"保马法"规定：民户可以自愿向官府申请养马，每户一般准许养马一匹。牧监提供马匹给民户后，养马户有权使用马匹（如驱逐盗贼等），还可免除一定赋税。但是，养马户必须妥善养马，导致马匹死亡的，需承担赔偿责任。

保马法施行后，确实起到了一定作用，朝廷的开支节省了，马匹的死亡率也有所下降。只是，马匹质量毕竟还是跟产地环境相关，这就不是保马法所能左右的了。

除了马匹以外，宋朝的武器装备也是个薄弱环节，倒不是没钱造兵器，关键问题还是不重视。大家对打仗都不感兴趣，怎会在意那些刀枪棍棒呢？

宋朝负责武器制造的机构是三司胄案，三司本来就是一个繁忙的机构，加上对武器制造的轻视，胄案基本上成了一个挂名机构，导致各地的武器生产极其混乱，造出来的东西素以偷工减料、质量低劣而闻名。有些地方造出来的弓弩，合格率不足一半，射一只麻雀都够呛，有些地方居然用破烂的纸麻缝制盔甲。

这还不算什么，由于长期缺乏监管，发展到后期，有些军器工坊居然停产了，有些官吏甚至驱使工匠们去干私活，自己从中牟利（选占善工，家为治具……借役民工，以资奸侵）。可以想象，如果放任这种乱象发展下去，宋军就算不被敌人打死，也会被自己手中的破铜烂铁给坑死。

因此，在王安石的儿子王雱的建议下，宋朝于熙宁六年（1073）设立了一个全新的武器生产机构——军器监，并在负责生产军器的州县设置了都作院，专门负责督办全军武器装备。

军器监一改以前三司胄案的佛系管理方式，专门制定了各类兵器的合格标准，并派官员带着标准实样到各地都作院进行督造，造出来的兵器根据质量分为上、中、下三等，以此作为官员考核依据。同时，军器监还鼓励擅长制作兵器的人向军器监陈述意见，建议一旦被采用，就对其给予奖励。有意思的是，当时的军器作坊还要求工匠们严守保密规定，绝对禁止外传军器制作方法，有点类似于现在军工企业的保密制度。

经过这么一番操作，宋朝的兵器无论是质量还是产量，都得到了大幅提升，短短数年，军器监已储备了大量的兵器（戈矛弧矢甲胄刀剑之类，皆极完具；等数之积，殆不可胜计），足够军队使用几十年之用。

试行保甲法、保马法也好，设置军器监也好，都是为了增强宋朝军事实力而推行的长远性计划，可远水解不了近渴，如何管理眼前的宋军，还是得另想办法。

王安石向赵顼提出了两个建议，一曰省兵，二曰置将。

省兵，用现在的说法就是裁军。宋朝的军队数量一直在膨胀，到了英宗赵曙的时候，已经达到一百一十六万人。当然，打仗不同于街头群殴，人多的宋军照样不经打，可不经打的军队也要吃饭，财政收入的三分之二都用来养这些大头兵了。

兵不在多而在于精，这个道理很多人都懂，所以，关于裁减兵员的提议从真宗时期开始就没停过。有意思的是，那些强烈反对变法的人，如韩琦、富弼、司马光、欧阳修、苏轼等大佬都曾提出过类似的建议，可真到了临门一脚，谁都下不了这个决心。

因为，牵涉的利益太复杂。

那些长期接受朝廷供养的职业军人早就习惯了领工资、打卡的生活，你突然让他们下岗去种田，还不找你闹事？这些人打辽国不行，打西夏不行，闹事未必不行，万一引起兵变，谁来担责任？

事实上，当王安石最初提出省兵的想法时，司马光就曾以容易招来兵变为理由，表示反对。好在王安石并不如这些人那么胆小怕事，最终还是说服了赵顼。

熙宁元年，赵顼下诏裁减兵员，命各路监司考察兵员素质，将不能担任禁军的士兵降为厢军，不能任厢军的免为平民，五十岁以上的老兵自愿回家的，发放生活费。

整顿完现有兵员后，接着就是控制编制，把全国军营进行调整合并，由原来的五百四十五营合并为三百五十五营，确定马军每营三百人，步兵每营四百人。

一番操作下来，全国的禁兵、厢兵总额不到八十万，比英宗时期一下子少了三十六万，裁减了几乎三分之一。

完成军队瘦身之后，就得练兵。

宋朝的军队向来以"菜"闻名，到底"菜"到什么程度，大家可能还缺少直观印象。仁宗时期的枢密使田况曾对宋朝骑兵的战斗力有过一段描述：

沿边屯戍骑兵，军额高者无如龙卫，闻其间有不能被甲上马者；况骁胜、云武、武骑之类，驰走挽弓不过五六斗，每教皆望空发箭，马前一二十步即已堕地。以贼甲之坚，纵使能中，亦不能入，况未能中之。

咱们耐着性子翻译一下：驻扎边防的骑兵部队，等级最高的莫过于"龙卫"（骑兵的番号，龙卫军为骑兵中的精锐部队），其中居然还有不能穿着铠甲上马的人，至于"骁胜、云武、武骑（同为骑兵番号）"诸军中，有人挽弓不过五六斗（五六十斤左右，普通士兵挽弓的合格标准为一百斤），每次射箭，经常对空乱射，有的箭才射出马前一十二步远，就掉到了地上。敌人的铠甲坚固，即使能够射中，也无法射穿，更何况根本射不中。

就这水平，抓个蟊贼都够呛，谁还能指望他们御敌呢？再者，精锐部队都成这个熊样，其他的部队必定惨不忍睹。

再不练，军队就成马戏团了。

可问题的症结在于，宋朝的军队根本没人用心负责训练，否则，也不会惨成如此模样。

只因为老祖宗赵匡胤太害怕武将专权，设置了一个更戍法，部队经常走马灯似的换防，带兵的将领则往往临时抽调，既不熟悉军队的状况，也无须对一支部队的长远发展负责，所谓"将不识兵，兵不识将"。

如此自由主义的带兵法，怎么可能让军队有战斗力？

将兵法（置将）正为克服这个弊病而生。

需要说明的是，这里的"将"，并不是"将领"的意思，而是一个军事编制，由不同番号的军队组合而成，类似于现在的集团军。每"将"下边还设有"指挥"，指挥下还有校、尉之类的军官，又类似于现在的军、师、旅、团、营……各将还有一定的编号，如第一将、第二将等。同时，朝廷选任有实战经验和指挥才能的将领，专门负责对某一将军队的训练。

王安石根据宋朝的边防形式，在全国范围内设置了九十二将。其中，拱卫京城的有三十七将，主要职责是保卫京师安全；河北四路共设置十七将，主要负责防御北面的辽国；西北边防之兵共四十二将，投入兵力最多，主要是为了抵御西夏；中部和东南地区十一路共设置十三将。

从军事力量分布看，赵顼和王安石其实有着深远的战略考虑。在北方，辽国当时比较强大，暂时还难以图谋，宋朝以战略防御为主，所以北部和京师附近的军队数量比较适中。中部和南部地区统治比较稳固，所以军队数量很少，几乎每一路才设置一将。

反观西北地区，为了遏制西夏，宋朝几乎集中了近一半的军事力量！

显然，如此重兵布防，绝不仅仅是为了防御而已！

## 断其右臂

赵顼和王安石早就盯上了这个长期扰边的西北狼——西夏。

此时的西夏日子也不好过。

元昊自从击败宋辽后，把西夏国力推到了顶峰，本人也志得意满起来。历史一再告诉我们，但凡一个君主开始自我感觉良好时，那么，他离堕落也就不远了。

元昊虽然一直坚持党项族的民族习性，但是一旦堕落起来，却和中原政权的诸位昏君如出一辙。沉溺酒色、宠信奸佞、好大喜功……一份昏君标配套餐，一点都没落下。天授礼法延祚十年（1047），元昊看上了太子宁令哥的未婚妻没藏氏，二话不说，直接抢了过来，原配皇后野利氏以及太子宁令哥同时被废。

太子宁令哥也不是吃素的，第二年，找机会果断给了老爷子一刀。可叹元昊，一代枭雄，在取得空前的胜利后，短短几年，就这么把自己给作死了。

宁令哥弑父以后，西夏立刻引发了一场政治地震。很快，宁令哥被权臣没藏讹庞处死，最后，年仅十一个月大的谅祚被拥立为帝，即历史上的夏毅宗。

谅祚年幼，生母没藏氏（没藏讹庞的妹妹）摄政，西夏国事全凭权臣没藏讹庞说了算。接下来的剧本，大家依然很熟悉，小皇帝年纪渐长，想要收权；权臣倚老卖老，揽权不放；皇帝诛杀权臣，终于亲政……

谅祚好不容易亲政，却天不假年，只干到二十二岁就去世了。年仅七岁的儿子李秉常继位，其母梁太后执政，西夏进入了孤儿寡母、外戚专权的时代。

经过一番折腾，西夏的国力早就大不如前。

李秉常继位那年，正是宋治平四年，赵顼也刚刚接过宋朝的权杖。

在赵顼看来，让自己每年给低年级小朋友发零花钱，简直是莫大的耻辱。他不但没兴趣花这笔冤枉钱，还打算找机会教训一下这个小朋友。

赵顼有意动兵，却不知道究竟如何下手为好。幸运的是，就在即位后的第二年，他收到了一封见解独到的奏疏——《平戎策》。

上策之人叫王韶。

王韶，字子纯，江州德安（今属江西）人，天圣八年（1030）出生，嘉祐二年进士。

虽然功名在身，王韶却不想做一个太平官。进士及第后，王韶并没有马上出来做官，而是跑到西北一带晃悠起来。

王韶在大西北埋头搞起了实地调查，地形地貌、风土人情、边防态势……这些平常读书人不关心的事情，却成了王韶的兴趣所在。经过几年的考察，他的心中逐渐形成了一个庞大的军事计划。

熙宁元年，王韶知道新皇帝赵顼年轻有志，遂将自己的军事构想写成了一篇《平戎策》，呈了上去。

王韶的构想最核心的就是一句话。

"欲制西夏，当复河湟！"

所谓的"河湟"，即指湟水流域以及湟水与黄河合流的地区，大致相当于现在甘肃兰州至青海西宁南北几百里的地带，为河西走廊重要的一段。

河湟地区历来为军事战略要地，中原政权和北方少数民族政权曾为争夺这一地区多次发生战争。因为，中原政权一旦占领了这一地区，就等于截断了北方敌人的右臂，可以有效压缩战略空间；反之，中原政权就要腹背受敌，处于被动局面。

唐朝中叶以后，中原政权失去了对河湟地区的控制，一度被吐蕃占领，唐宪宗李纯曾打算收复河湟，但终究未能成功。延续到五代时期，由于割据政权均自顾不暇，河湟地区变成了没人管的散装状态。

无数个大小不等的少数民族部落在此割据生存，地盘大的不过一二百里，小的只有几十里。

时间转到宋朝。由于宋朝一直信奉花钱保平安，也就无人提出恢复河湟的建议。不过，宋朝君臣没兴趣，西夏却很有兴趣，他们不断派兵蚕食这个区域，对那些大小部落又打又拉。

换句话说，按照当时河湟地区的态势，宋朝若不出兵占领，西夏也迟早要出兵占领。王韶敏锐地意识到了这个问题，于是上言建议朝廷先下手为强，趁早出兵河湟，取得对西夏的军事主动权。

王韶的建议得到了赵顼和王安石的支持，赵顼亲自召见了王韶，并任命他为管勾秦凤路经略司机宜文字，措置洮、河诸州事。

宋朝的官职名称往往听起来很长很绕，所谓管勾机宜文字，就是负责文书处理工作。不过王韶的后面一个兼职很厉害，"措置洮、河诸州事"，就是全权负责洮州（今甘肃临潭）、河州（今甘肃临夏）事务。

洮州、河州，都是河湟地区的重镇。

王韶接受任务，干的第一件事是招抚。

招抚，其实就是招安、招降的委婉说法，王韶想用和平方式把一些左右摇摆的地方势力纳入自己的阵营。

这一招虽然没什么新意，却很有效果，属于花小钱办大事的传统操作。

王韶招抚的首个对象为居处在青唐（今青海西宁）的俞龙珂部落。俞龙珂部不但自身实力强大，而且对周边小的部落也极有影响力。西夏曾经派兵攻打，却吃了败仗。

当然，王韶选择俞龙柯部，不仅仅因为信奉"敌人的敌人就是朋友"，更在于该部的首领俞龙柯与众不同。这位蕃部首领虽然地处偏远，却非常仰慕中原文化，比较有共同语言。

王韶派人带礼物去联络俞龙柯，并提出了约见的请求。俞龙柯也很爽快，立刻应承下来。

真到了前往俞龙柯营帐那一天，宋朝的军营里却产生了一场小争论，王韶觉得由自己带几个随从前去就可以，不用兴师动众。旁人却觉得毕竟是深入蕃部地盘，还是多带一些人去为好，人心隔肚皮，谁知道会发生什么呢？

王韶最终还是坚持了自己的意见，到了俞龙柯的营帐后，也不见外，想说什么就说什么，态度不卑不亢。游说完毕，王韶居然没打算回去，蹭了晚饭不说，还表示自己想在这里留宿一晚，也不用麻烦找地方，就在你的营帐里好了。

王韶的请求让俞龙柯大感惊讶，继而被他的蹭被窝行为感动得一塌糊涂。

你有胆有谋，有情有义，咱就跟定你了！

事后，俞龙柯率所部计约十二万族民归附宋朝。

有意思的是，俞龙柯归顺宋朝后，当他被问及希望受赐哪个汉姓时，他给出了一个出人意料的回答。

"平生闻包中丞（包拯）朝廷忠臣，乞赐姓包氏。"

于是，蕃部首领俞龙柯变成宋朝子民：包顺。

俞龙柯等部归附后，王韶按照王安石的构想，创设市易司、募人营田，即在边疆地区开设贸易市场，发展边境贸易，然后再用赚到的钱招募流民垦荒。

如此一来，边境地区人口逐渐稠密起来，粮草积蓄也日渐增多，这为他接下来的计划开展创造了有利条件。

## 经略河湟

到了熙宁四年，王韶已经在西北边陲积累了数量可观的钱粮，同时强兵之法的实施，也让宋朝的边防军队实力大增。在河湟地区，呈现了对宋朝非常有利的局面。

此时，盘踞在河湟地区的都是些吐蕃、羌族小部落，从军事实力上看，不堪一击。西夏由于自身实力受损，也没有太多精力去干涉，只要王韶带兵一口口蚕食，收复河湟只是个时间问题。

但是，宋朝的军事问题，从来都是内部问题。

早年，范仲淹出任陕西经略安抚副使，前去经营西北边防事务，当时的宰相吕夷简就问他："为什么这么急着离开朝廷？"

范仲淹直言："为了处理西北边防事务（欲经制西事耳）。"

老谋深算的吕夷简这回倒说了一句大实话："你如果想处理边事，那还不如留在朝廷方便呢（经制西事，莫如在朝廷之便）。"

确实，如果朝廷里仍然争吵不休、举棋不定，再优秀的将领也办不成事。

王韶所面临的情况也差不多，幸运的是，此时的朝廷里有一个不遗余力支持他的人。

王安石。

熙宁五年，王韶正要有所动作，却不小心被顶头上司郭逵穿了小鞋。

郭逵，时任宣徽使、秦凤路经略安抚使，是宋朝在西北边陲的最高长官，也是王韶的上级。当年八月，他给朝廷上了一份请示奏疏。

郭逵在奏疏中说道：木征派人向自己告状，说是王韶曾经和他有过约定，不会侵犯其利益，现在却用官职来引诱他的人，谋夺他的地盘。如果王韶不住手，他就要去投奔董毡（另一个吐蕃首领），到时候，他还会联合其他蕃部前来巡边（即侵扰）。如果木征真的动兵，抗拒他有违之前的约定，放纵他又会对边防事务带来损失。我很愚笨，不知道怎么处理这件事，还请朝廷明示。

郭逵奏疏中提到的"木征"，乃吐蕃首领唃厮啰的后裔，当时占据着河州，为河湟地区较大的军阀之一。此人名义上接受了宋朝河州刺史的册封，其实是一个独立的山大王。

郭逵属于妥协派，对打仗生事不感兴趣，作为宋朝将领，他本该站在王韶这边出谋划策才是，这回却委婉地告了王韶一状。

郭逵的奏疏一到，朝廷里照例又吵开了。王安石当时已升任宰相，他自然是力挺王韶。但当朝的枢密使是文彦博，对新法的态度向来和韩琦、司马光等人保持一致，他明显站在郭逵一边。

王安石最先表态："木征名义上为河州刺史，郭逵是朝廷的宣徽使、秦凤路经略安抚使，乃是木征上级，压制木征是郭逵的职责所在。

怎么木征派人捎来一句话，就自称愚钝无能了呢？如果觉得自己无能，为什么不早早辞职？"

王安石最见不得庸庸碌碌，凡事都喜欢请示朝廷的太平官，一语直指要害。

文彦博听了，立刻替郭逵开脱："朝廷让郭逵专权专任，他才可以对此事负责。"

文彦博话里有话，言下之意是经营河湟都是王韶的主意，郭逵早就给架空了。

王安石继续追问："怎么就不专权专任呢？郭逵担任经略安抚使，王韶负责招纳蕃部，对于郭逵的职务并没什么妨碍啊。"

两人正在争吵，赵顼插了一句："不知道木征是不是真的说过这种话？谁知道是不是郭逵添油加醋？"

可以看出，赵顼的态度还是倾向于支持王韶，在内心深处，他对边将拿敌人吓唬朝廷的做法非常反感。

王安石见赵顼如此表态，立刻接过话茬："郭逵前后态度反复，此前他还在奏疏中说蕃部很脆弱，不值得去招讨，否则枉费钱财。这回木征说了一句话，便自称'昏愚无能裁处'。如果木征真的强大可畏，此前就不该妄说他们脆弱；如果他们真的脆弱，今天为什么又被一句话吓得无法决断了呢？"

文彦博不是逻辑大师王安石的对手，一通话下来，立刻被噎得面红耳赤，无言以对。

结果，赵顼采纳王安石的建议，将郭逵调离了秦凤路，把经略河湟的大权完全交付王韶，在大宋朝堂上，罕见地来了一次"疑人不用，用人不疑"。

从熙宁五年七月起，王韶连续打了几个小胜仗，招纳蕃部三十余万人，收复重镇武胜城，兵锋直指河州。

按照王安石的部署，王韶采取的是边打边巩固的策略，一边是抚剿并用，一边是经营边地贸易，通过经济上的互动来加强归降蕃部和宋朝的联系，防止他们降而复叛。

王韶接连打胜仗，而且又自力更生解决军费问题，令赵顼和王安石非常欣慰，于是接连下诏命王韶放手大干，不必凡事都请示朝廷，就盼着他能彻底击败木征，赢得一场决定性的胜利。

如此大规模的战役，却不消耗国家的钱财，这本身就是件非常了不起的事。可是，朝中的保守派似乎天天盼着王韶打败仗一般，仍然不时泼几瓢冷水。

当王韶兴冲冲地向朝廷报告自己零开支收复国土时，文彦博又不以为然地蹦出了一句："王韶用边境贸易赚取经费的方法并没什么了不起，随着战事升级，军费开支肯定少不了。这就好比工匠造房子，在开始设计的时候，一定往小了做预算，这样主人才会接受。等到开工以后，那你就入套了，费用必定蹭蹭往上涨。"

文彦博用打比方的办法对赵顼循循善诱。

可是，经过王安石的几年熏陶，赵顼也不是那么好骗了，他立刻听出了文彦博的逻辑漏洞："这可不是造房子，这是修房子。房屋坏了怎能不修呢？"

老文，你明显偷换概念嘛。

王安石也不是一盏省油灯，马上来了个神补刀："再说房屋的主人也很精明的，肯定善于算计，怎么可能随随便便就被工匠忽悠了呢？"

王安石从来不拍马屁，这回为了坑一下老文，却破了例。文彦博把开拓河湟比喻成造房子，那谁是房屋的主人呢？当然是皇上赵顼了。你把皇上比成一个容易糊弄的冤大头，不是摆明了说皇上很笨，容易被人骗吗？

文彦博见自己不小心失言了，连忙闭口不语。

朝廷里的嘴仗打赢了，但想让这些文臣们彻底闭嘴，还是需要战场上真刀真枪的胜利。


熙宁六年九月，王韶开始率军深入边地，寻机剿灭木征等不肯接受招抚的蕃族势力。

由于交通条件不利，宋军主力在挺进边地后几个月里，一度和朝廷失去了联系。这让赵顼和王安石成了热锅上的蚂蚁，他们每天都期盼着来自西北边陲的消息，简直到了茶饭不思、度日如年的程度。

很快，西北的边报成了朝廷上下瞩目的焦点。

这是变法以来第一次大规模用兵，也是直观检验变法成效的重要时刻。一旦前方失利的消息传来，那些天天嚷着要废除新法的人势必又要掀起一轮新的口水狂潮。

一个多月过去了，前方战况依然不明朗，只知道王韶率军队深入敌境一千余里，是胜是败却不得而知。

王韶像断了线的风筝一般，突然消失在了偌大的河湟谷地。

又过了几日，京城谣言四起，说是宋军已经遭遇惨败，全军覆没，王韶生死不明。

如此长的时间毫无音讯，怎能不让人妄生猜疑？

赵顼内心焦虑万分。王安石表面镇定，其实也是心急如焚。

他们极度渴望，渴望能迎来一场空前的胜利，释放久积的压力。

终于，到了九月十八日，西北紧急军报传来！

军报以最快的速度传递到了内廷。当赵顼小心翼翼地打开军报时，双手竟不自觉地颤抖起来，他拼命地抑制着内心的澎湃，战战兢兢地捕捉着奏报上的每一个字。

大殿里静得出奇，仿佛连空气都凝滞了一般，所有人的神经都随着赵顼脸上的表情而跳动。

终于，他们在那张年轻的脸上，看到了一丝久违的笑容。

据军报：熙宁六年八九月间，王韶率军奋战五十余日，长途奔袭，深入一千八百余里，大败木征，斩获不归顺蕃部一万九千余人，招抚大小蕃族三十余万帐，一举收复河（今甘肃临夏）、洮（今甘肃临潭）、岷（今甘肃岷县）、宕（今甘肃宕昌）、亹（今青海门源）五州，开疆两千余里。

河湟大捷！

连同熙宁五年收复的土地，王韶已经收复失地共计三千多里，取得宋朝建国以来最辉煌的军事胜利！

河湟故地重归中原政权。

这次辉煌的胜利使赵顼龙心大悦，他决定为这次胜利举办一次盛大的庆典。

十月十二日，紫宸殿内。

大殿修饰一新，文武百官依次整齐侍立，赵顼接受百官朝贺。

这位二十六岁的少年天子，年轻英武，精力充沛，显得尤为精神。祝贺的礼节完毕，文武百官都等着赵顼发话。

突然，赵顼做出一个出人意料的举动，他解下自己身上的一条玉带，交给身边的内侍，命他交给站在官员队伍最前列的宰相王安石。

赵顼的举动引来殿中官员的一片窃窃私语。

玉带，是宋朝官员的一种重要装饰物，皇帝经常用来赏赐外藩和朝臣，以王安石的品级，得到一份玉带的赏赐倒也不过分。但是，眼前的玉带却是从赵顼身上解下的，那就意义非凡了。

它体现了皇帝对臣子的无限敬重和尊崇。

自宋朝开国以来，还没有哪个人能得到如此殊荣！这怎能不引来众官的羡慕嫉妒恨呢。

赵顼并不在意其他官员的反应，而是动情地讲了一番话。

"开拓河湟的行动，众官员都有所疑虑，只有你坚定不移，方才有如此功勋（惟卿启迪，迄有成功），我把自己的玉带赐给你，以表彰你的功绩。"

王安石出班跪下，再三推辞："陛下圣明，拔擢王韶于卑贱之中，令其收复一方，均出自陛下宸衷，我与二三执政，只是奉职办差罢了，怎敢独自领取这份殊荣？"

赵顼见王安石推辞，又令内侍谕旨："怀疑的声音纷起时，我也曾一度犹豫，想要终止计划，只有你坚忍一心，若不是你助我，功勋难成。故特赐你玉带以传给子孙，以表你我君臣际遇一场（表朕与卿君臣一时相遇之美也）。"


王安石从来不是沾沾自喜之人，紫宸殿受赏，谕旨嘉奖，得皇上贴身之物，这些令旁人艳羡的礼遇，王安石都可以视为无物。

然而，赵顼的君臣际遇之说，却一下子触动了王安石内心最柔软之处。

这个饱受诘难的名臣，一直都承受着来自朝廷内外的巨大压力。这场胜利犹如一场及时的春雨，洗刷了他久积在心中的愤懑和委屈。

知遇英主，一展雄才，是王安石一生的夙愿。

自决意辅助赵顼变法图强以来，那些富贵荣辱，他早已置之度外。

他只期望，自己能如伊尹辅佐商汤，吕尚辅佐西周文武二王一般，成就一段君臣知遇的千古佳话。


### 浪淘沙令

伊吕两衰翁，历遍穷通。一为钓叟一耕佣。若使当时身不遇，老了英雄。

汤武偶相逢，风虎云龙。兴王只在笑谈中。直至如今千载后，谁与争功！

河湟大捷使王安石的声望达到了顶峰，但他一直保持着难得的清醒，一场军事胜利远远不能消弭反对声浪，变法之路依然荆棘密布。

历史一再告诉我们，变革愈入深处，愈加艰难。

# 第八章 挫折

## 市易法

在中国古代史上，王安石变法以规模宏大、措施丰富著称，除了前面介绍的免役法、青苗法、保甲法、将兵法等之外，熙宁二年的农田水利法，熙宁五年的方田均税法也取得了不小的成就。

农田水利法以鼓励官民构筑水利设施，灌溉农田为主旨，一时间造就了"四方争言水利"的局面。变法期间，共兴修水利一万余处，受益民田三十六万余顷。

方田均税法则是为了清查天下土地，遏制大户瞒报田产，增加田赋而出台的举措。虽然这项举措依然遭到了一堆人明里暗里的抵触，但经过数年清查，还是清丈出田亩二百四十八万顷，让宋朝的田赋收入狠狠增加了一把。

一边是理财增加收入，一边是整军开拓河湟，王安石每日忙得焦头烂额。虽然变法在富国强兵上取得了显著成效，但是他的处境却是越来越危险。

更糟糕的是，当外部的反对力量越来越汹涌时，在变法阵营的内部也产生了裂隙。

这事还要从熙宁五年的一项变法措施说起。

市易法。

市易法有点类似于农业领域的青苗法，主要是为了平抑京城的商品价格。

作为帝国的政治中心，京城开封是全国最繁华的城市，各地的商品都汇聚到京城交易，但由于古代交通和信息手段不发达，京城的商品价格经常出现大幅度波动。

比如，漕运出现问题的时候，某些商品就不能及时运到京城，按照价值规律，一旦商品供不应求，价格就会暴涨，很多平头百姓就会消费不起。反之，一类商品突然供大于求，价格就会暴跌，那些小商人则会倒大霉，甚至破产。

如此状况只便宜了一些资金实力雄厚的大商人，他们最擅长低买高卖，趁机捞钱。如果大商人再加上一些官方背景，情形就更糟了，因为他们可以利用信息上的优势（提前知道官府将要采买哪些商品），大肆囤积居奇，牟取暴利。

市易法的核心就是用宏观调控手段来平抑物价。具体来说，是设置"市易司"，以精通商业的官员为主官，同时吸纳一些商人为助手，共同判断京师货物的价格走势，如果商品价格明显下跌了，就提价收购，如果商品价格过高了，就抛售来平衡供求关系（审知市物之贵贱，贱则少增价取之，令不致伤商；贵则少损价出之，令不致害民）。

需要说明的是，市易法倒不是王安石的原创，也并非某个新法官员出的点子，而是一个叫作魏继宗的普通百姓提出的建议。

王安石在推行变法过程中非常注重吸收民意，允许普通百姓直接提建议，只要办法可行，就大胆施行。魏继宗的提议被递到了王安石的面前，再经过一番推敲修改，于熙宁五年三月正式颁行。

随着市易法的实行，王安石还在京城推行了"免行钱"措施。

所谓的"免行钱"，其实是"免役法"和"市易法"的综合版本，主要用于京城官府的采购。在实行"免行钱"之前，皇宫及开封府的一切物品用度都是由官府（一般由宦官负责）向商行直接征收实物，今天来两千支蜡烛，明天要一百只羊，后天再要两百张皮革，凡此种种。

如果这仅仅是一项普通的税赋模式，那倒也没什么。关键是负责此项工作的官吏都不是省油灯，他们都会把征收物品当作一次中饱私囊的大好机会，对于商行提供的物品左挑毛右挑刺。

你这个蜡烛怎么有一丝裂缝呢？退货。

你的羊怎么长得那么丑陋呢？退货！

你的皮革怎么有虫蛀的痕迹呢？退货！

……

直到你奉上一些额外好处，才会被允许过关。


免役法实行后，商行可以通过交纳一定数量的钱而免去交纳实物，官吏想要东西只能自己去买。再加上市易法对价格的控制，他们中饱私囊的空间被彻底挤压掉了。

按理说，较之其他新法措施，免行钱的影响面很小，主要是在京城实行，所遇到的阻力应该更小一点。

但是，事情远没有想象的那么简单，看上去触及面很小，得罪的人却很厉害。试想，能在京城混得风生水起的人，谁后面没一座大山罩着，你一不小心，就会碰到一个皇亲国戚、权势宦官，一论资排辈，人家还是皇上二表姑的三大爷的小外甥呢，你惹得起吗？

市易法和免行钱碰触了大宋官场最敏感的神经，很快遭到强烈反击。

当时的王安石威信日隆，大家都不敢怎么正面攻击，于是，反对者的口水喷向了市易法的执行者——吕嘉问。

吕嘉问，字望之，时任提举市易务，全权负责市易法的实施。吕嘉问出身名门大户，他的太爷爷就是仁宗朝著名的宰相吕夷简，爷爷吕公绰是吕夷简的长子。他还有两位官至宰执大臣的叔爷爷吕公弼、吕公著。

老吕家个个都是新法的坚定反对派，偏偏吕嘉问是王安石的铁杆粉丝，他曾经为了支持王安石，把二叔公吕公弼准备弹劾王安石的奏疏给偷了出来，气得吕公弼将他视为家族败类，要和他一刀两断。

于是，关于吕嘉问聚敛钱财、唯利是图、引发民怨的小报告一个个飞到了赵顼的跟前。

至于具体证据嘛，嗯，没有。

对于毫无证据的骂街行为，赵顼已经具备相当免疫力，可骂声听得多了，还是得过问一下。

于是，熙宁七年（1074）三月间，赵顼和王安石有了这么一次谈话：

赵顼问："为什么最近有那么多人不满意免行钱呢？"

王安石答："一些官吏本来就对新法不满，现在的免行钱又得罪了不少本来可以渔利的宦官。宦官们吵着说免行钱的坏话，那些士大夫出身的官吏自然也跟着起哄。朝廷大小官吏有几个是不结交宦官的？"

赵顼再问："人们都说吕嘉问以聚敛为能，招致民怨沸腾，这是怎么回事？"

王安石又答："吕嘉问是一个干才，因为制定免行钱才得罪了一大批宦官和皇亲国戚。如果不是吕嘉问，谁敢得罪那些宦官和皇亲国戚？如果不是我，谁敢替吕嘉问明辨是非？"

王安石的意思很明白，吕嘉问的处境和自己差不多，就是因为坚定实行新法得罪了一大圈人，才会招来骂声，更多人是借机反对新法，纯粹是胡搅蛮缠。

赵顼还是有点不放心："可是，从近臣到后族，没有一个人不说免行钱害人的，两宫甚至为此落泪了！"

赵顼口中的近臣，其实就是宦官，两宫则是指太皇太后曹氏、皇太后高氏以及皇后向氏，后族则是指这些女人们背后的一大串外戚。

一听这话，王安石明白了，看来变法是遇到硬茬了。宦官是伺候皇上的人，那群女人就更了不得了，她们可是皇上的奶奶、老妈和老婆，这些人都是赵顼最亲近的人。

可以想象，这是多么强大的反对势力，她们的能量明显要比那些书呆子大得多，大臣看不顺眼你可以罢免，老妈、老婆你总得认吧？

正常人碰到这种情况，就应该琢磨琢磨怎么说话了，得罪了这些人，那是要捅破天啊！

好在我们的主人公是猛人王安石，捅破天也得说。

你皇上不提后宫倒也算了，这回可是你先说的，那我老王也就不给你留面子了！

王安石激动地回道："我奉命推行新法，后族一直非常不满。这是为什么呢？还不是因为新法触犯了他们的利益！你看，皇后的父亲向经在京城经营着大量商业，却从来不纳赋税。这回市易司照例收钱，他仍拒不交纳，还派人来和我交涉，我仍然照章办事。他怎能不反对新法呢？再说，太皇太后的弟弟曹佾（yì），赊买百姓家的树木，不但不给钱，反而派宦官诬告市易司执法不公，市易司照样把他查办了！你想，他们怎能不反对我和新法呢？"

当着皇上的面，直接把他的岳父和舅姥爷的劣迹给揭了出来，这事也只有王安石干得出来。

也是，这些人从来都是耀武扬威，不拿宰相当干部的主，现在一个小小的市易司都敢动他们的奶酪，他们怎么咽得下这口气。

赵顼见王安石拿具体事例说话了，自知理亏，也不好再说什么。

赵顼沉默了，王安石以为市易法已经涉险过关，可是，令他万万没有料到的是，自己的变法派阵营里却响起了不同的声音。

三司使曾布反对市易法，弹劾吕嘉问。

## 三个女人的眼泪

前面说过，曾布是曾巩的弟弟，变法派的骨干人物。

他怎么会一屁股坐到了王安石的对面呢？

说穿了，同样是权力之争。

熙宁变法之所以又称王安石变法，只因为这场北宋中期的巨大变革，深深打下了他个人的印记。

在变法派阵营中，虽然也不乏能臣干将。但是，若论学识和眼界，他们都不能和王安石相提并论；若论精神品格，更达不到王安石的高度。

因此，他们虽是王安石政治理念的执行者，却也有着极强的权力欲望，有时，甚至还会将个人私利凌驾于政治理想之上。

曾布反对吕嘉问，其实是项庄舞剑，意在沛公。

这位"沛公"，就是变法派中另一个重要人物——吕惠卿。

在变法之初，曾布和吕惠卿是王安石的左膀右臂，很多变法措施的具体条文都由两人起草制定。

随着变法的推进，两人的官位也逐渐攀升，到了熙宁七年，曾布官至三司使，吕惠卿则担任翰林学士，两人的官位都已接近宰执，属于朝中的竞争对手。

虽然三司使也属朝廷重臣，但曾布总觉得王安石对吕惠卿的信任多过自己，而这次的市易法又偏偏出自吕惠卿之手。

曾布负责的三司是主管财政的，和吕嘉问负责的市易司在职能上有非常紧密的联系。曾布看吕惠卿不爽，自然也不能和吕嘉问合得来，两人时不时会闹点小矛盾。

更巧的是，那位首先倡议市易法的魏继宗因为提议被采纳，获得了一个官职，但他却嫌官给得太小，对上司吕嘉问也满肚子怨言。

如此一来，曾布和吕惠卿不对付，魏继宗和吕嘉问不对付，最终演变成了两个小集团互咬。

曾布知道太后、皇后们都在反对市易法和免行钱，竟然一反常态，联合魏继宗唱起了反调，矛头直指吕嘉问。曾布指责吕嘉问的市易法推行过猛，借着政府采购盘剥百姓，一些市易司的人在抛售商品时竟然在集市上和小贩们混在一起，有伤体统。

曾布的言论真是一石激起千层浪，本被打压下去的反对派立刻拍手叫好。

你看，说我们迂腐，现在你们自己人都唱起反调了！连倡议市易法的人都反对市易法了，还有什么话可说？

曾布曾经是王安石的心腹，王安石在赵顼面前对他多有夸赞，他的反戈一击让王安石狼狈不堪。


曾布和吕惠卿的不和让变法派受到了重挫。紧接着，一场突如其来的变故将王安石推到了更加危险的境地。

自变法以来，老天一直很给王安石面子，宋朝基本风调雨顺，没发生什么大灾。可是到了熙宁七年冬，一场罕见的旱灾来临了。

这场旱灾一直持续到第二年春天，整个河北地区滴雨未见，千里平野寸草不生，各地出现了大量饥寒交迫的灾民。虽然地方州县也有防灾的储备，但是古人的抗灾能力毕竟脆弱，有限的储粮对付小灾还凑合，一旦遇到特大灾害，还是杯水车薪。

灾害一闹，流离失所的百姓也多了起来，灾民纷纷向京城逃亡，在京郊流落乞讨。

反对派们当然不会放过这么一个攻击王安石的大好机会，比赛似的写起了奏疏，还是那些老掉牙的观点：什么变法很可恶，老天很生气，等等。

关于天变这种说辞，王安石是不信的，也曾以自己的雄辩说服过赵顼。可今时不同往日，以前冒出个彗星什么的，也就是一个天文现象而已，并不会带来实质性的损害，赵顼也容易听得进去。

然而，眼前是实打实的自然灾害，赵顼的内心不能不有所动摇。

熙宁七年三月的一天，赵顼再次单独召见王安石。指着堆积如山的奏疏，说出了内心的忧虑："这些奏疏，也不无道理。如此罕见的天灾，岂不是天意？"

王安石依然以"天变不足畏"劝说赵顼："天灾发生的时候，更应该注意人事，来应对天灾。"

王安石此话的本意是劝说赵顼专注救灾实务，而不是徒然感叹天灾。

没承想，赵顼这回并没有接受王安石的观点，反常地进行了反驳："天灾严酷，百姓困苦，这可不是小事。我之所以如此忧虑，正是感到现在人事有未修。"

听赵顼如此一说，王安石顿时激动起来。本来，他为了应付灾害已经是忙得不可开交，同时还要顶着压力对付那些反对派的明枪暗箭，如今，连皇上都说出"人事未修"的话来。

什么是"人事未修"？那岂不是说王安石执政有过失？岂不是否定了辛苦推行的新法？

王安石越想越委屈，开始毫不避讳地辩说起来，从天变理论到变法坎坷，一口气说了一大堆。

王安石自顾自地发泄着不满情绪，却没有意识到赵顼的脸色已经是越来越难看了。

赵顼已经没有兴趣听王安石的长篇大论，未等王安石说完，他不耐烦地回了一句：

"你虽然长于雄辩，但是能把天灾怎么样呢？"

显然，赵顼并没有仔细听王安石说了什么，言语中还隐隐透着一股怒火。

直到这时，王安石才意识到，面前的赵顼已经不再是那个对他言听计从的皇上了。

他甚至已经从皇上的语气中嗅到了一丝厌弃的味道。

王安石突然沉默了，彻底沉默了。

赵顼也沉默了，他忽然意识到，刚才的态度已经伤透了这位自尊心极强的重臣。

对话在两人的沉默中结束，这对亲密无间的君臣第一次出现了裂隙。

回到家中，王安石感到一种前所未有的疲倦，自从全身心投入变法以来，他以极强的韧性支撑着新法的推行，一面布置新法，一面以一敌众，独挡反对派的各种攻讦。

他太累了，身累，心更累。

赵顼的不信任成了压垮王安石神经的最后一根稻草。

不久，王安石上了一份言辞恳切的《乞解机务札子》，要求罢去相位，求一份闲职颐养天年。

王安石主动求去位，反对派听了无不拍手称快，赵顼的内心却非常矛盾。

从情感上说，他对王安石的执着和才华依然十分欣赏，前面的冲突，也是因为灾情所迫。他对王安石的信任并没有完全消失。

收到王安石的辞呈后，赵顼迟迟不肯批复，陷入无比纠结之中。直到一次后宫觐见，他才做出了艰难的决定。


一日，赵顼和皇后向氏照例到后宫高太后处请安。

这次入宫，赵顼明显感受到一种不同的气氛，宫里除了高太后外，曹太皇太后也在场，一边还侍立着自己的弟弟岐王赵颢。

岐王赵颢是英宗赵曙的第二个儿子，平时最受母亲高氏宠爱。

奶奶，母亲，妻子，弟弟，全到齐了。

看来，这注定不是一次平常的家庭聚会。


礼节性的请安过后，交锋开始了。

曹太皇太后虽然地位最高，但他毕竟不是赵顼的亲奶奶，不便说话。所以，最先开腔的还是高太后："王安石变乱法度，现在弄得天怒人怨，灾民遍野，如何裁处呢？"

果然，还是因为变法的事。

赵顼也在为灾情担忧，但是对于母亲的指责，他还是要申辩几句："虽然有些天灾，但也不似传言那般灾民遍地。"

这个时候，曹太皇太后的脸上闪出了一丝怒色，她指着旁边几案上的一幅卷轴说道："陛下肯定是受了王安石的蒙蔽，不妨看看那幅画卷，便能知晓！"

赵顼不解地走到案前，慢慢地打开画轴。画上内容让赵顼越看越汗颜，眉头不禁锁了起来。

画卷取名《流民图》，画的是开封城门附近的情景：那里遍地是面黄肌瘦、衣衫褴褛的灾民，他们有的提着篮筐，拄着拐杖，沿街乞讨食物；有的跪伏在地，已经饿得奄奄一息；有的则携儿带女，仰面长叹，一副无助的样子。城门内外，灾民成群结队，城门上，则是乌云蔽日，满图尽是颓丧凄凉的景象。

这幅画作从何而来？怎么会到了太后宫中？赵顼的心里充满了疑惑。

曹太皇太后似乎猜中了赵顼的心思，说道："这是光州司法参军、监安上门郑侠所绘的《流民图》，城门景象，是他亲眼所见！百姓如此困苦，你还要继续任用王安石败坏祖宗法度吗？"

赵顼本想继续申辩，却见曹太皇太后已经边说边抹起了眼泪。

太皇太后一哭，高太后也挤出了一串眼泪："王安石或许真有才学，但毕竟是他招来了众怨，你哪怕先让王安石避位一会儿，过段时间再启用也不迟啊。"

见自己的亲妈也哭了起来，赵顼不敢再有言语，只能不知所措地站在那里。

太后们还没哭够，向皇后也加入了哭谏的大军，劝赵顼认真考虑两位太后所说的话，早停新法。

三个女人一台戏，更何况是三个哭鼻子的女人。

皇上也怕女人哭鼻子啊。

赵顼只能尴尬地沉默着，疑惑、愤懑、不甘，却又不知如何应对如此场面。

确实，有灾情不假，京城涌入灾民也不假，但一个小小的监门官怎会想到用绘画来谏言？又如何将画卷送到身居后宫的太后手中？其中又有何人串联？

这次进宫问安，曹太皇太后、弟弟赵颢为什么也在母后处？这难道都是巧合？

此时，赵顼才真切地感受到，自己已经进入了一个无物之阵，反对变法的势力如空气一般，无处不在，给他带来窒息般的压迫感。

沉默了一段时间后，赵顼小心翼翼地回应道："诸臣都是庸庸碌碌之辈，只有王安石能够为朝廷挺身而出，为我分忧（群臣中，惟安石能横身为国家当事耳）。"

赵顼虽然对王安石的做法也有一定的怀疑，但是，在变法一事上，他和王安石毕竟是融为一体的。当别人众口一词攻击王安石时，赵顼还是要替他说句话。

这时，一直冷眼旁观的弟弟赵颢插了一句："太后所言甚是，陛下应当考虑。"

一听弟弟也在旁边煽风点火，赵顼心中顿时火起。

是的，本来就窝了一肚子火，只因眼前的是两位太后，才不敢回怼，现在怎么连弟弟也跑出来教训自己了?!

赵顼不敢得罪太后，但绝不会容忍其他人在自己面前放肆！他怒目圆睁，将隐忍已久的怒火完全倾泻到了赵颢身上，厉声怒喝："对，是我败坏祖宗法度，我是不肖子孙，那就由你来当这个皇帝好了！"

高太后见两兄弟都快吵上了，忙上前劝解。赵颢见赵顼动怒，也不敢再多嘴，赔过礼后，急忙快快告退。

赵顼见状，也起身告辞。

经此一番，王安石的相位已经岌岌可危。

熙宁七年四月，当王安石第三次呈上《乞解机务札子》后，赵顼终于批准了王安石的请求。

免去宰相之职，出知江宁府。

临行之前，赵顼再次召见王安石。

面对这个两鬓染霜的老臣，赵顼感慨万千。

六年里，正是这个人，为实现他的治国理想，横身当事，夙兴夜寐地谋划新法。也正是这个人，替他遭受着疾风暴雨般的质疑和攻讦。

变法初，人皆言"上与安石如一人"。

如今，怎会落得这般地步？

赵顼对王安石的信任并未丧失，但天灾确实动摇了他的意志，巨大的反对声浪又让他不得不暂时弃用王安石。

眼见要送走王安石，赵顼又多了一份不舍。

他缓步下阶，对王安石说道："你我君臣，岂是他人能离间？此去江宁但求好好休养，不日可回京再图大业。"

为显示对王安石的荣宠，赵顼还特地赠送一百两黄金，以补充家用。

王安石坚决推辞。

赵顼见王安石坚辞不受，说道："朕知道你为官清廉，又不善于积蓄钱财，不似其他诸臣，这次车船来往，又是一笔花销，些许薄财，还是带上为好。"

听赵顼如此一说，王安石也深深动容。

确实，宋朝宰相的俸禄还是相当丰厚的，想让家人过上体面的生活，本该轻而易举。但王安石一心为国，从来不会为自己积蓄财产考虑，他的俸禄更多地被用来接济家族中穷人，自己所剩无多，平时也一直过着清贫的生活。

看来，皇帝还是懂我的，也不枉君臣一场。

想到这里，王安石收下了赵顼的馈赠，致谢告别。

熙宁七年夏，王安石隐退江宁。

## 内乱纷纭

王安石离开了喧嚣的朝廷，享受着久违的平静，但这份平静并没能维持太久。

王安石的离去没有让反对派的声浪停息。因为，新法还在继续。

其实大家都明白，新法之所以能够进行，起决定性作用的人还是皇帝赵顼。

诚然，赵顼对变法的态度是有所变化的，支持、怀疑、犹豫，乃至否定，都曾表现过。但谁都得承认，赵顼对于富国强兵的渴求从未停歇过。

不改变传统，谈何富国？谈何强兵？

那些天天嚷嚷着废除新法的人，待一问到如何富国强兵之时，无一例外，都只能念叨几句仁义道德，不顶用。

换句话说，新法，似乎是赵顼唯一的选项。

也正因为如此，赵顼或许会命人检讨一下新法在推行过程中的偏差，但绝不允许有人全面否定新法。

在王安石离开朝廷前，赵顼向他征询了宰执人员。

王安石推荐了两个人。

韩绛和吕惠卿。

韩绛本来是赵顼老师韩维的亲弟弟，坚决支持新法且素有社会威望。他被任命为宰相，代替了王安石的位置。

吕惠卿是王安石的得力助手，他由翰林学士升任副相。

如此一来，朝政大权依然掌握在变法派手中，新法照行不误。

韩绛和吕惠卿依然维持着新法的运转，这让反对派大失所望，个别不地道的人还给两人起了绰号，称韩绛为"传法沙门"，称吕惠卿为"护法善神"。


新法虽还在继续，朝政却愈发混乱了。

变法派和反对派，变法派和变法派，各色人物粉墨登场，斗得不可开交。

最先倒台的是曾布，他因为反对市易法一事受到清查，被外放到饶州，暂时离开权力中心。

不管怎么说，曾布也是变法派中的元老级人物，他的离开让变法派失去了一员大将。

眼见变法派自相残杀，反对派兴奋了，开始蹦出来肆意攻击新法。他们觉得那个"沙门"和"善神"也不是什么好东西，都应该步曾布的后尘。

当时，站在台面上的反对派领袖是副相冯京，他是前宰相富弼的女婿。

冯京为人城府很深，骨子里虽然反对新法，平时却不动声色，因此得以保全官位。现在他看到变法派内斗加剧，觉得有机可乘，就开始蠢蠢欲动，希望能扳倒韩绛、吕惠卿等人，自己坐上宰相的位置。

冯京有想法，他的支持者马上就有了行动，那位献上《流民图》

的小官郑侠又蹦了出来。

郑侠自从靠画《流民图》火了一把后，战斗欲望强烈，这回他再次上书抨击新法派。有意思的是，这回他又发挥了自己的绘画强项，而且一画就是两幅。

《正直君子社稷之臣图》和《邪曲小人容悦之臣图》。

在郑侠的笔下，忠臣和奸臣都是脑门上刻着印记的，魏徵、姚崇等忠臣长什么样，李林甫、卢杞长什么样，只要以两张图为参考，按图索骥就成了。

你看，冯京长得就像忠臣，长吕惠卿这样，奸臣一个，准没错！

郑侠把"人脸识别"技术提前运用了一千年，但赵顼并不买账。

本来，对于郑侠疏通关系送《流民图》给太后一事，赵顼一直憋着口气，没找他算账就不错了，居然还敢蹦跶出来？

结果，酷爱画画的郑侠被免去官职，编管汀州（今福建长汀），而那个喜欢煽阴风、点鬼火的冯京也没得到好处，受到了外放亳州的处分。

反对派的又一轮进攻被挫败，变法派暂时稳住了阵脚。

可宋朝政坛，向来与安定、和谐之类的字眼绝缘，反对派走了，没关系，变法派自己玩。

接下来，韩绛和吕惠卿的内斗模式开启！

吕惠卿是个能干的人，但他的野心要远大于他的才华。

自从王安石罢相后，变法派就成了群龙无首的状态，一直充当执行者的吕惠卿跃跃欲试，幻想着尝一尝"一人之下，万人之上"的滋味。

他想当宰相。

于是，韩绛成了他的绊脚石。

当时，韩绛虽名为宰相，但为人比较老实，且已经六十三岁了，精力热情大不如小他二十岁的吕惠卿。

于是，吕惠卿不把韩绛放在眼里，在很多政务上，都独断专行。这让韩绛很不爽，两人吵架拌嘴也是家常便饭。

为了彻底搞垮韩绛，吕惠卿一心琢磨着再搞点新花样出来，以显示自己的水平。

谁说我只会按照王安石的路子办事情？我也能擘画全局，创行新法。

事实证明，创新本是一件好事，一旦为了政绩而刻意创新，那是很容易出乱子的。

吕惠卿想出的新主意叫"手实法"。

不久前，有官府报告说，免役法在实行过程中出现了新问题，即有人为了降低户等，故意隐瞒自家的财产情况，企图少交或免交免役钱。

吕惠卿听取了弟弟吕升卿的意见，脑袋一拍，决定推行一项新的法令——"手实法"。

所谓"手实法"，就是让百姓主动进行财产登记。法令规定，户主需要向官府如实申报自己的所有财产，如田产、房屋、牲畜、农具等，一律登记在册，再由官府参照市场价格进行评估。

为了防止户主刻意隐瞒，"手实法"规定，户主必须对自己申报的财产签字画押。如果发现有人隐匿，财产统统没收充公！更恐怖的是，官府还鼓励百姓互相揭发告密，凡是有人发现他人隐匿财产的，可以向官府检举，凡举报属实的，用罚没财产的三分之一奖励举报人。

这项法令就有点太理想化了，在缺乏现代技术手段的情况下，如此大规模的财产登记肯定会出问题，标准能不能统一不说，那些苛刻的要求极容易成为一些官吏趁机捞外快的借口。

有些酷吏以清核财产为名，挨家挨户进行盘查，一条地垄一根橡子都不放过，你敢反抗？那就是隐匿财产！

一些游手好闲的无赖借机四处打探，琢磨着靠检举揭发来发笔横财，甚至对户主进行敲诈勒索。

手实法颁行没多久，便弄得民间鸡飞狗跳，百姓怨声载道。

反对派怎肯放过这么好的机会？骂你没商量！

吕惠卿捅了一个大娄子，让本就艰难前行的新法又遭到了大片质疑。


除了那个惹下大麻烦的手实法外，吕惠卿的一些其他做法也让人不齿。他排挤韩绛、独断专行不说，还私欲膨胀，一上台就把自己的两个弟弟吕和卿、吕升卿提拔了起来，这让赵顼愈加反感。

赵顼越来越觉得，较之王安石，吕惠卿无论是学识才干，还是人品道德，都是云泥之别。

与此同时，长期受吕惠卿排挤的韩绛也劝说赵顼召王安石出山，重掌变法大局。

于是，仅仅过了半年，赵顼下决心请王安石再度出来执政。

熙宁八年（1075）二月，退处宽闲的王安石接到诏令：回京复任宰相。

# 第九章　明月何时照我还

## 心力交瘁

皇上的旨意，不能不服从。

熙宁八年二月，王安石匆匆收拾停当，携带家眷溯江北上。

再次入京，王安石早已没有了八年前的意气风发，取而代之的是满腹忧愁。他感到自己的身体日渐衰迈，心志也不似年轻时那么坚韧，甚至有点萎靡消沉。

皇上对新法的态度愈加摇摆不定，变法派内部日渐分崩离析，而反对者却依然在各处涌动暗流，随时准备反噬。如此局面，纵有百般神通，亦不可挽回。

自信的王安石第一次想要退缩了。

"当初漫留华表语，而今误我秦楼约"，他渴望从这繁杂的世事中挣脱出来，归隐山林，去过一段恬静悠然的生活。

过江，行至瓜洲渡（今江苏扬州南），船泊岸边。

王安石回首南望京口（今江苏镇江），早春的江南，正是最旖旎多姿的时候，河边刚刚抽出嫩芽的杨柳，河畔边高低错落的白墙黑瓦，清浅小溪，星罗小花，林间鸟鸣，田头牧笛，那是江南才有的春景。这种安静的美，哪是京城里的车水马龙、酒肆喧哗可比？

春风又到江南，自此一别，我什么时候才能再回来呢？

### 泊船瓜洲

京口瓜洲一水间，钟山只隔数重山。

春风又绿江南岸，明月何时照我还。

入京，王安石依例先入宫谢恩。

赵顼不忘慰勉这位两鬓染霜的老臣："小人渐定，卿且可以有为。"

赵顼口中的小人，是指郑侠之流，他想以此宽慰王安石，表示自己仍然对他信任如初，希望他以大局为念，继续推进变法大业。

虽然得到皇上的口头允诺，可王安石仍然能感受到，君臣二人，早已不似当初的亲密无间。

对于新法的前途，王安石更是有着一种难以挥去的悲观。

王安石的到来，令吕惠卿极为不满。

王安石去职期间，吕惠卿虽然位居副相，但处处都能压韩绛一头，是朝廷中的实际掌权者。而王安石一来，他又成了那个垂手侍立的角色。

对多数人而言，权力总是有着让人着迷上瘾的魔力，一旦品尝到了权力的味道，很多人终生不能舍去，及至粉身碎骨也在所不惜。

更何况，吕惠卿本身就是野心极度膨胀的政客。

此前，吕惠卿对王安石言听计从，除了政治观点上的认同，更在于希望凭借支持变法而得到进身之阶。

现在，他已然贵为副相，那么，王安石就成了他仕途上的最大阻碍。

吕惠卿一直希望自己能取王安石而代之，成为新的变法领袖。

王安石回京后，立刻着手对新法进行了具体措施上的调整，很多吕惠卿主张的过激手段被一一废除，这更让吕惠卿怀恨在心。

王安石复出没几个月，两人经常因为各类问题争执不下。一开始，双方还有所收敛，可闹着闹着，冲突日益升级，问题之争变成了意气之争。

很快，两人发生了一次正面冲突。

冲突因一件小事引起——修书。

此前，赵顼曾命王安石、王雱父子和吕惠卿、吕升卿兄弟共同完成《诗》《书》《周礼》等典籍的注解工作。

到了熙宁八年，活干完了，赵顼要给四人推恩升职。

这本是一件再平常不过的小事，可吕惠卿却趁机给王安石父子一个难堪。他向赵顼上奏，声称王雱没参与实际工作，不应该获得升职（极为无名）。

王雱是王安石的长子，个性突出，学问能力一流，与王安石最为相像。王雱也是推行变法的一员干将，经常为父亲出谋划策，上面提到过，设立军器监，就是他的主张。

然而，王雱的性格中，有着王安石的执着坚韧，却少了一点宽容大度。王安石在朝廷争斗中都是就事言事，从不刻意报复打击政敌，保持着君子风范。但王雱却总认为父亲过于仁慈，希望给那些反对派予以更严厉的惩治。

可惜的是，王雱年纪轻轻，却身体不佳，经常抱病。修书期间，王雱更多的时间是在养病，所以说，吕惠卿的提议也不是完全没道理。

问题是，推恩升职本来就是宋朝恩宠高级官员的一种方式，修书只是一个借口而已，一般没人这么较真。

赵顼听到吕惠卿的提议，也表明了此次态度："不为修书也。"

吕惠卿见一计不成，干脆连自己的升职待遇也不要了，以此恶心王雱。王安石、王雱本就对官帽没感觉，见吕惠卿推辞，连忙也跟着推辞。

双方以推辞恩赏为借口，暗暗较劲。于是，这么一件芝麻绿豆的事情居然还要赵顼二次出面表态：好了，谁都不许再推！

经此一事，王安石和吕惠卿的矛盾已然公开化。

王雱被吕惠卿恶心了一回后，对其恨之入骨，就张罗着联合其他朝臣扳倒他。

由于吕惠卿平时心胸狭窄，玩小动作太多，得罪了不少人，王雱一串联，立刻得到很多人响应，不管是变法派还是反对派，大家群起而攻之。

王安石虽然对吕惠卿心生反感，但念及吕惠卿毕竟对新法做出过很多贡献，并不想把他彻底搞倒搞臭，也怕别人借着攻击吕惠卿，趁机反对新法。可大火一旦燃起，王安石也控制不了。

一时间，弹劾吕惠卿的奏疏漫天飞舞，从任人唯亲到专权独断，一下子把他揭了个底朝天。最后，竟然揭发出了一桩贪渎丑闻，说吕惠卿和兄弟吕升卿、吕和卿曾借新法推行之机，以权谋私，强借民间大户钱财，私置大量田产。

赵顼对吕惠卿的私德败坏也多有耳闻，这次丑闻一出，立即下诏训诫。

熙宁八年十月，吕惠卿被外放陈州，从此远离了政治核心。

在宋朝，重臣外放算是一种惩戒，但并不意味着政治前途彻底报销，很多大臣都有过几起几落的经历。

而吕惠卿却成了例外，他因为人缘实在太差，朝中再无人替他说话，自熙宁十年（1077）离京后，再也没有回来，直接给自己的政治生涯画上了句号。

吕惠卿被赶到了陈州，可他的丑闻还没有了结，因为对他贪渎行为的举报是一回事，查实治罪是另一回事。换句话说，一旦查证属实，那就不是外放那么简单了，恐怕吕惠卿的官帽都会被摘去。

可是，这件贪渎案偏偏迟迟没有结论，成了一件积案。在这个节骨眼上，焦躁的王雱偏偏干出了一件天大的蠢事。

王雱为了把吕惠卿彻底批倒，竟然也弄起权来。他利用关系调出了御史弹劾吕惠卿贪渎的奏疏，连同皇上对奏疏的批示，一起放进了中书下达刑堂的其他案卷中，企图由刑堂制狱严惩吕惠卿。

赶巧的是，那日刑堂当值的官员，正好是吕惠卿的心腹。王雱的这番违规操作被立刻报给了陈州的吕惠卿。

吕惠卿因为落职而忌恨王安石父子，得到消息如获至宝，连夜起草奏疏，告王安石"弄权矫令，罔上欺君"。

与此同时，吕惠卿还附上一叠信笺，里面的内容，对于王安石而言，杀伤力甚至远过于那份奏疏。

赵顼收到吕惠卿的奏疏，顿时怒火中烧，他没想到，王安石也会使用此种弄权营私的龌龊伎俩！

王安石很快被召到赵顼面前，扔在他面前的，正是吕惠卿的讼告。

看了奏疏内容，王安石不禁汗流浃背，如此欺君罔上的行为竟然出现在他所执掌的中书，真是让他百口莫辩。

王安石一边磕头认错，一边表示这绝非自己授意所为。

赵顼也相信如此手段并非出于王安石本意，但事出中书，王安石作为首脑，无论如何也逃不脱干系。

回去后，王安石立即着手彻查此事，可结果一出来，更令他羞愤交加，他无论如何都不会想到，自己最中意的儿子，竟会干出如此荒唐之事！

王雱的错误让王安石陷入了无尽的痛苦。本来，他与吕惠卿的内斗已经成了反对派攻击新法的口实。现在，王雱的乖戾行为更直接动摇了他在朝中的威信，也严重动摇了赵顼对自己的信任。

王安石本想严惩自己的儿子，可还未等他下令，王雱却因为悔恨交加，一下子身染重病，卧床不起。

家事、国事，如乱麻一般搅缠在王安石的心头。

从未有过的狼狈，从未有过的心力交瘁，王安石再次心生去意。

除了主动去职，还能做什么呢？

当赵顼再次面对王安石时，他发现，这位曾经自己无比信任倚重的名臣似乎一夜间苍老了许多，眉目之间再也看不到往日的光彩，往日的能言善辩也变成了今天的沉默不语。

他老了，或许真的老了。

令王安石惊讶的是，赵顼听了他对王雱欺君一事的汇报，并没有多说什么，甚至连一句起码的责备都没有。

正当王安石疑惑的时候，赵顼深深地叹了一口气，拿出了吕惠卿附送上的那一叠信笺。

这些信笺，都是王安石主持变法期间，写给吕惠卿的私人信笺。

王安石并不知道，赵顼从何处得来这些信笺，今天拿出来，又有何种用意。

　　王安石不解地翻阅着信笺。突然，他发现，信笺"无使上知""无使齐年知"等字句被格外刺眼地标注了出来。

　　所谓"无使上知"就是"别让皇上知道"，所谓"无使齐年知"就是别让同僚知道。

　　看到这些字句，王安石不免激动起来，这些都是变法推进遇阻时，为了避免不必要的争论而实行的无奈之举，没承想，现在却成了吕惠卿攻击自己的罪状。

　　吕惠卿的用意十分明显，他要利用这些信笺使赵顼相信，"欺君罔上"的不仅仅是王雱而已。

　　王安石本能地想张口辩解，可当他抬起头来，和赵顼四目相对，他突然发现，赵顼的眼神出奇地冷漠，冷漠得让他不寒而栗。

　　在赵顼的眼神里，王安石读懂了一切。

　　看来，辩解已然成了多余。

　　是的，这不是"欺君罔上"，什么才是"欺君罔上"呢？

　　他忽然想起了一年前的那句话。

　　"你纵然善于雄辩，可又能如何？"


　　沉默，令人窒息的沉默。

　　这对曾经无话不说的君臣，陷入了无尽的沉默中。


　　熙宁九年六月，王安石长子王雱病逝。

　　王安石万念俱灰，坚决要求辞官归去。

　　十月，王安石再度罢相，以镇南军节度使、同平章事、判江宁府。

一个时代，就此落幕。

春风又绿江南岸，明月何时照我还？

## 金陵晚秋

熙宁九年十一月，王安石回到江宁。

自从把父亲安葬在江宁后，他早已在心里默定，这里，将是自己终老的第二故乡。

赵顼虽然不再倚重王安石，但还是感念往日的君臣情分，对外放的王安石恩赏有加。

第二年正月，朝中使者来到江宁传达圣旨，特授王安石"检校太傅"。此时，挂在王安石头上的职衔仍是长长的一串，"依前尚书左仆射同中书门下平章事、使持节都督洪州诸军事、判江宁府，加食邑一千户、食实封四百户。仍改赐推诚保德崇仁翊戴功臣"等。

职衔有实的，也有虚的，但都代表着一份份丰厚的俸禄。可一心只想隐退的王安石坚决要求免去自己身上的一切职衔，唯求安享晚年。

赵顼尊重王安石的意愿，特命他以使相的身份，兼领集禧观使。

集禧观是汴京数一数二的大观，"集禧观使"则是一个虚设的宫观衔，没有实际工作却又无比尊荣，只有地位崇高的官员才能享有。

赵顼对王安石的尊宠从未衰减，王安石生病了，就特批御医前来诊治，每逢节庆，都要别加赏赐。

元丰元年（1078）正月，王安石晋封舒国公，过两年，又晋封为

"荆国公"。

后世称王安石为"王荆公"，便缘于此。

功名利禄，王安石本不介意，此时，他只想远离世俗纷争，在悠闲中安度余生。

在江宁城东门外至蒋山的半道上，王安石选择了一处空旷地段，筑园定居下来。园子离江宁城七里，离蒋山也是七里，离哪里都不远不近，故而命名为半山园。

王安石的半山园，名为庄园，其实只有几间矮房。房屋周围竖起篱笆，外面再种上一些花草树木，连像样的砖瓦院墙都没有。谁都不会想到，这个不起眼的小园主人，竟是当年叱咤风云的宰相王安石。

王安石在江宁的生活极其恬淡，除了专心著书外，平时就是骑着毛驴四处闲逛。

在来江宁时，赵顼曾经特赐王安石一匹御马，待这匹马死后，王安石也没有重新添置，而是换了一头毛驴，如果遇到毛驴不便行走的山路，就干脆拄着拐杖步行。

有人曾劝他改乘轿子，王安石却坚决反对，他认为轿夫也是人，岂能把人当牲畜来使用？

千百代来，如果说，有人摈弃私心杂念、富贵荣华，是基于仁义礼智的严苛立身标准和道德追求。那么，在王安石那里，他的简衣素食只是一种天性自觉。

自始至终，王安石从来都没有过一丝丝身份上的优越感，他在等级分明的社会里践行着众生平等的理念，闪耀着超越时代的人性光辉。

于是，江宁的百姓经常会看到，一个穿着粗衣的老头，骑着毛驴悠游山水寺观，或走访僧道，或寻访隐逸之人。每到一处，每遇一人，王安石都挥笔作诗，尽兴而散。

谢安墩、定林寺、宝公塔……江宁的古寺名刹都留下了王安石的足迹，杨德逢（湖阴先生）、李公麟（画家）、米芾（书法家）成了半山园的常客。

摆脱一身冗务后，王安石又回归到学问大家的本色。

在诗词书画、经义禅学里，再也见不到唇枪舌剑、利益纷争，那才是千金难易的人生畅快！

元丰七年（1084），王安石六十四岁，他的半山园又迎来了一个客人。

当仆从通报客人的名号后，王安石顿时精神一振，开心得喜上眉梢，竟如孩童般一路小跑迎了出去。

来者不是别人，正是名满天下的大学士——苏东坡。

# 第十章 文史大家

## 边走边创作

在聊宋朝的时候，很多人可能会有一个体会，在这里能碰到很多语文课本里的熟人。尤其是到了仁宗朝以后，那种又爱又恨的感觉会愈发强烈，动不动就遇到一个让你"熟读并背诵全文"的人物，谁都恨不得穿越过去，大吼一声：大神，别写了，差不多就得了。

在群星璀璨的人物中，有一个人才气横溢，此人正是本章的主人公——苏轼。

自从熙宁四年（1070）外放杭州通判后，苏轼就开启了游宦生活，隔几年就挪一个地方做官。虽然政治上不如意，但苏轼的生活过得非常惬意，基本上就是交友、喝酒、旅游，当然娱乐之余从未忘记挥洒笔墨，搞点文学创作。

下面，我们就要跟随苏轼的当官历程，进入文学欣赏模式，看看咱们的那些必背课文都是怎么造出来的。

杭州，自古秀丽繁华，光是那美不胜收的西湖风光，就能让苏轼"乐不思蜀"。

望湖楼上，苏通判喝得东倒西歪，赶巧一场大雨袭来，这一番云翻、雨泻、风卷、天晴，怎能不写点什么？店家，取笔墨来："黑云翻墨未遮山，白雨跳珠乱入船。卷地风来忽吹散，望湖楼下水如天。"

和友人泛舟湖上，但见湖面船来船往，一艘画舫里隐约听到一段优美的琴声，悠扬中透着柔媚，柔媚中又透着几许哀怨，想必是哪位温柔娴雅的江南女子所弹奏。苏轼顿时思绪飞扬，把未曾谋面的女子想象成了湘水女神："凤凰山下雨初晴。水风清，晚霞明。一朵芙蕖，开过尚盈盈……烟敛云收，依约是湘灵。欲待曲终寻问取，人不见，数峰青。"

自古才子多风流，苏轼的世界里，有酒有诗，更少不了红颜知己。西湖名伎王朝云不仅能歌善舞，而且聪慧可人，不知苏才子怎样一番神操作，终将美人纳为侍妾。

据说，那首著名的《饮湖上初晴后雨》，就是苏才子为爱妾而写。又据说，那首更著名的《蝶恋花·花褪残红青杏小》也是为王朝云而作。这位苏才子，一边写着"天涯何处无芳草，多情却被无情恼"，一边抱得美人归，也没谁了。

享尽杭州的湖光山色后，熙宁七年五月，苏轼被任命为密州知州。

密州，山东古郡，和秀丽繁华的杭州相比，地狭人少，相对贫穷很多。而且，那段时间朝廷整治公款吃喝比较厉害，苏轼手头能够动用的"公使钱"削减了很多。照理说，他应该很难继续潇洒下去。

不过苏轼自然有找乐子的方法，人家在密州学会了更刺激的室外娱乐项目——打猎。

苏知州亲自带头，戴着皮帽，穿着貂裘，骑着快马，领着大伙弯弓射猎，一起放飞自我，嗨完以后，还不忘给我们贴心地布置了一道家庭作业《江城子·密州出猎》："老夫聊发少年狂，左牵黄，右擎苍，锦帽貂裘，千骑卷平冈……会挽雕弓如满月，西北望，射天狼。"

苏轼喜欢登高望远，可密州城内竟没有什么像样的高楼。苏轼充分发扬了自力更生的精神，自己主持修造了一座超然台。当然，台也不是白修的，一篇《超然台记》，文学爱好者们自己到《古文观止》里查阅吧。收好，不谢。

在密州，真正让苏轼大放光彩的，还不是《江城子》和《超然台记》，而是那首有"古今第一词"之称的《水调歌头·明月几时有》。

苏轼吟诵"明月几时有"时，是在密州的最后一年。彼时，苏轼已经和弟弟苏辙六年未曾见面。

那年中秋之夜，圆月当空，银辉泻地。外表狂狷的苏轼也不免心生孤寂之感。他举杯邀月，抬首问天，又似自问，"今夕是何年"，"何事长向别时圆"。文豪也想家了，想去世的父亲母亲，想久未谋面的弟弟，想那些远隔千里的好友。

转念间，醉意上头，苏轼又自我安慰起来，"人有悲欢离合，月有阴晴圆缺"，或许，人生原本如此，又何必作戚戚哀哀的女儿态？

万般感慨之后，苏轼饮尽最后一滴杯中酒，终换得"但愿人长久，千里共婵娟"的千古之叹。

苏轼的《水调歌头》，无论韵律、意境、遣词，都已臻于完美。这样的词，真不可能是填出来的，它只能出现于天才的灵光一现，一如李太白笔下"黄河之水天上来"。

千百年来，人们对这首词的赞美从未断绝，而有一个评语，最得公认。

中秋词，自东坡《水调歌头》一出，余词尽废！


熙宁九年十二月，苏轼又挪地方了，这次他来到了徐州。

刚到徐州，苏轼就遇到一场大水灾，大水一直灌到了徐州内城。作为一州之主，苏轼领着州民奋力抗灾，总算熬了过来。

不过，抗灾归抗灾，苏轼的内心依然不安分，水灾刚过，他就走访了当地一个号称"云龙山人"的著名隐士。

大水面前人人平等，饶是隐士，房子也遭了灾。"云龙山人"干脆把家搬到了山上，还在上面建了一个亭子，养了几只宠物。隐士养的宠物也异于常人，不是小猫小狗，而是两只鹤。

此时的苏轼正被政务烦得焦头烂额，觉得徐州的生活质量真比杭州、密州差多了，也心生隐退之感，挥笔就来了一篇《放鹤亭记》。

要说苏轼在徐州的运气是真不好，第一年，他遇洪水，第二年，又来了一场大旱。苏轼不但没能成为闲云野鹤，反而忙得像一只愣头鸭。

遇到水灾可以搬泥石堵一堵，遇到旱灾古人基本就歇菜了，地方官也干不了其他事，只能带着大伙去庙里求雨。

还好，老天也给文豪面子，苏轼求雨后，徐州还真的等来了雨水。

这场及时雨让苏轼喜出望外，他连忙带着百姓再到庙里对老天爷表示感谢。

两次去庙里拜菩萨，苏轼心情迥异。用周星驰的话说，今天的心情是大不同啊大不同。

难得这么开心，怎能不写点什么。这回，苏轼一口气填了五首《浣溪沙》。

一路上，苏轼看到了"簌簌衣巾落枣花""软草平莎过雨新"，听到了"村南村北响缫车"，闻到了"谁家煮茧一村香"，兴致来了，还要好奇地问一下"豆叶几时黄"。

一切看起来都那么和谐美妙。

总的来说，徐州的经历还是太辛苦了，苏轼没熬到届满，就上书朝廷要求调换岗位，赵顼很体恤这位才子，马上给他安排了新工作——湖州知州。

或许是徐州的经历让苏轼太不舒服，这次换岗，他一点都没耽搁。自元丰二年（1079）二月接到调令，四月份就跑到了湖州。

"仄闻吴兴更清绝……未去先说馋涎垂。"苏轼听说，湖州是个好地方，据说好吃好玩的东西不比杭州差，那还能不动作利索点？

让苏轼万万没想到的是，正是这次主动申请换岗，把他推到了人生中最危险的境地。

## 乌台诗案

我们在讲述范仲淹的时候说过，宋朝官员每到一个新地方当官，第一件要干的事情就是向朝廷上谢表。

事情就出在这份谢表上。

作为惯例性公文，一般人随便写个百来字，说点感谢领导关心，感谢湖州人民信任，接下来一定好好工作，不负重托等客套话，也就应付交差了。可苏轼不一样，足足写了三百二十九个字。

为什么写那么长呢？除了文采太好，需要释放以外，主要就是抱怨。

苏轼的生活很滋润，但人家是有远大理想的人，想当年制科高中的时候，仁宗皇帝是预言他要做宰相的。现在倒好，东南西北，四处晃悠，四十多岁的人，还只是一个知州。那不是屈才吗？

于是乎，苏轼的感谢信写着写着就跑题了，先是酸溜溜地说自己"议论阔疏，文学浅陋。凡人必有一得，而臣独无寸长"，苏轼的具体才能到底怎么样，确实不好说，但文学才华谁敢否定，谁又曾经否定过？现在他自认"文学浅陋"，其实就是说朝廷有眼无珠，没认识到自己的水平。

接着，苏轼话锋一转，又说"荷先帝之误恩，擢置三馆；蒙陛下之过听，付以两州"，这里的先帝当然是指仁宗赵祯，言下之意，当年仁宗皇帝高看我，想必是看错了，所以现在也就当当州官。

苏轼越写越觉得自己委屈，最后几句更有杀伤力："知其愚不适时，难以追陪新进；察其老不生事，或能牧养小民。"

苏轼所称的"新进"，就是那些因支持变法而提拔上来的一批新锐。此时王安石早已退居江宁，吕惠卿也已掉线，但新法仍在皇帝赵顼的坚持下推行，一些支持变法的官员得到了晋用。苏轼瞧不上这些政坛新人，觉得他们的水平远不及自己，无非是政治投机而已。所以自嘲"难以追陪新进"，只能到地方上去"牧养小民"。

这份酸爽气十足的谢表一到京城，立刻不胫而走，那些变法派官员岂能容忍苏轼对他们冷嘲热讽，纷纷奏劾他"讥切时政"，攻击新法，造成极坏的社会影响，应当予以严办！

著名的乌台诗案由此触发。

所谓"乌台"，乃是御史台的别称。相传汉代的时候，御史台外的柏树上藏了很多乌鸦，所以人们就把御史台叫成"乌台"，因为御史是负责告状的，后来也有人戏称御史都是乌鸦嘴。

事实上，指责苏轼"讥切时政"的人不光是监察御史们，只是御史参与的比较多而已。御史台的长官御史中丞李定则是"倒苏"的头号积极分子。

苏轼之所以招李定的嫉恨，也有自己的一点原因。

李定是铁杆的变法派，跟着王安石推行新法的时候没少受攻击。有一年，有人挖了一个猛料，称李定官迷心窍，生母去世了也没去守丧。那时候，不孝是仅次于谋逆的大罪，反对派抓住问题，对李定穷追不舍。

事情闹大了，赵顼就命人专案调查，一查，事情非常无厘头。

　　原来，李定是父亲的小妾所生，从没见过母亲面，所以他连自己生母是谁都不清楚。李定任县主簿的时候，地方上死了一个姓仇的妇人，有人说那是他的母亲，李定就问自己的父亲，父亲也不承认，所以李定也就没为仇氏守丧。

　　反对派拿一件陈芝麻烂谷子说事，多少有点不厚道。而当时攻击李定最凶的正是司马光和苏轼，虽然朝廷最后没处理李定，李定和苏轼的梁子却是结下了。

　　风水轮流转，现在李定已经官居御史中丞，轮到他报复苏轼了。

　　也是屋漏偏逢连夜雨，正当苏轼的谢表被人拿来说事的时候，他的好朋友驸马都尉王诜出钱为他刻印了一册《元丰续添苏子瞻学士钱塘集》，里面收集的都是苏轼近几年创作的诗文。结果，这份文集马上就被李定等人盯上了。

　　翻开一看，果然，苏轼的文集里面到处都是牢骚话，什么"东海若知明主意，应教斥卤变桑田"，这不是嘲笑朝廷大兴水利吗？什么"岂是闻韶解忘味，迩来三月食无盐"，这不是讽刺朝廷的盐禁吗？……

　　客观地说，李定一伙人对苏轼的指责实属小题大做。因为，写诗填词本来就是大多数文官的业余爱好，宋朝的文化氛围又一直比较开放，所以很多人都会想到什么写什么，谁要是觉得自己怀才不遇，借着诗词发点牢骚再正常不过了。当时很多反对派被外放后，平时的生活内容都是喝酒、闲游、骂新法，谁没写过一些牢骚诗词？这种事情无论如何也不至于弄到定罪的程度。

　　问题是，谁让你是苏轼呢？

苏大才子的文集，当时就是自带流量的畅销书，自然是一问世就洛阳纸贵。

李定等人拿捏的就是这一点，你自己发牢骚也就算了，还四处传播，蛊惑人心，造成了恶劣影响，就该定罪法办！

李定等人搜集了苏轼的文集，向赵顼狠狠告了一状。

赵顼本来非常欣赏苏轼的才华，苏才子一有新作品问世，都让人拿来给自己，先睹为快。不过，这回，他看了苏轼的诗文后也感到非常生气。

我是你的书迷，你怎么反而诽谤我呢？

于是，赵顼下诏免去苏轼湖州知州一职，令御史中丞李定、知谏院张璪共同调查处理此案。

知谏院张璪也属于苏轼笔下的"新进"，同样非常反感苏轼，如此一来，苏轼算是落到了自己的仇人手中，凶多吉少。

御史台得到皇上许可，立刻派人将苏轼押回京师，投入御史台大狱。

终于，苏轼把自己写进了监狱，走到了人生的至暗时刻。

苏轼一下狱，苏辙急坏了，到处张罗着营救哥哥，甚至向赵顼提出要用自己的官帽来换取哥哥的平安。可是，李定和张璪却不想轻易饶过苏轼，到处搜集苏轼的黑材料，想把他往死里整。

最后，苏轼一案的调查结果出来了，主要罪状就是"谤讪朝政及中外臣僚"，"累次虚妄不实"。

翻译过来就是"讥讽朝廷而且不配合调查"。

要说这种事情，处理起来，可大可小。如果往轻了处理，批评教育一下就成，以后少抱怨就是了。如果按照清朝文字狱的弄法，脑袋掉了也不奇怪。

关于苏轼的具体处置，最终还是由赵顼说了算。

正当苏轼在牢里忐忑不安地等待发落时，偶然的一件小事又差点把文豪活活吓死。

苏轼蹲牢房的时候，由儿子苏迈每天给他送饭。父子约定，如果一切正常，就送普通饭菜，万一外面有凶讯，就改送鱼肉。某天苏迈有事走不开，就请一个亲戚代为送饭。

巧的是，这个亲戚偏偏送了一条鱼进去！

苏轼一看是鱼，顿时吓得魂不守舍。

完了完了，写诗文还把命给写没了。

万念俱灰的苏轼甚至连遗言都写好了，准确地说，是遗诗两首。

从这点来看，他似乎还是没吸取什么教训。

关于如何处置苏轼，赵顼也拿不定主意，他也不是什么小心眼的人，对于那种望文生义、牵强附会的事情并不认同。但苏轼对新法满腹牢骚也是事实，不严肃处理，那些蓄意不执行新法的官员只会更嚣张。李定、张璪等人更是建议赵顼杀一儆百，对苏轼痛下杀手。

非常可怜的是，苏轼下狱期间，除了弟弟苏辙，那些平时跟苏轼混在一起吹牛皮、骂新法的文人名士，因为害怕自己也受牵连，竟然没有一个人发声救援。

最后，站出来替苏轼说话解困的，居然还是变法派领袖王安石。

王安石自退居江宁后，本已不再过问政事，但苏轼下狱的事情实在影响太大，还是传到了他耳朵里。

王安石对于苏轼，属于又爱又怨，爱的是其才华，怨的是苏轼始终不理解他的变法深意，长期和自己唱反调。可是，无论苏轼的政治观点如何，王安石都不认同这种以文定罪的做法，更不能放任别人把苏轼往死里整。

王安石唯恐赵顼一怒之下做错事，就提笔给他写了一封信，为苏轼求情，其中一句"安有盛世而杀才子乎"深深触动了赵顼。

最终，赵顼还是放过了苏轼，下诏将他"责授检校水部员外郎、黄州团练副使，本州安置，不得签书公事"。

从此，苏轼成了一个有职无权的闲官。

从元丰三年（1080）起，苏轼在黄州一直待了四年零两个月，这段时间，成了苏轼文学创作的黄金时期。如果说，此前的苏轼是一部高产课文收割机的话，那么，到了黄州，他简直就开挂了。

经历了乌台诗案后，苏轼的文风也改变了许多，不再有那么多牢骚抱怨，取而代之的，是对岁月流逝、人生无常的感慨。"谁见幽人独往来，缥缈孤鸿影""小舟从此逝，江海寄余生""一蓑烟雨任平生"都是苏轼经历人生穷达变幻后的真情流露。

到黄州后，苏轼找了城东的一块废地，在那里建房安居下来，因为那块废地不太平坦，略有坡度，故而取名"东坡"。此时，大才子苏轼俨然真的变成了隐士苏东坡。

黄州位于现在的湖北省黄冈市黄州区。元丰五年（1082）的七月至十月间，苏轼约了几个友人，两次到境内的赤壁古战场游玩。在这里，苏轼抚今追昔，文思泉涌，一口气为我们贡献了三篇文学佳作：《念奴娇·赤壁怀古》以及前后《赤壁赋》。

千古江山、帝王将相、是非成败，到了苏轼笔下，尽成了白云苍狗。

当然，有人曾质疑，苏轼所逛的赤壁未必是当年周瑜大战曹操的地方，真正的赤壁应该是在今湖北蒲圻县。不过，苏轼对此并不在意，人们也感念苏轼的文采，将蒲圻称为"武赤壁"，将苏轼所题的黄州赤壁称为"文赤壁"，或者干脆就称"东坡赤壁"。

是啊，东坡先生，他自己不就是一个重要的文化符号吗？

元丰七年（1084）四月，苏轼困居黄州的岁月终于结束了，朝廷下诏将他从黄州转到汝州，仍是"本州安置，不得签书公事"，依然是个闲职，不过从地域上看，离中原近了很多。

苏轼离开黄州，向汝州进发，途经庐山，他留下了《题西林壁》，再经鄱阳湖畔石钟山，他留下了《石钟山记》。

我们只能感叹，大文豪的笔，真是闲不住啊。

或许，写作，本来就是一种生活方式吧。

六月底，船过金陵，苏轼专程拜访王安石。

抛去政治纷争，两位天才文人终于可以安静地坐下来，敞开心扉地进行交流。

文章、经义、历史、佛学……诗词唱和，纵论阔谈，十几年的政敌，终于一朝冰释。

苏轼不再称王安石为拗相公，而是送了他一个更风趣的外号——野狐精。

金陵日暮，见证了那个年代最富才气的文人，欣赏了最可爱的书生性情。

江南好，千钟美酒，一曲《满庭芳》。

## 《资治通鉴》

漫长的游宦生涯让苏轼为中国文坛留下了无数文学瑰宝，而与此同时，一部史学巨著也即将在洛阳完成。

此前说过，司马光除了反对变法以外，还有一项重要工作就是编撰《资治通鉴》，他的书局和编撰团队就在京师开封。

当时，司马光麾下的编撰团队主要有三个人：刘攽、刘恕、范祖禹。

刘恕（1032—1078），字道原，江西筠州（今江西高安）人，皇祐元年（1049）进士。刘恕记忆力超群，属于最早加入书局的成员，事实上，他一直承担着《资治通鉴》副主编的角色。

刘攽（1032—1089），字贡父，临江新喻（今江西新余）人，庆历六年（1046）进士。刘攽是三人中年龄最长者，只比司马光小三岁，他最擅长汉朝历史的研究。

范祖禹（1041—1098），字淳甫，成都华阳（今四川成都）人，嘉祐年间进士，主要负责唐朝历史的编撰。

在司马光离开京城之前，《资治通鉴》的编纂其实已经取得了很大进展，先后完成《汉纪》六十卷和《魏纪》十卷，加上书局成立前编成的《周纪》五卷，《秦纪》三卷，五年之内，合计完成七十八卷。

熙宁三年，司马光因反对变法，离开京城任知永兴军，后又马上被任命为判西京留台。在这大半年时间里，司马光一直忙着搬家，根本没时间处理编书的事情，书局竟然差点因此夭折了。

司马光离开后，刘攽也因为反对变法被外放。刘恕虽然名义上仍是书局成员，但因为要奉养父母，回到了老家江西南康，边照顾双亲边修书。如此一来，书局里只剩下了范祖禹孤零零一个人。三位编写，一个在洛阳，一个在南康，一个在开封，平时想讨论问题都很困难。

范祖禹年龄小，级别低，又刚到书局不久，完全没经验，见到这个局面，顿时慌了手脚。此时，书局的其他服务人员也开始离散。苦撑一年多后，范祖禹实在没了信心，遂向司马光提议：书也别修了，解散书局，大家各顾各吧。

自从政坛失意以后，编修《资治通鉴》已成了司马光生命中唯一的寄托，范祖禹想学猪八戒分行李，他肯定不答应。

于是，司马光向赵顼打报告，申请把书局迁到自己的工作地洛阳，赵顼很快答应了司马光的请求，并给他安排了办公地点。

熙宁五年正月，范祖禹押着十几辆马车，带着书局里的一大堆书和资料到达了洛阳。

《资治通鉴》的编撰工作终于在洛阳重新开工。

司马光是一个非常认真固执的人，这种性格体现在政治上易于走向保守偏执，但是用到治史上，却是弥足珍贵的甘坐冷板凳精神。

司马光之所以能和司马迁并称史学"两司马"，不仅仅在于他主编了《资治通鉴》，更是因为他开创了一种科学的治史方法，一如司马迁开纪传体史书的先河。

司马光为编写《资治通鉴》，设定了极其严苛的三道编撰程序，按现在的眼光来看，那简直是一种自虐式的修书。

第一道工序是编"丛目"。所谓"丛目"，就是按照年月日的时间顺序排出史料索引。《资治通鉴》是一部编年体通史，首要的就是把握时间顺序。同时，梳理相关资料的时候，还要有一个排列规则，能精确到日的史实自不必说，无法精确到日的，就记在当月中；无法精确到月的，就记在当年；连年代都不清晰的，就要估算时间安排在一定年份中。反正是要老老实实地做基础工作，一点也马虎不得。

有学者研究指出，《资治通鉴》成书过程中，共引用了正史十九部、杂史三百余种，合计约六七千万字。三百多万字的《通鉴》就是从这六七千万字中精心淘炼出来的。而且，《资治通鉴》中许多引用的史书现在早已失传。可以说，没有《资治通鉴》，没有司马光严谨的治史程序，我们就再也无法见到这些宝贵的史料。比如，唐朝五代部分引用的史料，仅见于《资治通鉴》的就多达半数！

第二道工序叫作写"长编"。长编是一种史学专用名词，或者也可看作一种史书体裁。比如我写的这部宋史，主要参考资料之一便是南宋李焘所编的《续资治通鉴长编》。简单地说，长编就是史书的粗稿，注意，这里说的是"粗稿"，不是"初稿"。

长编的写作原则是"宁失于繁，无失于略"。按照这个要求，修书者必须详细阅读各种史料，对每一个历史事件进行史料梳理，综合归纳史实，一旦出现记载不一致的情况，还要认真考异（分析史料），并详细注明是否采信的理由。如果说编丛目是在考验编撰者的史学广度的话，那么写长编则是在考验编撰者的史学深度和工作韧性。据北宋黄庭坚描述，为编成《资治通鉴》，前后所撰写的书稿足足堆满了两间屋子。可想而知，那是一个大浪淘沙般的艰巨工程。

最后一道工序才是定稿。这项工作主要由司马光亲自完成，他要在长编的基础上考订史实、删繁去冗，同时还要统一语言风格和全书整体逻辑。比如范祖禹主修的《唐纪》，完成长编时有六百卷，但等司马光删定后，只剩下了八十一卷。正因为有司马光的严格把关，《资治通鉴》才做到了记史严谨和语言流畅的统一。

为了编写《资治通鉴》，司马光等人付出了常人难以想象的努力。编书几乎成了他们生活中的唯一内容，没有休假、没有娱乐，长年累月地与枯灯黄卷相伴，十几年如一日地重复着同样的事情，从堆积如山的史料中还原每一段历史真相，一丝不苟、工工整整地撰写每一卷书稿。

这样的工作，如果没有一种伟大的牺牲精神，无论如何是办不到的。

最年轻的范祖禹，自进入书局后就彻底放弃了政治前程，修书凡十五年，连续五次缺席三年一度的文官例行考评，结果直到书成，依然是一个八品奉议郎。

范祖禹牺牲了自己的仕途，而刘恕则付出了生命的代价！

三人中，修书出力最大，功勋最为卓著者当数刘恕。《资治通鉴》编撰工作中，刘恕一人负责三国、两晋、南北朝至隋及五代近四百五十年历史的长编。这些时段的历史，都属于战乱时期，动不动就是几个割据政权并存，史料庞杂，头绪百端，考据任务极其繁重。

大多数时间，刘恕一直是在南康边监酒税边修书，只是在熙宁九年，他到洛阳住了一年。清贫的刘恕一边照顾亲人，一边埋头苦干，繁巨的工作摧垮了他的身体。

熙宁十年（1077）初冬，刘恕在回家乡的路上收到了母亲去世的消息，一度悲痛晕厥过去，醒来后身染重病，以致半身不遂。而即便如此，回到家乡的刘恕依然坚持带病编写最后的五代史，手不能写，则由自己口述，儿子代为记录。

元丰元年（1078）九月，年仅四十七岁的刘恕因病去世。同年，他的宝贵书稿被送至洛阳书局。

此后，书局的工作主要由司马光和范祖禹维持，同时，司马光的儿子司马康也被叫来帮助"检阅文字"。

元丰七年（1084）冬，历时十九载，耗尽司马光毕生心血的《资治通鉴》终于编撰完毕！（司马光于成书后两年去世）

同年，司马光郑重地呈上《进〈资治通鉴〉表》："（通鉴）上起战国，下终五代，凡一千三百六十二年，修成二百九十四卷……为《目录》三十卷……为《考异》三十卷，合三百五十四卷。"

书表呈上，立刻引起满朝震动，赵顼随即表示：下诏嘉奖，令人刻版印刷。

"鉴前世之兴衰，考当今之得失"，这是司马光编写《资治通鉴》的初衷。不过，它的作用很快超越了安邦治国参考书的范畴，终以其史料丰富、考据严谨、语言精当的特点，成后世学史者的必读之书。

自有书契以来，未有如《通鉴》者。

——南宋史学家王应麟

前有《史记》，后有《资治通鉴》，是为史家双璧！

在此，让我们再次铭记，那几位一千多年前，默默无闻、不计名利，甘以毕生精力为后世著书立说的伟大史学家：

同修奉议郎　范祖禹
同修秘书丞　刘恕
同修尚书屯田员外郎充集贤校理　刘攽
编集端明殿学士兼翰林侍读学士太中大夫　司马光

历史从未忘记。

# 第十一章 元丰西讨

## 开 战

王安石走后的第二年，赵顼下诏改年号为"元丰"。

宋朝的每一次年号变更，都映射着一种新的政治风向。果然，不久之后，朝廷的宰执班子进行了大换血，熙宁年间的老人几乎悉数离去。

顶替王安石成为首席宰相的，则是政坛不倒翁王珪。

王珪此人很有意思，很长一段时间，他都和王安石搭班主持变法，但严格来说，他又算不上变法派，也从未给新法出过什么主意。可他也不是什么反对派，从没对新法说过"不"字。

王珪办事的唯一原则就是皇上让干什么就干什么，人送绰号"三旨宰相"。

何谓"三旨"？

凡事都向皇上请示，叫作"请旨"，得到皇上指示后叫作"领旨"，回头去布置工作叫作"奉旨"。王珪深谙"不求有功但求无过"的官场生存法则，因此，无论宰执成员如何走马灯式地更换，他却长期稳如泰山，居然位列宰执十五年不倒。

事实上，王珪的上台也传递着一个新的信号：宋朝的变法已经由王安石时代转到了赵顼时代。

此时的赵顼，经过十年的磨砺，早已褪去即位之初的稚嫩，他将要乾纲独断，直接掌控朝政。现在，他已不再需要那些各执己见的臣僚，他现在需要的，只是一个能够忠实执行命令的人。

在内政上，赵顼依然倾向变法，他保留了王安石的大多数变法主张，只是在官制改革上又进行了一番微调。

赵顼所关注的领域，则是宋朝君臣历来避之不及的话题——军事。

赵顼一直梦想做一个大有为之君，在内心深处，他从未放弃改变宋朝苟安状态的想法。

经过几年的新法推行，宋朝的财政状况已经明显改观，军力也有所提高。现在，赵顼一心谋求一场比河湟大捷更伟大的军事胜利，一举洗刷宋朝百年来的耻辱，重振中原王朝的雄风。

在赵顼的军事构想里，征服西夏是首要战略目标，一来西夏较之辽国相对弱小，找软柿子捏一下，属于正常操作；二来当时的西夏也染上了内斗的毛病，把自己给折腾残了。

前面提到过，自治平四年起，西夏进入了第二个后党专权时期。坐在皇位上的是夏惠宗秉常，年仅七岁，朝政大权实际上掌握在梁太后手中。

梁太后自摄政初始，就任命她的弟弟梁乙埋为国相，其他重要的职位，统统换上了梁家人，以此巩固权力。

值得注意的是，这位掌控西夏大权的梁太后其实是一个汉人。一个汉人要在党项族政权里站稳脚跟肯定是不容易的，梁太后为取得党项贵族势力的支持，不能不搞点事情出来。所以，她喜欢时不时地在宋夏边境制造一点摩擦，有没有效果不重要，关键是可以凝聚人心。

梁太后办的另一件事是"恢复蕃礼"。

所谓蕃礼，其实就是党项族的传统礼仪。在元昊执政的时期，西夏曾一度尊崇蕃礼，可到了谅祚亲政后，因为他本人仰慕中原文化，又将蕃礼改成了汉礼。现在到了梁太后这里，汉礼又要改回蕃礼了。

事情还得从头说起。

梁太后在西夏嚣张了十年，西夏大安二年（1075），她的地位受到了严重冲击。在西夏文武大臣强烈要求下，梁太后光荣下岗，十六岁的秉常出来亲政。

梁太后下岗了，梁家人却还把持着朝中要职。梁太后还强行给秉常配发了一个老婆——梁乙埋的女儿，自己的侄女。

于是，秉常每天醒来，都会发现无论是身边睡的，还是眼前站的，都是一众梁家人，非常没意思。

为了把权力真正揽到自己手上，秉常针锋相对地提出了一些新措施，其中之一便是停行蕃礼，改行汉礼。

于是，历史上呈现了非常诡异的一幕，在西夏政权内，一个汉人坚持要行蕃礼，一个党项人反而坚持要行汉礼。真应了那句话，一切观点之争的背后都是利益之争。

更奇怪的是，秉常的提议居然得到了大多数西夏党项贵族的支持。原来，经过近百年的交流，西夏地区早已深受中原先进文化、知识技术的影响，不少党项贵族模仿中原生活方式，学习儒家经典。毕竟，无论政权之间关系怎样，文化传播是不可阻挡的潮流。

废除蕃礼后，秉常又做了一个大动作。西夏大安七年（1080），秉常在心腹大臣李清（汉将）的建议下，决定把黄河以南的一块土地归还给宋朝。

秉常这么做，倒不是讨好宋朝，只是想借助宋朝的力量来进一步遏制梁家的势力，况且，那块准备交还的土地本来就是一片不毛之地。

可惜的是，秉常和李清谋事不周，计划外泄，梁太后知道后，先下手为强，设计诱杀了李清。

按照梁太后的理论，汉将李清就是一个内奸，而不争气的儿子秉常，则是个不折不扣的夏奸。因此，梁太后"好事"办到底，随即派人把秉常圈禁了起来。

随后，梁大妈郑重宣布重新摄政。

老娘我又回来了。

西夏在那里穷折腾，最开心的要数赵顼。

当时的宋夏关系本就非常糟糕，梁太后刚听政的时候，双方没少发生边境摩擦，宋朝还因此停发了西夏的零花钱（岁币）。现在，眼看这个邻居自己作死，赵顼决定趁机加把力，彻底将这只西北狼降服成宠物犬。

赵顼的想法有人支持，有人反对。

出乎意料的是，河湟大捷的头等功臣王韶居然也提出了反对意见。王韶以为，西夏并没大家想的那么不堪，虽然窝里斗狠了一点，但战斗力依然存在，宋朝此时出兵西夏，时机尚不成熟。

赵顼被王韶气得不轻，当年又是开熙河，又是断右臂，现在你怎么说不打就不打了呢？

盛怒之下，王韶被贬了官，没几个月，竟郁郁而终。


王韶在军事领域有一定的发言权，他的表态一度让赵顼很尴尬，不过好在支持他的将领也不缺，其中，鄜延路副都总管种谔喊得最响。

这位种谔，也是有些来头的。

宋朝虽然不擅长武略，却诞生了不少世代为将的职业军人家庭，种谔便出自种家军。

前卷说过，当年范仲淹戍守西北边关的时候，赏识提拔了一位叫种世衡的武将。种世衡在西北边线屡立奇功，官至环庆路兵马钤辖，他有八个儿子，均在军中效力，其中以种谔、种古、种诊三人最为出名，人称"三种"。

种谔激动地上书赵顼，声称这是千年不遇的大好机会（此千载一时之会），他还特别提醒赵顼：西夏现在这么菜，如果我们不下手，辽国迟早也会下手，万一辽国得逞，咱们麻烦就大了。反之，如果我们抢了先手，将来再去和辽国翻脸，肯定更有把握。

种谔非常有种，他的观点同样得到了上司鄜延路经略安抚使的支持。而说起这位经略安抚使，我们不得不再耽误大家一点时间，认识一下这位宋朝历史上的传奇人物——沈括。

很荣幸，在见识了许多的政治家、文学家、历史学家之后，接下来，我们要欣赏一下宋朝科学家的风采。

沈括，字存中，仁宗天圣九年（1031）出生于杭州钱塘（今浙江杭州）。

沈括的父亲是朝廷官员，五十三岁的时候才生下沈括，从小就对他极为宠爱，在泉州、润州等地做官时一直把沈括带在身边。小沈括不但勤学上进，而且酷爱研究各种新奇事物。

父亲去世后，沈括得以荫补县主簿，不过，他并不甘于吃家族的老本。嘉祐八年，沈括参加科举考试，获得进士功名，凭自己的本事跻身仕途。

英宗治平二年，沈括经人推荐，调入京城，编校昭文馆书籍，又过了三年，出任馆阁校勘。这段时间，他得以饱览各类书籍，大大开阔了眼界。

熙宁年间，沈括的才能为王安石所发掘，由此，他终于找到了施展拳脚的舞台，兴修水利、改进历法、监造兵器……几年下来，沈括政绩斐然。在一次与辽国的边境纷争中，沈括还运用自己出色的地理知识，把辽人驳斥得哑口无言。

熙宁九年，沈括擢升翰林学士，权三司使，成为一名朝廷高级官员。

元丰三年，沈括改任延州知州，兼鄜延路经略安抚使，成为宋朝驻守西北的一名重臣。

西夏内乱一起，沈括也表态支持动武。

元丰四年（1081）七月，赵顼终于下定决心，对西夏开战！

## 五路出击

为了彻底摆平西夏，赵顼这次下了血本，共起五路大军，分别从与西夏毗邻的五个军事防区出发，直捣西夏腹地。

东线共有两路：

宦官王中正，领兵六万出河东路，进攻夏州（今陕西靖边）、宥州（今内蒙古鄂托克旗）一线。

种谔，领兵九万出鄜延路，进攻米脂、夏州、怀州（今河南焦作）一线。

南线也分两路：

高遵裕，领兵六万出环庆路，进攻灵州（今宁夏灵武西南）、兴庆府（今宁夏银川）。

刘昌祚，领兵五万出泾原路，进攻灵州、兴庆府。

西南线一路：

宦官李宪，领兵十万出熙河路，会同前来助阵的吐蕃军队，进攻灵州、凉州（今甘肃武威）一线。

五路大军共计三十余万，加上随军负责粮草和辎重运输的民夫，合计不下百万，堪称宋朝建国以来最大规模的军事行动，史称"元丰西讨"。

看了五路将帅的阵容，相信很多人都会跑过去质问赵顼的冲动：怎么冒出来两个宦官呢？如果搁到明清，咱们是不是还得尊称他们一声公公。

没办法，无论是中人（宋朝对宦官的称呼），还是太监、公公，宦官由于工作岗位和生理结构的特殊性，就是容易得到皇上的信任，这也是历史的宿命。

前面的故事中大家也见识过，让宦官参与军事也不是赵顼的首创，只是到了他那里，依然没有改变这个陋习。更糟糕的是，赵顼虽一心要谋取武功，对武将的猜忌之心却较祖辈有过之而无不及，他不满足于让宦官做监军，还直接把统兵大权交给了他们。

王中正所带军队多为京城招募的新兵，战斗力并不强，但他是东线的主帅，拥有节制种谔的权力，美得他经常自吹此次是"代天子出征"。

第三路高遵裕的身份可不一般，他是高太后的叔父，论辈分，赵顼都要称他一声叔公。高遵裕虽然出身将门，长期在边防工作，但要论功绩，同样乏善可陈，能爬到这个位置，主要还是依托投胎技术。这次，他是南线的主帅，有权节制刘昌祚。

泾原副都总管刘昌祚倒和种谔差不多，属于从基层干起的职业军人，只可惜，五路之中，数他地位最低。

李宪算是宦官界的另类，为人彪悍刚猛（据说长得也很粗犷），长期混迹军界，王韶开拓熙河的时候，他曾作为副手同行，也算立过战功。

出场人物介绍完了，还有一个问题没有解决，五路人马中，谁是总指挥呢？

关于这个问题，有两种说法。

一说是王中正，他自己也吹过牛皮，自诩替皇上出差办事，但牛皮归牛皮，手上并无任何凭证。

另一种说法是李宪，理由是他的官位最高，带兵最多。显然，这种理由也很难让人信服。再看赵顼给李宪的任务，他主要负责配合南线兵团进攻灵州和兴庆府，如果其他几路军队顺利，则可以直取更靠西边的凉州。如此看来，李宪的第五路军更像是一支机动兵团，怎能成为统筹五路的总指挥呢？

应该说，在历史研究中，出现几个谜题是很正常的事情。可笑的是，到了宋朝，一场如此大规模的军事行动，总指挥是谁居然也成了谜？成谜也就算了，两个候选项居然都是宦官！

其实，这些还不是最荒唐的，更荒唐的是，经过多位学者研究，得出一致结论：宋朝此次军事行动，其实压根就没有总指挥！

论证理由来自赵顼发给五路将帅的一道诏书。赵顼在大军开拔前对将领们千叮咛万嘱咐：千万不要争功（不得彼此争功），千万要注意团结互助（须相互照应）。

也就是说，赵顼也考虑到了五路大军的协调问题，只是他没安排一个总指挥来统筹解决，而是靠一道诏书来激发各位将帅的工作觉悟。

事实上，谁都知道，只有脑袋进浆糊的人才会相信，发个文件就能破解一切疑难杂症。

赵顼并不傻，但赵家恐惧武将尾大不掉的心理基因实在太强大，他们对于胜利的想象，除了勒石燕然、封狼居胥外，还有哗变，还有拥立，还有黄袍加身。似乎那五路大军一旦获胜，转眼就会成为杀回开封的逼宫之师……

不管怎么样，宋朝能够主动雄起一回也不容易，就这样吧。

战事刚开始，宋军进展比较顺利，一封封捷报乐得赵顼心花怒放。

鄜延路主管种谔一直是最亢奋的一个，为了让皇帝下决心动兵，估计"踏平兴庆府，生擒李秉常"之类的话也没少说，现在动真格的了，当然不能退缩。

赵顼原定九月份五路大军一起行动，种谔兴奋过了头，八月初就出发了，一路冲杀，很快来到了西夏的重要据点米脂寨。

西夏梁太后见宋朝动真格的了，匆忙起兵八万前来御敌。种谔见敌人来救米脂寨，见招拆招，以一部盯死米脂城门，防止城内城外敌人前后夹击，又派前锋军分设两翼进行伏击，自己则率中军正面迎敌。

尽管种谔布阵得法，但西夏的主力骑兵确实耐打，尽管夏军中了埋伏，照样左冲右突，如入无人之境。经过一番惨烈的互砍后，中了埋伏的夏军反而逐渐占据上风。宋朝以步兵为主，在兵种上存在明显劣势，越打越吃力，眼瞅着就要崩盘。

正当宋军处于崩溃边缘之时，只见种谔令旗一挥，从附近山上杀下一支一千多人的铁骑，为首者乃是种谔麾下第一猛将郭景修。这支部队是种谔的压箱货，宋朝少有的精锐骑兵。

果然，在一旁憋了许久的郭景修，得到将令呼啸着带头冲杀过来，他身先士卒，上来就砍翻了两员西夏战将（手刃二巨酋）。夏军已经苦斗了大半天，早已是强弩之末，一见宋朝还有如此生猛的一支援军，顿时气泄。

击退西夏援军后，种谔派人诱降米脂寨守将，抢到了征讨西夏以来的首功。此后的种谔军锐不可当，石州（今山西吕梁）、夏州、银州（今陕西榆林市横山区东）相继望风而降。

取得大胜的种谔一得意，给赵顼上了一份奏疏，要求自己单干，不受那个王中正指挥。赵顼一高兴，竟然批准了他的请求。

相比种谔，王中正的工作热情明显不足，出发时间比种谔整整迟了一个多月，出发的时候还特地要求轻装简从，只带了半个月的军粮。负责粮草供应的转运使觉得就带这么点粮食肯定不够，便好心提醒，他还挺固执，转运使也很精明，赶紧让王中正立下了字据。

说好了啊，是你自己不要带粮食，饿死了别怨我！

王中正虽减少了随军辎重，但并不能指望他上演一场轻骑千里奔袭的好戏，毕竟他只是一个脑回路奇特的公公，而不是霍去病。

由于前面种谔已经替他一路踩雷，王中正的行军之路异常安宁，安宁得都没遇到一撮像样的敌人。

不过，没关系，事在人为，在王公公这里，没有困难也可以创造困难。

王中正一会儿走走停停，空耗粮食，一会儿又把军队带到了沼泽地里，凭空损失了不少人马。最奇葩的是，王公公胆小如鼠，居然下令禁止军队生火做饭，理由是烟火会招来敌人（你不就是来消灭敌人的吗）！于是，一大堆人马跟着王公公享受起了天天过节的待遇——寒食节。

经王公公这么一折腾，将士病倒一片，个别士兵和民夫干脆偷偷溜走了。结果，敌人还没遇到，宋军已然军心涣散。

等王公公哼哧哼哧赶到夏州时，种谔军已经离开了，那里只剩下一座空城。这时王公公才发现，自己的粮食居然吃完了！这前不着村后不着店的地方，到哪里去搞吃的？

在旁人建议下，王中正决定带兵去欺负一下附近的宥州。此时，宥州的西夏守军早已撤走，城内只有数百户老弱病残，王公公下令以屠戮百姓来冒充战功，又刷新了一下无耻的底线。在宥州抢到的一点民粮并不能解决问题，最后王中正还是靠与种谔的军队取得联系，才没有被活活饿死。


再来看看南线的战况。

刘昌祚遇到的情况和种谔颇为类似，他自己的工作热情很高，可背后的领导却非常磨蹭。刘昌祚本想等高遵裕一起出发，可左等右等，高遵裕就是不动身，他只好孤军挺进。

刘昌祚军沿葫芦河北上，一路杀到了三万夏军驻守的磨脐隘。磨脐隘是西夏境内的一个关隘，它的身后，就是西夏重镇灵州，而过了灵州，西夏国都兴庆府就在眼前。

为了守住磨脐隘，西夏国相梁乙埋亲自到场督战。不少宋军将领见夏军重兵设防，不好攻打，就提议绕道而行。可刘昌祚觉得宋军刚出发就先被敌人挫了锋芒，会影响士气，而且万一被关隘里的夏军尾随追击，容易腹背受敌。

于是，他决定冒险强攻关隘。

为了啃下这块硬骨头，刘昌祚布置了独特的攻击梯队，前面以牌子军（一手持长盾牌，一手持短刀的步兵）打头阵，中间是神臂弓弩手，接着是马军殿后。牌子军负责阻挡飞矢，弩手负责"火力"还击，骑兵则是为了最后的冲杀。

部署完毕后，刘昌祚同时宣布了一个重大决定，此次作战，赏金按以前的三倍计算。消息一宣布，顿时三军欢悦，响震林谷！

战事一开，刘昌祚自己拿着盾牌冲到了最前面，将士们看看身前的领导，想想丰厚的奖金，顿时勇气倍增，玩命地向前冲锋，夏军则凭借地理优势拼死抵抗。

两军从正午打到黄昏，夏军再顽强，却也架不住宋军高涨的发财热情，最终还是被杀得狼奔豕突。宋军夺下磨脐隘，斩首两千余人，俘获大小首领二十多人，连梁乙埋的侄子讫多埋都成了宋军俘虏。

刘昌祚的这次夺隘之战赢得畅快，咱们可以顺便给他总结一下经验：一是策略得当，二是物质激励，三是领导带头。换句话说，咱们也可以得出一个结论，如果你想把事情搞砸，通常可以反着来：不懂业务瞎指挥，空谈理想不给实惠，最后一点最重要，管事的千万要躲到后面去。

刘昌祚取得大胜后，顺势西出鸣沙（今宁夏中宁东），攻取了西夏囤积粮草的鸣沙仓，获得窖藏粟米百万石。接着，大军再接再厉，一路杀到了灵州城下，缴杀了城外的五百西夏驻军，夺得牛羊千余头。

灵州的西夏守军没想到宋军行动如此迅速，一时没有防备，彻底乱了阵脚，宋军形势一片大好。

然而，正当刘昌祚准备一鼓作气攻下灵州的时候，一纸命令传来：停止攻城！

命令来自高遵裕。

"成事不足，败事有余"，这句话送给高遵裕是最合适的。

宋军的统一行动时间定在九月，而高遵裕却是磨蹭到十月才出发，当他拿下清远军（今宁夏同心县东）后，有人曾建议他趁着西夏兵力分散的机会，直插灵州。只可惜，高遵裕向来听不进别人的建议，放着主要目标不取，先去欺负较近的韦州（今宁夏同心）了，而韦州的守军早就撤出，高遵裕只得了一座空城，却又白白耽误了几天时间。

远在韦州的高遵裕听说刘昌祚立下大功，嫉妒得红眼病当场发作。当时，前方谍报人员传来的消息是刘昌祚已经攻入灵州，高遵裕一听，心更急了，不行，如此大功怎能被人占了去？于是，高遵裕立刻向朝廷上书，声称刘昌祚的军事行动完全出于他的部署，如此一来，夺得灵州的首功，自然要属于运筹于千里之外的高某人。

令人无比尴尬的是，没过多久，高遵裕又从前方得到了确切消息——灵州还在西夏手中。

完了，完了，抢首功没抢成，反而抢来了欺君之罪。高遵裕施展完"揽功"大法后，立刻又祭出"甩锅"大法，把责任统统都推到了传消息的谍报人员身上，将其一斩了事。

经过一番折腾，恼羞成怒的高遵裕更无法容忍刘昌祚率先攻取灵州，于是，果断发出了停止进攻的命令。

收到高遵裕的命令，刘昌祚的郁闷可想而知，其实，他也不是不知道这位靠裙带关系爬上来的领导智商存在严重缺陷。为了抓住稍纵即逝的战机，他也曾向种谔学习，趁着军事捷报，上书赵顼要求摆脱高遵裕的节制，自己单干。

可不知道为什么，刘昌祚给赵顼留下的印象不佳，赵顼不但没答应刘昌祚的要求，还给高遵裕下了道谕旨，要求他严格约束刘昌祚，实在不行就把他给换了。

整件事情，刘昌祚都非常冤枉，努力干活没得表扬不说，还被如此猜忌，没办法，谁让他摊上了这么一个"猪领导"呢！

最后，我们再来看看李宪挂帅的第五路宋军。客观地说，李宪要比王中正靠谱得多，至少在宦官界，李公公的业务能力也算首屈一指了。李宪八月领军出征（也提前出发了），首战便兵不血刃地拿下了西使城（今甘肃定西南）。西使城守将禹藏花麻是吐蕃人，本来就对梁太后很反感，现在见宋朝大军到来，果断弃城跑路。

宋朝发动进攻的时候，西夏最忙的人要数国相梁乙埋，哪里有险情就往哪里堵。这回听说李宪攻打西使城，火速派兵前去增援，可是援军刚到汝遮谷（今甘肃榆中苑川河谷），就和宋军撞了个满怀，结果又被扁了一顿，连忙退回军粮重地龛谷城（今甘肃榆中县境内）。李宪也不客气，乘胜追击拿下了鸣谷城，缴获大量粮草等辎重。

由于西夏的主力军大多已被牵制，李宪这一路打得十分顺手，一路过去怎么打怎么有，没过几天，便轻松拿下兰州，进军天都山（今宁夏海原县境内）。在天都山，李宪一把火烧掉了元昊的行宫，狠狠炫耀了一把宋朝军威。

仗打到这里，我们有必要按一下暂停键，总结一下双方的军事形势。

宋朝五路大军表现优劣悬殊，从战略目标看，东线主要负责攻击靠近宋夏边境的一些核心城市，同时牵制西夏的有生力量，种谔的鄜延军应该说总体表现不错，但随着战线拉长，后勤补给越发困难。至于王公公的那路军队，咱们就不用总结了，除了添乱，基本没干什么正事。

南线刘昌祚的泾原军尽管地位最低，却堪称开战以来表现最好的一路军队，已经连续打赢几场恶仗，当前最大的任务就是拿下灵州。

至于高遵裕的表现，只能说，若不是有王公公托底，他就是当之无愧的最后一名。不过，现在他的军队离灵州只有三十里地，要想将功补过，不是没有机会。

李宪一路虽然取得了不小战果，但是多少有西夏战略放弃的因素在，能立多大的功勋还是要看后期表现。事实上，赵顼曾给他两个选择，一个是一直往西打，去攻击凉州，一个是北上支援高遵裕和刘昌祚。要说赵顼的第一个设想是相当扯淡的，除非宋军已经拿下了兴庆府，那倒可以考虑更远的凉州。否则万一其他几路大军进展不利，李宪孤军深入，别人只要一招断粮道，他就等着饿鬼投胎吧。

总而言之，对宋军来说，获胜不是没希望，但前景也不乐观。

反观西夏这边，梁太后恐怕已经急成了热锅上的蚂蚁。因为西夏和宋朝不能比，宋朝家大业大，打输了，回去养养伤，过几年，可以接着再来。西夏家底薄，打输了，不可能从头再来。开战以来，西夏城池丢了一个又一个，再这么下去，那可真要找个地方去放羊了。

生死存亡之际，梁太后不得不召集群臣商量应对之策。

## 得不偿失

自战争开始以来，宋军出现了不少战术错误，但西夏也不是没毛病。

为了应对宋朝的多路进攻，西夏采取了分兵御敌的方式，导致各处战场都丧失了兵力优势不说，以往机动灵活的特点也没有发挥出来，连吃败仗也不冤。

梁太后向各位将领征求御敌策略，很多猛人表示要重整军队再和宋军干一场，唯独有一位老臣抛出了一个石破天惊的观点——与其派兵抵御宋军，不如放他们进来。

放任宋军进来？梁太后以为自己的耳朵听错了。

老臣扫了一眼满脸狐疑的梁太后和众将领，不紧不慢地解释："现在无须分兵御敌，大可以放宋军进来，我们只要坚壁清野，然后集中精锐兵力，固守兴庆府、灵州等核心地区，再派轻骑兵偷袭宋军的运粮部队即可，时间一长，宋军粮草不济，必定不战自溃。"

要不怎么说越老越妖呢。

听了这番话，梁太后和众人顿觉醍醐灌顶。没错啊，远征作战，打的就是钱粮，现在我们是主场作战，何必在乎一城一地的得失？诱敌深入，断其粮道，那可是以弱胜强的不二法门！


再说宋朝这边，西夏调整部署的时候，刘昌祚已经摩拳擦掌地准备攻打灵州城，虽然高遵裕目前还没赶到，但等两军一会合，一鼓作气拿下灵州也不是不可能。

刘昌祚在灵州城下左等右等，脖子等成了长颈鹿，还是没等来友军，却等来了一个让他哭笑不得的消息——高遵裕遇到敌人攻击，请求分兵支援。

接到这种命令，从内心上讲，刘昌祚肯定想问候高遵裕的祖宗。

你滞留在一个毫无军事价值的地方，西夏驰援灵州还来不及呢，怎么可能有闲心去围歼你？

但是，官大一级压死人，问候完高遵裕的先人，命令该执行还是得执行，刘昌祚只好分兵支援高遵裕。

果然，等援军赶到，西夏人早就跑没影了，很显然，这只是小股的袭扰。由于高遵裕的错误判断，宋军又延误了几天宝贵的时间。

刘昌祚的郁闷还远未停止，等他千盼万盼盼来自己的顶头上司高遵裕后，不但没收到半句安慰表扬，还被劈头盖脸地骂了一顿：叫你来支援，为什么来得那么慢，慢得连敌军都跑掉了。

这套说辞，就更让人无语了。

你擦破了一点皮，却怪我没把你早送医院，害得伤口现在自动愈合了？

好吧，碰到一个喜欢装腔作势的领导，算我倒了血霉。

不过，刘昌祚还是很顾全大局的，连忙表示：现在啥也别说了，趁人员已经到位，想着如何攻城吧。刘昌祚认为，宋军既然丧失了快攻的条件，现在不如派主力夺取黄河渡口，断绝灵州的外援通道，再围城攻打比较好。

奇怪的是，曾被小股敌军吓破胆的高遵裕，面对防守严密的灵州城却非常自信："不用那么麻烦，我选个晚上，找人在城下垒土成山，第二天就可顺利入城！"

听了高遵裕的话，刘昌祚确信，眼前的领导不仅爱找茬，而且是个如假包换的智障。

垒土攻城这种事情贵在出其不意，现在人家都防守大半月了，怎么可能放任你堆沙丘玩？

不出所料，宋军好不容易挖了一堆土，还没等宋军送到城墙下，就迎来了一场免费的箭雨，计划当即泡汤。

既然堆沙丘不行，就只能采用传统的方法攻城，可宋军远道而来，不可能携带大型攻城设备，只能现场制作。

于是，挖土大军迅速变成了伐木大军，堆沙丘变成了搭积木。可这一招的结果更糟，西北可不是长树木的地方，就地取材很不容易。折腾了几天，高遵裕惊讶地发现，做出来的玩意数量少、质量差，不用敌人搞破坏，自己都可能会酿成安全事故。

　　宋军进攻不利，西夏的援军却接踵而至，高遵裕不采纳刘昌祚先堵渡口的建议，现在终于尝到了苦果。

　　好在负责打援的刘昌祚比较勇猛，经过一番鏖战，还是击退了西夏援军，只可惜部分西夏援军溜进了灵州城里。这样一来，宋军攻取灵州城的难度更大了。

　　宋军迟迟找不到攻破灵州的办法，西夏的干耗战术逐渐开始起作用。

　　宋军没粮了。

　　本来粮食运输就很困难，更何况西夏还喜欢时不时骚扰，宋军立刻过上了有上顿没下顿的日子，战斗力每况愈下。

　　西夏眼见宋军已经饿得差不多了，就开始策划反击，不过这次他们没派出骑兵来追着砍，而是学会了使用技术手段——水攻。

　　灵州是黄河边上的城市，城周水渠环绕，城池地势要高于城外。西夏人找准时机掘开了黄河七级渠，汹涌澎湃的黄河水顿时一泻千里，咆哮着冲向宋军军营。

　　宋军的军营顷刻间变成了水上世界，无数不会水的士兵惨被淹死。更糟糕的是，当时已是入冬时节，黄河水冰冷刺骨，有些人甚至被冻死。事已至此，什么辎重装备、马匹钱粮，现在都顾不上了，大家逃命要紧。于是，一番混乱的逃亡之中，不少人又因自相踩踏而死。

　　当然，凶狠的西夏军不会只在城上看笑话，见宋军狼狈逃窜，趁机以轻骑兵展开追击，宋军遭受了极大伤亡，连折几员大将。

　　宋军一路奔逃，残余军队终于逃到了境内的渭州，检点剩余的兵马，高遵裕的环庆军和刘昌祚的泾原军，加起来只剩下一万三千余人。十余万人马，竟只带回了一个零头！

南线的宋军败了，东线的两路军队日子也不好过，他们同样过着吃不饱、穿不暖的悲惨日子。种谔的鄜延军别看地盘打下来不少，但实质收获并不多，随着气温下降和粮运不济，他们的非战斗减员越来越严重。向前，已无力发动进攻，原地待命，只能冻死饿死。

进退维谷之间，种谔兵团也只能选择撤退，一路下来，原来的九万多人，最后只剩下三万左右。

当然王公公的河东军也很凄惨，出去近六万人，回来两万人，关键是也没见他干什么正事。

四路军队集体溃败，剩下的第五路再留着也没意思，李宪的军队奉命回撤，还好，第五路军队撤退及时，没有受到追歼，成为唯一没有受到损失的一支军队。

耗时四个月，损兵三十余万（加上民夫），空耗物资无数，变法以来好不容易攒起来的家底，顷刻间挥霍一空。

对战争结果最失望的，莫过于赵顼。盛怒之下，参与此次行动的将领都被狠狠贬职。

种谔，责授凤州团练使。

王中正，责授金州观察使。

高遵裕，责授郢州团练副使。

刘昌祚，责授永兴军钤辖。

唯一没被贬职的，只剩下李宪。

几人中，除了刘昌祚，都不算太冤枉。

至此，声势浩大的"元丰西讨"惨淡收场。

不过，此次西讨，宋朝也不能说完全没有收获，这场战争毕竟给西夏带来了极大杀伤力。应该说，通过变法革新，宋朝的军事实力其实已经有了显著进步，宋军已经能和西夏在野战中正面对抗，并且占据上风，这在以前是不能想象的。

只可惜，赵顼未能从根本上改变猜忌武将的做法，在最关键的军事主官选择上犯了严重错误，导致功败垂成。

经此一役，宋朝占领了米脂寨和兰州等战略要地，控制了横山北侧的一部分地区，继续对西夏保持着战略上的威胁。

对抗，仍将继续。

## 永乐城

元丰西讨失败后，赵顼还不甘心，一直想着找机会再和西夏较量一次。不过，再进行大规模的军事进攻是不可能了，必须改变战略战术。

一番权衡后，赵顼决定放弃一举荡平西夏的设想，改为渐进渗透的方法，也就是在宋夏边境地区修筑军事堡垒，逐步蚕食西夏领土。

战略方向定了，接下来就是选择在哪里建立军事桥头堡的问题。

一开始，赵顼打算采纳种谔的提议，在乌延城构筑城寨。乌延城位于横山地区（今陕西榆林横山区），那里已深入西夏腹地，盛产马匹、铁器、青盐。一旦在横山地区站稳脚跟，宋朝进可威胁银、夏、宥三州，退可遏制西夏东出骚扰宋朝边境。

在最后拍板之前，赵顼又特派了两名专使前去实地考察，以确保万无一失。

没想到，选址的事就因为两人的出行发生了改变。

赵顼派去的两个人，一个叫徐禧，一个叫李舜举。

徐禧，字德占，洪州分宁（今江西修水）人，时任给事中。

徐禧的经历和王韶颇为相似，虽是一介书生，却热衷于研究军事，做官前四处游历，连科举都不屑于参加。新法推行后，徐禧靠建言实务得以进入仕途，历任荆湖北路转运副使、知谏院、御史中丞等官职。

徐禧一直主张对西夏采取强硬态度，这一点深合赵顼心意。于是，这回赵顼把边防事务委托给徐禧处置。

李舜举，则是一个宦官。

宦官，又是这个不讨喜的身份。但是，我们也得承认，凡事都有例外，至少这位李舜举，是一个不折不扣的好宦官。

李舜举有学识、有才华，最难得的是，他是一个非常正直的人。

李舜举和李宪一样，都是赵顼特别信任的宦官，由于地位显耀，很多朝官都想着巴结他。在赶赴西北前，李舜举前去拜谒宰执大臣，"三旨相公"王珪恬不知耻地拍了一个彩虹屁："朝廷以边事属押班（指李舜举）及李留后（李宪，当时仍负责熙河路军务），无西顾之忧矣。"

李舜举对王珪的献媚一点都不领情，当即正色回道："现在四方不宁，这是你们士大夫的耻辱。如今你是首席执政，却要把边防事务托付给我们两个内臣，这能行吗？我们内臣的本分就是洒洒水、扫扫地，怎么能担当将帅呢？"

听了李舜举的话，王珪恨不得挖个坑把自己给埋了。

这回，李舜举作为副手和徐禧同行。

徐禧到了鄜延路，一番考察后，出人意料地否定了构筑乌延城的设想，他重新选定了一个地方——永乐棣（今陕西米脂县西）。

永乐棣位于银、夏、宥三州交界地带，三面环崖、地势险要、易守难攻，在这里筑城确实更富进攻性。但是，在永乐棣建城的主张也遭到了很多人反对，种谔是批评最激烈的一个，原因很简单，在永乐建城，存在一个明显的弱点——缺水。

那么多人驻守边城，怎么能离开水呢？虽然平时可以到附近的无定河中取水，到了战时一旦被掐断水源，那可是比缺粮更危险的事情。

当年马谡失街亭不就是因为被魏军断了水源吗？

关于选址问题，后世很多人都认为徐禧太迂阔，和马谡一个毛病，其实也不尽然。

事实上，城池建在乌延也好，还是永乐也好，并无太大区别。单从攻防效果看，或许永乐更好一点。反对者提出的水源问题，徐禧也不是全然无视，他的想法是在附近修筑水寨，以此保证永乐城的水源供应。

根据边防实践，在那块地区，除了汲取河水外，打井取水也是可行的，事先多打几口水井，并修筑军寨进行保护，供水应该不成问题。

退一步说，徐禧的情况和马谡也不同。马谡是一支孤军，宋朝在边境地区则是堡寨林立，按照预想，一个军寨受到攻击，其他地区的军队是会快速响应的。

徐禧最后决定在永乐建城，正是基于上述几点考虑，当然，从结果来看，他终究还是少算了一步。

所以，当徐禧上书赵顼要求在永乐建城时，他的提议还得到了一个重量级人物的支持，那就是种谔的上司，沈括。

赵顼最终同意了徐禧的方案。

元丰五年八月，徐禧、李舜举、沈括等人率兵八万多人、民夫十六万人从延州出发，前往永乐筑城。二十多万宋军拼命赶工，只用了十四天，就将城池筑好了。

永乐城修好后，表里山河，气势雄伟，赵顼特赐名"银川寨"。此后，徐禧留大将曲珍、景思宜率兵一万驻守，自己和李舜举退居米脂寨。

对于西夏来说，宋朝修建永乐城，就好比在自家门口修了一幢违章建筑，那肯定是一件影响食欲和睡眠质量的恶心事，必须立刻派人给办了。

不久，西夏大将叶悖麻、咩讹埋领三十万大军气势汹汹地跑来拆违。为了这次行动，梁太后下了最大赌注，连国内最精锐的"步跋子"

"铁鹞子"也派了出来。

关于铁鹞子，我们在前卷里已经说过，他是元昊时期组建的精锐重装骑兵。"步跋子"则是专用于山地作战的精锐步兵。

见西夏大军来袭，徐禧和李舜举忙率两万宋军前去救援。

两军对垒，双方都玩得非常直接，西夏以"铁鹞子"打头阵，"步跋子"紧随其后。宋军则是由曲珍率领鄜延选锋军出战，这也是一支花大本钱打造的精锐兵团。

双方野蛮互砍了一阵，宋军还是干不过凶悍的铁鹞子，为了保命，残存的将士放弃马匹，攀着山崖逃回了城内。接着夏军将永乐城团团围住，但要想攻入地势险要的永乐城，一时半会也办不到。

于是，双方又进入了对峙状态。

事情发展到这里，宋朝的形势相对不利。这次夏军明显吸取了上次对抗中的教训，一是应急反应快，二是一上来就下重手，又是王牌部队，又是倾国而出，一改之前的添油战术。宋朝对此并没有做好充分准备，能够支援永乐城的机动兵力并不充足。

当然，宋朝也不是全无胜算，因为夏军想要攻陷永乐城也不容易，只要宋军能够坚守足够多的时间，夏军同样会面临缺粮的问题。在任何时候，后勤补给都是军事斗争中关键的一环，三十万大军在群殴的时候是优势，在吃饭的时候就是一个天大的包袱。

不幸的是，一个意外事件的爆发，使得战场形势发生剧变。

夏军也知道永乐城的致命处在于水源，所以想方设法掐断城里的饮水供应。永乐城下临无定河，宋军就在那里凿了十四口井，并建水寨保护。夏军突然赶到，很多役卒还来不及妥善安置，纷纷也想跑入寨内，那里负责军粮的转运判官害怕太多人挤入寨中，会造成粮食紧张，就紧闭城门不予接纳。

但是，人都是有求生本能的，役卒也一样。他们手中都拿着开山凿石的筑城工具，现在正好用来当作救命工具，你一锤，我一凿，生生依山开出了一条蹬道，然后蜂拥登入城内。

如此一来，大大方便了追在后面的夏军，他们不费吹灰之力，顺势就攻入了营垒。

水寨一丢，永乐城顿时陷入绝境。


永乐城内缺水越来越严重，宋军四处想办法找水喝，有人甚至靠挤马粪汁来解渴。但即便如此，还是有大量的士卒渴死。

徐禧派人在城中挖井，可城内的水井供水有限，实属杯水车薪。为了鼓舞将士坚持抵抗，徐禧自己每天揣着几个大饼，整日在城上巡逻，累了就倒头在城头睡一觉，顽强的宋军总算顶住了夏军的几番围攻，力保城池不失。

但是，谁都知道水源的问题不解决，永乐城迟早要玩完。

永乐城被围的消息传到开封，赵顼急得不行，赶紧督促附近军队前去救援。

当时，能够对徐禧伸出援手的军队一共有三支。

一支是沈括所率的米脂寨守军，可那里一共才万把人，自保都够呛，根本不可能分兵去救援。

第二支是李宪的熙河军，虽是兵强马壮，但是距离又太远，而且夏军也不傻，一路上布置了阻援部队，李宪要想快速赶到也不可能。

唯一可能对永乐城进行支援的就是驻扎延州的种谔军，但种谔对徐禧不听自己的选址意见很不满，根本没兴趣支援，随便找个理由搪塞了过去。

如此一来，永乐城真成了一座孤城。正当徐禧困守之时，夏军大将叶悖麻却派人传话，愿意和宋军和谈。

夏军在占据优势的情况下提出和谈，开出来的条件当然不低。叶悖麻提出，宋朝若能归还西夏的兰州、米脂等城寨，西夏就考虑退兵。

徐禧不知夏军虚实，先派了小将去谈判，在叶悖麻的要求下，才换成大将景思宜去谈。可问题是夏人提出的条件实在太夸张，别说一个大将，就是徐禧自己去谈，也做不了主。

和谈不成，徐禧只能困守等死。

为了摧垮宋军的意志，叶悖麻还派人到城下嚣张地挑衅呼喊："你们已经断水多天了，为何还不投降？"

此时，城里只有徐禧和李舜举每人手头还有一壶水，为了震慑夏军，徐禧故作镇定，在城头忍痛拿出自己那壶水，泼到了城下，高声叫道："没水？你们看，这是什么？"

只可惜，徐禧的做派并没有唬住夏军，反而招来了一阵嘲笑："你们恐怕也就剩这点水了吧？"

当晚，突然天降大雨，但这场雨并没有成为挽救宋军的及时雨。

夏军趁此发起总攻，缺水多日的宋军早就失去了战斗力，坚持到半夜即告溃败。

元丰五年九月，永乐城陷落，宋朝两百余员将校战死，二十余万士卒役夫损失殆尽。徐禧、李舜举死于乱军之中。

从此，宋朝再也没有力量对西夏发动大规模进攻。

宋夏元丰年间的战争以宋朝的溃败而告终。不过，几次战争也使得西夏境内的经济生产遭到巨大破坏，加上宋朝停止"岁赐"，断绝"和市"等制裁措施，西夏的国力被极大削弱。

为了缓解统治危机，梁太后也曾挟胜利的余威，数次向宋朝发动进攻。可宋军进攻不足，防守却绰绰有余，西夏几次入侵都没有占到便宜。

值得一说的是，参与永乐之战的西夏大将叶悖麻、咩讹埋因为自我感觉太良好，都在此后的进攻中丢了性命。

经过几年酣战，宋朝和西夏像极了两位疲惫的拳击手，又进入了短暂的休战状态。

## 《梦溪笔谈》

元丰年间的战火熄灭了，有一个人的故事还得交代一下。

永乐城之役结束后，沈括迎来了人生中最灰暗的时刻，因为他支持修建永乐城，又在应对夏军中措置失当，战后被贬为筠州团练使、随州（湖北随县）安置。

所谓"安置"，是宋朝对高级官员的一种贬处方式，被安置者一般仍保留官员身份，但只被授予一些有名无实的散官，连人身自由也受限制。

在战争开始前，沈括还是一个对仕途充满渴望的人，一路过来，他顺风顺水，从未遇到什么大挫折。如果照常发展，他很有希望进入宰执行列。

但是，战争改变了他的人生，沈括瞬间由一名政坛明星跌落成戴罪之身。

元丰八年（1085），朝廷大赦天下，沈括得以改迁秀州（今浙江嘉兴）。秀州离钱塘很近，沈括的生活条件改善了很多，但是身份地位依然没变。

元祐四年（1089）九月，五十九岁的沈括改任朝散郎、守光禄少卿，这些虚衔并不重要，关键是，他被准予外州居住！重获自由的沈括喜极而泣，他立刻举家搬迁，来到早年在润州（今江苏镇江）购置的宅园中。

他早就给这个宅园起好了名字——梦溪园。

在三十岁左右的时候，沈括曾做过一个梦。梦中，他漫步在静谧秀美的山道上，山间有一条小溪淙淙流淌，溪水清澈见底，两旁绿荫遮蔽，花木郁郁葱葱，一派世外桃源的景象……

梦后，沈括决定，来日若修得一个属于自己的园子，就取名为"梦溪园"。

　　走过跌宕人生，梦溪园里的沈括忘掉了所有的得失荣辱，他的身心得到从未有过的放松。现在，沈括终于可以随着自己的心意，干一些真正喜爱的事了。

　　我要潜心著述，把自己的所见所闻、所思所想尽情地写下来，完成一部别具一格的著作。

　　这本书，就叫《梦溪笔谈》吧！

　　于是，在这本奇书里，沈括为我们讲述了他生平所见识到的各色"怪事"：

　　在江西铅山县，沈括发现当地村民将胆水（含胆矾的水）放在铁锅中煎熬，生产胆矾（五水硫酸铜），再与铁发生反应，能够生成黄铜。

　　这是我国第一次关于"胆水炼铜"的记载。

　　在高奴县，沈括发现了一种可以燃烧的褐色液体，当地人称为"石漆"或"石脂"。他给这种液体取了一个沿用至今的名字——石油。到了延州，沈括又发现，这些"石油"燃烧产生的烟煤，还能制成墨，比上等的松墨还好用，是为"石油制墨"。

　　这是古人最早开采使用石油的记录。

　　在温州雁荡山游历时，沈括醉心于当地独特的地形地貌，并准确判断那是大水侵蚀的结果（谷中大水冲激，沙土尽去，唯巨石岿然挺立耳）。由此及彼，他通过观察太行山岩石中的海洋生物化石，得出华北平原同系泥沙冲积而成的结论。

这是冲积平原形成的最早的科学解释。

沈括在日常生活中也没有停止观察，在摆弄指南针时，他发现了磁针静止时，"能指南，然常微偏东"。在拨弄琴弦时，他尝试用纸人来放大琴弦上的共振，形象地说明应弦共振现象。

这是关于磁偏角和共振现象的实验记载。

沈括的奇思妙想远未止于此。

在负责司天监工作时，他改进了浑仪（古代观测天体方位的仪器）和漏壶（古代测定时刻的仪器），记录了五星运行轨迹和陨石坠落的情景。他改进前人历法，创制了更适合农业生产的《十二气历》。

他奉旨编绘的《天下州县图》，独创性地用飞鸟直达的距离来代替传统的循路步法制图，完成的地图，图幅之大，内容之详，前所罕见。

他首创隙积术（求堆垛物体体积的方法）和会圆术（计算圆弓形弧长的方法），以便利百姓生产生活。

⋯⋯⋯⋯⋯⋯

幸得《梦溪笔谈》，我们才得以知晓庆历年间创制活字印刷术的布衣毕昇，撰写《木经》的平民建筑学家喻皓，独创"三节压埽法"治理黄河的河工高超。

这些为科学进步做出过卓越贡献的普通百姓，正因为沈括的记录，才未被湮没在历史尘埃之中。

天文、地理、物理、化学、数学、医学、音乐、绘画、经济、军事，沈括的视域囊括天地万物、世间万象。在那个视科学技术为"奇技淫巧"的时代，沈括的努力，尤显珍贵。

《梦溪笔谈》堪称中国古代百科全书式的著作，而沈括，当无愧为一位横跨自然科学和人文科学的不世通才。

绍圣二年（1095），宋朝伟大的科学家沈括因病辞世，年六十五。

不管人们如何看待他的为官经历，在我看来，有此一书，足以不朽。

# 第十二章 又见垂帘

## 匆 匆

赵顼是一个充满悲情色彩的君主。

从即位那天起，他就接手了一个表面光辉灿烂，里面破败不堪的烂摊子。

他有无比宏大的气魄和理想，一心想让自己追比汉武唐宗，开创前所未有的盛世。

赵顼不可谓不努力，征服西夏是他朝着既定目标迈出的第一步，为此投入了好不容易积攒起来的财力、军力，倾注了全部的热忱。

可惜，命运对他并不友善，到头来，还是一败再败。

永乐城失陷的消息传来，赵顼再也掩饰不住自己的失落，乃至失声痛哭，连饭都吃不下去（涕泣悲愤，为之不食）。

第二天早朝，赵顼依然无法平复自己的心情，当着众臣的面，再次号啕恸哭。辅臣从未见过君主如此失态，一时不知如何应对，继而跟着大哭。

哭声回荡在空旷的大殿里，整个帝国笼罩在一片阴郁的气氛中。

征讨西夏的失败彻底摧垮了赵顼的神经，自收到败报那天起，他三天没有进食，大病一场。

这场军事失利，成了他健康的转折点。

元丰七年（1084）秋天的一次宴会上，赵顼突然发病晕倒，手连酒杯都拿不稳，倒出来的酒全洒在了御袍上。

从现代医学角度看，赵顼更像是患了脑溢血之类的心血管疾病。如果我们再翻看赵家前面几位帝王的状况，情形也差不多，经常是突发晕眩，从此一病不起。也正因如此，有人判断这是赵家的遗传疾病。

但是，对于赵顼来说，他的病似乎来得太早了一点，毕竟他才三十七岁。这本该是年富力强，经验和智慧都趋于成熟，充分施展政治抱负的年龄。

赵顼的病情恶化很快，连话都说不出来，只能通过点头示意来表达自己的意见。

眼看赵顼的病没有好转的迹象，皇位继承人问题又摆在众人面前。

赵顼共有过十四个儿子，其中八个早夭，现存的只有六人，其中以德妃朱氏所生的赵佣最为年长。不过，彼时，他也只有九岁。

由于皇后向氏无子，按照无嫡立长的原则，赵佣成了第一顺位继承人。可皇位继承这种事情，历来敏感，在赵傭没有坐上那把金椅前，也不能保证没有变数。

自从太祖赵匡胤开了传位于（其实应该是被传位于）兄弟的先例后，很多人就难免会产生一点其他的想法。

据说，当赵顼病重的时候，他的弟弟赵颢和赵頵经常以探望为名往宫中跑。尤其是那个二弟赵颢，跑得最为勤快，甚至到了晚上也赖着不肯走。

至于赵颢为什么超乎寻常地关心兄长的病情，自然“司马昭之心路人皆知”。

元丰八年（1085）正月，赵顼的病情越来越重，为了防止皇位继承出现波折，一辈子渊默无为的王珪终于干了一回正事，他领头劝谏赵顼早日确立皇储。

赵顼自己也有了时日无多的预感，只能点头同意，立赵傭为皇太子，改名赵煦，母亲高太后垂帘听政。

高太后可算是一个政治阅历丰富的女人。她陪伴丈夫赵曙以宗室子弟的身份继承皇位，仅仅过了四年，她又经历了丈夫辞世，儿子赵顼仓促继位的风波。

高太后知道，两次皇权更迭能够有惊无险地完成，最终还是要依靠朝中文官集团的支持。

虽说赵颢、赵頵都是她的亲骨肉，就私人感情而言，她对赵颢更是钟爱有加，但皇位传承不是儿戏。这个时候，高太后还是决心恪守“父死子继”的传统，刚一听政，便立即命令宫中侍卫严禁赵颢、赵頵入宫，并吩咐内侍赶紧按照十岁小孩的身材制作了一套黄袍，随时藏在身边，以防不测。

元丰八年三月，赵顼进入生命的最后时刻。

二十岁登基，三十八岁弃天下而去，赵顼在位时间不算长，也不算短。

十九年里，关于赵顼的记载，非常简单，没有花边新闻，没有逸闻趣事，只集中在一件事——变法图强。

关于他的争论，也和他所钟情的变法事业一样，从未停止过。

但是，这里我要暂时绕开变法的话题，因为，总结变法，我们不如等另一个标志性人物退场时再说。

我们还是留给赵顼一些更人性化的解读。

谁都必须承认，赵顼是一个非常努力的君主，遍览历朝历代事迹，一个君主突然发狠用力，除了刚刚开创基业的劳模皇帝以外，多半是那种王朝已经日薄西山，再不努力，敌人就要赶来刨祖坟的那种。

正是这种时候，最容易产生悲情皇帝，比如后面的明崇祯，再比如后面的清光绪。

赵顼所处的时代，虽说危机重重，却还远没到崩盘的那一刻。但他意识到了危机，并全力以赴地寻求改变，已经弥足珍贵。

千万别以为做到这一点很容易。熟悉历史的读者都知道，千古帝王家，头戴皇冠，身系天下，却依然没心没肺的家伙多得很，你闹你的民变、饥荒、贪腐，我玩我的灯红酒绿。这类人的心理都差不多：不是我不知道危机，只要炸弹不在我手上引爆，凡事和我没一丁点关系。

我死后，哪怕洪水滔天！统治者的自私，大抵如此。

难得，赵顼是一个身系天下，心也系天下的君主。因此，他的起点充满了理想主义，愿意接受各类新鲜的观点，敢于挑战旧有的统治格局。

唯一的缺点，或许是他太想成功了，太想证明自己了，很多时候，过于在乎虚荣，进而失之急躁。当溃败来临时，他又会猝然不知如何应对，巨大的心理压力变成了残忍的自戕。

如果回归到这一点，或许，很多人都能在他的身上看到自己的影子。

假如允许我用一个词来概括赵顼的一生，我会选择"匆匆"二字。

匆匆地登上皇位，匆匆地推行变革，匆匆地开疆拓土，匆匆地离开人世。

> 林花谢了春红，太匆匆。无奈朝来寒雨晚来风。　胭脂泪，相留醉，几时重。自是人生长恨水长东。
>
> ——李煜《相见欢》

三月初五日，宋朝第六位君主赵顼溘然长逝，庙号"神宗"。

同日，太子赵煦灵前继位，是为历史上的宋哲宗。

## 急转弯

赵顼去世的消息很快布告天下。

远在江宁的王安石顿时老泪纵横，尽管他已经退出朝廷八年之久，从此不再过问政事。但是，正如赵顼所言，他们的君臣际遇，岂是旁人能比？那位虚心求教的少年天子，一起谋划变法的艰难岁月，都因赵顼去世的消息而重回眼前。

王安石无论如何都没有想到，当年的崇政殿一别，竟然是两人的最后一面。感念往日的知遇之恩，他倾心为赵顼写下了两首挽辞，以示哀悼。

"老臣他日泪，湖海想遗衣"，王安石为赵顼的盛年离世而痛心，也对新法的前途产生了一丝不祥的预感。

与此同时，在洛阳，听到赵顼去世的消息，有一位老臣在自己的住宅里设置灵堂，遥相祭拜。他没想到，自己在人生最后的岁月里，还会参与到一场重大的政治变革中。

新皇帝上位后，皇太后高氏变成了太皇太后（为讲述方便，我们仍称其为高太后），皇后向氏变成了向太后。因为新皇帝还年幼，朝政大权掌握在垂帘听政的高太后手中。

高太后是反对变法的，伴随着赵顼的离世，朝廷政治风向将不可避免地发生扭转。然而，朝中的大臣都是赵顼遗留下来的新法派官员，因此，高太后若要推行自己的主张，必须引入新的政治力量。

司马光无疑是最合适的一位。

司马光的人品无可指摘，资格又老，当年在反对王安石的事情上就是一马当先的旗手，现在，反对变法者更将他视为当之无愧的领袖。

在高太后的授意下，司马光来到了阔别十七年之久的京城，他也知道，这次太后特地把他召来，就是为了废除新法一事。

司马光进京后被授予宰相之职，他一上任，便上了《请更张新法》的札子。态度很明确：赵顼时代所颁行的新法一律废除！

不过，司马光还是遇到了一个理论难题，因为儒家有"三年无改于父之道，可谓孝矣"的说法。也就是说，做儿子的要孝顺父亲，至少三年内，不应该改变父亲所定下的规矩。

司马光再牛，也不敢说孔老夫子说得不对。

不过，这也没难倒理论家司马光。

为了找到废除新法的依据，他抛出了"以母改子"的观点。按照司马光的说法，现在名义上虽是小皇帝在位，但实际施政的是太后。

太后是谁，是先帝的母亲，纠正新法，不是儿子违背父亲的意愿，而是母亲帮助儿子改正错误。

当然，这些逻辑上的扯皮其实并不重要。现实就是如此，但凡你想干，理由总是找得到。

司马光有了高太后的支持，就大刀阔斧地干了起来。

从元丰八年五月起，废除新法的敕令一道道传出：

七月，罢保甲法；

十一月，罢方田均税法；

十二月，罢市易法、保马法；

闰二月，罢青苗法；

三月，罢免役法。

⋯⋯⋯⋯⋯

有些人可能会问，那些新法派大臣呢？当然，他们早就被撸掉官职，统统外放了。与之相应，此前因反对新法而被外放的官员纷纷咸鱼翻身，回到朝中，其中就包括我们的苏大学士。

正所谓，一朝天子一朝臣。

不过，司马光的激进措施也不是没有人反对，毕竟新法已经实施了很多年，是非对错不说，总不能说改就改，再怎么样，也得有个步骤规划。

只可惜，我们的司马光是一个出色的历史学家，但并不是一个优秀的政治家。

很快，司马光耳边的反对声多了起来，尤其是关于废除免役法一事，很多人提出了不同意见。比如，刚回朝不久的苏轼、苏辙、范纯仁等人就不主张完全废除免役法，他们认为免役法也有优越之处，只要设法改进即可。

苏轼、苏辙两人头顶才子的光环，影响力大，打起嘴仗火力凶猛。范纯仁是范仲淹的儿子，为人行事很有父亲的风范，素以公正无私闻名，在朝中也很有威望。

或许，正是因为几年来的变法实践，才让他们能够更加客观地看待新法。

只可惜，专注倔强几十年的司马光岂是别人三言两语能打动的？虽然他已六十七岁高龄，早就说话漏风，走路打战，但吵起架来，仍然不失当年风采，直气得苏轼连声大呼"司马牛"！

司马光不但坚持废除免役法，而且还严令各州县，五日内必须彻底完成！

五天内废除一道涉及全国民生，实施了十五年的法令？

任你怎么说，层层发文件都不够时间吧？

这种鬼命令，别说新法派、守旧派，就连苹果派也不会执行的，基层官吏、底层百姓更是被弄得一头雾水，叫苦不迭。

官僚主义害死人呐！

正当司马光被淹没在一片口水中的时候，开封知府给司马光带来了一个令他振奋的消息——开封府所辖各县五日内彻底废除免役法，改行差役法。

对司马光来说，这不啻是一场让自己重新挺起腰杆的良机，引得他连声夸赞："要是每个人都像你一样，还有什么法令执行不下去呢（使人人奉法如君，何不可行之有）？"

你看，不是我司马光荒唐，只要肯干，有啥事干不成？

这位官员到底是天生神力，还是一骗骗到宰相府，历史并无详细记载。

但这位官员的名字，我们都很熟悉。

蔡京。

相比免役法的废除，有一件事让司马光招来了更多的反对声。

由于宋朝和西夏一直战火不息，为了稳定边防，司马光想出了一个"高招"，就是将此前所侵占的边寨统统归还西夏，彻底回到和议前的状态。

如果按照司马光的意见执行，宋朝不但要把"元丰西讨"时得来的兰州还给西夏，就连王韶好不容易征服的河湟地区，也要主动让出。

司马光认为，一个王朝地盘大未必是好事，反而会招来战事，空耗民力。

不过这一回，连他的一些铁杆粉丝也不敢苟同了。毕竟，疆土是战士们浴血奋战用生命换来的。更何况，若割让领土后反而刺激了敌人的胃口怎么办？

君不见，当年宋朝主动放弃了战略要地灵州，不但没换来和平，反而等来了一个称帝叫板的元昊。

更可笑的是，要求放弃土地的司马光，连兰州在什么地方都不清楚，惹得众多官员拿出地图，一边比画，一边拍案力争。

事关国土问题，这回连高太后都不敢支持司马光的激进观点了。见此情形，司马光也终于难得地让步了一次。

最后，朝廷采纳范纯仁的建议，只是放弃了一些沿边堡寨，并以此换回了一批被俘的军民。

熙州、河州、兰州终于得以保全。

进京后的一年，司马光表现出了超强的战斗力，以一己之力给宋朝来了个急转弯。

而经历过这场剧烈的政治动荡后，他的最后一点精力也逐步走向枯竭。

## 理　　想

得知司马光进京，王安石已经预感到新法的命运，他太了解这位固执的老朋友了。虽然已有心理准备，但当王安石听到罢免役法的消息，还是不免愕然失声："连这项法令也要废除吗（亦罢及此乎）？"

免役法是王安石倾注心血最多的一项措施，考订最为详细，执行的效果也最为理想，但是，司马光的一纸令下，免役法终也难免被废除的厄运。

对此，王安石痛心疾首，却又无可奈何，只能喃喃自语："这项新法实在不应被罢废啊（此法终不可罢也）！"

此前，王安石已是多病缠身，新法尽数废除的消息彻底摧垮了他的精神支柱，病势日沉一日。

他的一生，似乎注定和变法融为一体。

三月，免役法被废。

四月，一代名臣王安石，于江宁辞世，年六十六。


王安石走了。

关于王安石的讨论却从未停止，直至今日。

如果让我们评选一个两千年来最具争议的历史人物，前三名中，王安石必有一席之地。

很多人可能并不知道，王安石的口碑一度很差。差到什么程度呢？什么赵高、卢杞、严嵩等，凡是躲在历史书里被骂惨的，你都可以加起来，放到王安石一个人头上。

在北宋时期，王安石的地位有过短暂的辉煌，他曾先后配享神宗庙庭和孔庙。也就是说，他死后，仍能和先皇一起享受后人的祭祀。

可是，到了南宋，情况完全不同了，王安石被看成导致宋朝失去半壁江山的罪人。人们认为，正是王安石搞变法、瞎折腾，导致宋朝国力衰弱，让北方蛮夷有机可乘。

正所谓"国家一统之业，其合而遂裂者，王安石之罪也；其裂而不复合者，秦桧之罪也"（南宋官员罗大经语）。宋理宗甚至称王安石为"万世罪人"。

照此说法，王安石和秦桧放在一起，都是便宜王安石了。

王安石的奸臣帽子，历经南宋至晚清，戴了近八百年。直到进入近代，当我们这个古老的国度遭受"三千年未有之大变局"时，人们才深刻体会到，革新精神之于一个民族、一个国家具有何其巨大的意义。

政治家、改革家的光环终于重新回到王安石的头上。


因此，如何认识王安石，其实就是如何认识那场变法。

我们不写论文，化繁为简，将其分成两个小问题：

一、该不该变法？

二、变法有没有成功？

关于第一个问题，答案应该是肯定的。当时的宋朝，浑身是病，再不吃药，马上就会玩完。不管王安石开出的药方是否合理，不管在反对者的眼里，王安石的药方如何拙劣，有一个事实却不可回避：反对者本身并没有开出好的药方。

换句话说，对宋朝而言，变不一定完蛋，不变，肯定完蛋。如果你是一个清醒的统治者，你会选择什么？

答案不言而喻。

王安石的变法有没有成功？

要回答这个问题，我们得重温变法的目标——富国强兵。

有人认为答案是肯定的。一番变法操作后，朝廷的财富急剧增加，财政状况扭亏为盈，以至要新建 52 个仓库来存放钱粮绸绢。至于"强兵"问题，大家有目共睹，军队至少比变法前能打了一些。

还有人则认为，王安石的变法仍是以失败告终，财政收入的增加未必是变法推动了生产力，而是加重了对百姓的盘剥，这和王安石宣称的"民不加赋而国用饶"是两回事。至于"强兵"嘛，两次用兵失败足以说明问题。

"民不加赋而国用饶"，说到底，重点还是对"民"的理解。从王安石变法的一系列措施看，王安石口中的民，只包括农民甲、脚夫乙，并不包括张财主、李乡绅。

当然，我们说过，政策是一回事，执行是另一回事，谁都不能指望每个宋朝基层官吏都能像王安石在鄞县一样干得出色，更何况，不少人奉行着"上有政策，下有对策"的"优良"传统。

再加上南北地域差异、政策本身的可操作性等因素，变法出现了一些违背初衷的事也在所难免。

套用钱穆先生在《国史大纲》中的话：王安石变法无论效果如何，其背后终有一套高远的理想。

> 如保甲制度等，欲造成一个兵农合一，武装自卫的社会。方田、青苗、均输、市易制度等，欲造成一个裁抑兼并、上下俱足的社会。兴学校、改科举制度等，则欲造成一个开明合理，教育普及的社会。

只可惜，这只是王安石的理想，并不是宋朝大多数官员的理想，他们没有王安石的智慧和勇气，更没有王安石般的深邃眼光。那些貌似务实的官员不会理解，王安石不仅想要变革制度，更希望改变世俗人心。如果事事迁就现实，熙宁新法，到头来，不过是另一个庆历新政。

然而，新法终究无疾而终，待它再被后人提起，早就失去了本来的面貌。

因此，就变法本身的命运而言，说其失败也不为过。

但是，我想说，失败的是变法，而不是王安石。

经史子集、诗词文章，王安石的学问无可指摘。与状元头衔失之交臂却丝毫不以为意，在他的世界里，探究学问本是一种乐趣，而不是通往朝堂的敲门砖。

王安石有着最纯粹的士人风范，对吃穿住行、声色享受从不贪求，即便官至宰相，依然如此。张口"理财"，闭口"理财"的王安石，偏偏是最不知道为自己"理财"的人，以至一生简衣素食。极为讽刺的是，那些标榜"口不言利"的君子，却个个能让自己过上高宅深院、鲜衣美食的生活。

谁在汲汲于"理财"？又是为谁"理财"？

王安石被众人吹毛求疵，无非是"理想"二字，而这正是王安石最可贵可爱之处。

理想，最珍贵，却也最容易破碎。

多少曾经意气风发的少年，在经历世俗社会的洗礼后，走上了妥协、委曲求全、迎合、享受之路，及至养成"久闻不知其臭"的坦然。

所谓老成，不如说是世故。

所谓稳重，不如说是苟且。

所谓成熟，不过是俗吏、腐儒、市侩、乡愿尔。

理想，应是升腾的烈焰，是奔腾的激流；它是勇士手中的利剑，是呼啸而出的箭矢；它散发着血的蒸汽，映射着璞玉的光辉。它是"不畏浮云遮望眼"，它是"天变不足畏，祖宗不足法，人言不足恤"！

理想，需要矢志不渝的坚持。

理想，需要扫却一切的勇气。

理想，更需要为之付出一切的牺牲精神。

因此，我认为，王安石是一个坚持理想的人，一个值得尊敬的人。

最后，我用梁启超先生的一段话，作为王安石的总结评价：

> 其德量汪然若千顷之陂，其气节岳然若万仞之壁，其学术集九流之粹，其文章起八代之衰，其所设施之事功，适应于时代之要求而救其弊。……若乃于三代下求完人，惟公庶足以当之矣。

千古一相，王安石！

就在王安石辞世的五个月后，他的老朋友兼老对手司马光也步入了最后时光。

八月，在西府议事的司马光突然昏厥，被抬回家诊治，十八天后，与世长辞。

一代史学巨星就此陨落，年六十八。

元祐元年（1086），历史仿佛已经决意要书写新的章节。

## 但见臀背尔

变法派统统被赶出了朝廷，照理说不管政策对错与否，朝廷上应该一派和谐，那种吵成辩论会的情况是见不到了。

事实也确实如此，辩论会不见了——菜市场来了。

司马光在的时候，反对派们的日子过得还算安生，毕竟有一个领袖在，现在司马光一走，大家彻底吵翻了天。

朝廷上逐渐分化出了四大派系。

第一派堪称"无情派"，此派的首领是大名鼎鼎的理学家程颐。

嘉祐二年，欧阳修主持了闻名天下的"千古第一榜"，当年，苏洵带着苏轼、苏辙两兄弟前来应考，一举成名。这是我们之前讲过的故事。其实，当时还有一个父亲也带着两兄弟前来应考，只是他们的运气并不如"二苏"好，兄弟二人，只考上了一人，考上的那位叫程颢，落第的那位就是程颐。

考不上没关系，程颐的学问举世公认。他本可以凭借父亲恩荫官职，但是人家不稀罕，干脆不做官，办书院讲学去了。

后来，程颐来到洛阳，遇到了一心修书的司马光，在司马光的推荐下，程颐获得了洛阳国子监教授的职务。再后来，等司马光一进京，他又当上了崇政殿说书，也就是小皇帝的老师。

让程颐说书，肯定没有郭德纲说书有趣，他的学问虽好，却非常迂腐古板，动不动就搬出远古圣人来训人，让人感到非常无趣。比如，小皇帝赵煦曾经不小心折了一截树枝玩，他就板起脸教诲："方春万物发生之时，不可非时毁折。"

还让不让人好好玩了？

反正，在赵煦眼里，程颐就是一个整天不苟言笑，喜欢板起脸给自己讲大道理的古板老头，让他唯恐避之不及。

学生不喜欢也就算了，程颐办其他事情也非常古板，他那套"去人欲，存天理"的说辞非常没有市场，体现到实际政务上，别说变法派看不上，就是很多反对新法的人也觉得太不近人情。

程颐生活和讲学的主要地点在洛阳，所以他和他的支持者们被称为"洛党"。

第二派属"逍遥派"，领头人正是我们的大文豪苏轼。苏轼出生于四川，所以他和自己的铁杆粉丝被人称为"蜀党"。

蜀党尽是一些有才华、有个性的人物，在政治观点上相对灵活，对于新法的态度相对柔和，不主张全面否定新法，觉得凡事应该视具体问题而定。

苏轼和与他志同道合的人说话办事比较随性，这让"洛党"看了很不舒服。在洛党看来，蜀党就是一群离经叛道的危险分子，而在蜀党的眼里，洛党就是一些食古不化的榆木脑袋。

本是同代人，"洛党"和"蜀党"却生生活出了代沟，互相掐架也就成了家常便饭。

第三派属"折中派"，他们以御史中丞刘挚为首，因为刘挚出身河北，所以被称为"朔党"。

朔党没有洛党那么多大道理、大理想，也没有蜀党的才气和个性，以基层实务派自居，喜欢在一些小事上较劲，虽然能办点事情，但对于拯救时弊，也没有什么大作为。

最后一派其实都不能称为一个独立的门派，我们姑且可以称其为"散打派"。

他们只是一些保持独立见解，自认以公心处事，不喜欢搞团团伙伙的人。范纯仁是其中最典型的一个。

元祐年间，朝堂上最常见的场景就是一个无奈的老太太（高太后）坐在帘幕后面，一个小娃娃（赵煦）坐在前面，一脸茫然地看着一群学富五车的大臣用最富文化气息的语言进行着最野蛮的骂街行为。

有时候，听众高太后都提前退场了，演员们依然入戏太深，坚持免费加班吵架，互怼得唾沫横飞，不肯罢休。

经过一段时间互吵，程颐丢掉了崇政殿说书的职位，苏轼自请外放，洛蜀两党提前离场，朝政大权一度落到了朔党手中。

不过朔党又和中立派官员们干上了，反正不能让朝堂冷场。很多事情就在大臣之间的争吵中给"炒糊"了。

在这片乱糟糟的朝局中，大家都斗得不亦乐乎，却都不自觉地忽略了一个人的感受。

数年之后，这个疏忽将让那群职业吵架人付出惨痛代价。

有个现象大家可能注意到了，很多帝王都会在确立为皇储身份后换名字。

这么做，一是为了显示自己的独一无二，同时，也是为了方便大家避讳。

赵煦是宋哲宗赵傭被立为太子后起的名字。

"煦"取温暖和煦的意思，可惜，事与愿违，赵煦的帝王生涯没有感受到一丝的温暖。

九岁，小学二年级儿童。

赵煦自从坐上皇位那天起，就发现这是一项毫无生趣的工作。平时不是被一群老头教训来教训去，就是傻坐在那把金灿灿的龙椅上，不能说话，不能有小动作，甚至连笑一笑都不可以，简直就是一种酷刑。

更关键的是，赵煦朦朦胧胧地感受到，这种活受罪的生活方式毫无实际意义，那些恭立在阶下的大臣其实对他的想法并不在意。

他们所关注的，只是那位端坐在珠帘后面的太皇太后。因为不管他们吵成什么样，最后拍板的还是这位老太太。

环顾左右，赵煦竟然无法找到一个能够依靠的人。

高太后虽然是自己的亲祖母，但祖孙的关系并不亲密。更多的时候，高太后只是一个严格的封建家长，替他包办着一切。

在后宫中，除了太皇太后，勉强能说得上话的要数皇太后向氏。可向太后也不是赵煦的亲妈，很多事情上，向太后和高太后保持高度一致。

赵煦的生母呢？很可惜，她虽然健在，但并不能帮到儿子什么。

赵煦的母亲朱氏原是宫中的服务人员，得到神宗赵顼的宠幸后才进位才人（妃嫔中最低一级），朱氏为赵顼诞下了两个儿子和一个女儿，可直到赵顼过世前她才进位德妃。儿子继位后的第三年，她方获得朱太妃的名号。

在等级森严的皇宫中，朱氏的地位远不能和两位太后相比，所以，赵煦也不能从母亲那里得到太多安慰和支持。

　　这里的一切，都和自己无关。

　　而自己，更像是殿前的那只金兽香炉，完全是个摆设。

　　祖母高太后替自己决定了一切，朝臣无视自己的存在！

　　这种感受，一直伴随着赵煦的成长。

　　随着年龄的增长，赵煦开始有了自主意识，他越来越不满于这种被忽视的状况。

　　每次退朝，赵煦都只能望着这群人的背影，在心中愤愤自语，"但见臀背尔"。

　　但见臀背尔！

　　我只能看着你们的屁股和背影！

　　总有一天，我要让你们付出代价！

# 第十三章 大反转

## 绍 圣

平心而论，高太后除了未成年人心理知识欠缺了一些外，并没什么大毛病，从传统道德角度看，她算是一个非常优秀的太皇太后。

高太后刚垂帘听政的时候，就有人提出，要给她那位因打败仗而免职的叔父高遵裕复官，结果被高太后断然拒绝。

遍览中国古代史，凡是朝廷大权落到了女人手中，有一支政治力量就会迅速膨胀——外戚。

让娘家人掌权，总比把权力交给外人要好。这种情况在两汉玩得最猛，先后冒出了近二十个外戚集团，从刘邦的老婆吕雉到汉灵帝的老婆何氏，直到把汉朝折腾完为止。

高太后却相反，她刚上台干的第一件事就是限制高家人的权力，严禁他们干预政事。元祐三年（1088），高太后专门下诏，要求减少外戚荫补入官的人数和节日赏赐，而且规矩先从老高家做起！

所以说，高太后虽然在政治上没有大的建树，但她一不为家族人谋权谋利，二不搞奢侈享受，三不玩弄权术，在私德上确实不亏。

哪怕到了临终前的那段时间，高太后最顾惜的，还是自己不偏私族人的那份"盛德"。病榻前，她对辅臣们说得最多的一句话便是："你们说说看，九年来，我曾经给过高氏家人一份额外的赏赐吗（卿等试言，九年间曾加恩高氏否）？"

高太后的自律，得到朝野上下的尊敬，皇帝赵煦也一样。但是，祖孙二人的关系一直无法完全融洽。

因为，高太后在赵煦面前，素来以严苛的面貌出现，赵煦每次见到祖母，都是一副战战兢兢的状态，生怕做错了事，受到训诫。

这种情形，更像是一个自认为替孩子的成长操碎了心的家长，遇到了一个个性独立、渴望自主的孩子。

老年期遇上叛逆期，巨大的代沟横亘在祖孙二人之中，一时无法逾越。如果说，这只是一对普通家庭的祖孙矛盾，那倒也没什么，但是这回，偏偏是站在权力巅峰上的两人。

元祐八年（1093）九月，垂帘听政九个年头后，高太后病重去世。十八岁的赵煦成为帝国的真正主人。

早先，司马光热火朝天地废新法时，就有人善意地提醒他：您现在"翻烧饼"，做得别太极端，小皇帝将来终要长大，万一他亲政之后，要继承父亲遗志，新法人士再次得志，岂不是也要打击报复？

不过司马光根本不听劝，甩出了一句："天若佑宋，必无此事。"

司马光把宝押在了老天的身上，可老天一点也不给他留面子。

赵煦刚刚亲政，朝臣们已经隐隐感到朝廷气氛的变化，这位年轻的皇帝不可能沿着高老太太的路继续走下去。

第二年，赵煦宣布改元"绍圣"。

这又是一个透着浓浓政治意味的年号。

此前，赵煦继位后的第一个年号叫"元祐"，这个年号也很讲究，"元"字取于宋神宗赵顼的最后一个年号"元丰"；"祐"字取自仁宗赵祯最后一个年号"嘉祐"，寓意继承祖辈基业。

但是，我们也知道，元祐年间的政治主题就是反新法，反新法人士以"以母改子"为理论支撑，把赵顼时期的政治格局彻底翻转过来，并得意地自诩为"元祐更化"。

而现在，"绍圣"两字也要拆开来理解，"绍"是接续、继承的意思，"圣"则代指父亲赵顼。

新法的恢复已成必然之势。

绍圣元年（1094）四月，一项重要的任命证实了人们的猜想。

以章惇为尚书左仆射、门下侍郎（元丰改制后宰相职名）。

从此，章惇开启了独相六年的生涯。

《宋史·奸臣传》中一共记载了二十二个奸臣，变法派官员除了王安石外，基本都在里面，章惇也名列其中。

事实上，翻遍史料，你会发现，这些变法派官员干的唯一一件

"坏事"便是推行新法。即便是吕惠卿这样的人，也不过是私心较重，并没干什么卖国求荣的事情，可还是成了和秦桧并列的大奸巨恶。

没办法，到了南宋，大家都喜欢把亡国的锅甩到变法派头上，元朝修史者又继承了这些观点。

具体到章惇身上，你会发现，这是个十足的大冤案。

章惇早年支持王安石变法，曾在制置三司条例司工作，到了熙宁五年，章淳先后调任夔州路、荆湖北路。当时，那里还有很多半独立的少数民族政权，名义上归宋朝管辖，却经常制造摩擦，日子过得非常不安稳。章惇到任，打击闹事的，安抚听话的，一番胡萝卜加大棒的操作，把那里的土酋收拾得服服帖帖。

熙宁七年，由于治理地方有功，章惇被提拔为知制诰、判军器监。那年九月，一场火灾助推了章惇的官运。

火灾发生的地点在三司。掌管天下财政赋税的机构着火，烧毁了钱粮账籍可不得了。章惇发现火情后，亲率军器监役兵跑去抢救，立了头功。

这次不经意间的行动，正好被站在御楼上观察火情的宋神宗赵顼见到了。第二天，赵顼就把当时的三司使给撤了职，直接提拔章惇为三司使。

章惇当上三司使后，埋头干了一件大实事。他将天下的户口、人丁、榷场、矿产、庄园的数量彻底梳理了一遍，重新造册登记，大大方便了新法的推行。

元丰年间，王安石隐退，章惇出任副相，成为辅助赵顼继续实施变法的干将。

章惇属于率性张扬的人，为了维护新法也没少和别人掐架，有时候和皇上赵顼的观点有冲突，照样一言不合就开怼。不过，因为他办事特别务实，赵顼仍然对他倚重信任。

不徇私是章惇最令人肃然起敬的品德，他虽然身在高位，却从来都不为亲人谋福利。

章惇有四个儿子，而且个个都考中进士。那个时候，几乎每个当官的都想到京城来谋个美差，本来，凭着章惇的地位，要想照顾一下儿子，那是轻而易举的事情。但是，自始至终，除了四子章援在秘书省当过校书郎外，其余都外放做了普通的州县官，而且在官职提拔上也没受到任何照顾。

可笑的是，这一点到了《宋史·奸臣传》里，居然也成了"奸臣"章惇的缺点：

"惇敏识加人数等，穷凶稔恶，不肯以官爵私所亲……"

你没看错，这就是《宋史》里的原文。

要知道，北宋中后期可是恩荫泛滥，那些满口道德文章的官员恨不得为自己的宠物狗都谋求一个官职。这回轮到章惇不徇私情了，却成了他不近人情的证据。

好吧，我们只能说，"欲加之罪，何患无辞"。

元祐元年，朝廷风向突变，章惇被反对派大臣称为三奸之一，先后被赶到汝州、越州、苏州、湖州等地，只有虚衔，没有任何实职。而且章惇人在外面，朝廷里对他的炮轰却从没断过，每过一段时间，官品都要调低几档。

时隔九年，章惇回来了。

正如元丰八年司马光干的事一样，朝廷里又翻了一次烧饼。司马光一夜间反转了王安石，这回，章惇瞬间反转了司马光。

短短几月，新法措施统统恢复！

史称"绍圣绍述"。

接下来，是人事的大洗牌。

有冤的报冤，有仇的报仇。

支持变法的好兄弟们，再也不用在穷山恶水里躲猫猫了，出来吧，我们的时代来临了！

元祐年间的反变法朋友们，收拾好你们的行囊，属于你们的徒步旅行开始了！

在章惇的主持下，反对过新法的官员，统统被一网打尽。据统计，绍圣年间，因反对新法而被贬的重要官员多达百余人。

客观地说，作为王安石的拥趸，章惇在坚韧果断和干练务实上并不逊色，但是就胸怀度量而言，章惇却与前者相去甚远。

王安石和反对派争得再激烈，还是尽量保持了君子风范，对老师欧阳修也好，对好友司马光也好，都没有进行人身打击。双方的争论仅限于政治观点上的分歧。

章惇不同于王安石，他奉行以牙还牙、以眼还眼的原则，自己和新法干将们在元祐年间所受到的委屈，绝对要加倍奉还！

你骂我结党，我骂你奸臣。

你把我外放到鸟不拉屎的地方，我把你外放到鬼都见不着的地方。

你修理我的亲朋故旧，我让你的子子孙孙永世不得翻身。

你折腾活人，我把死人也挖出来批斗。

于是，观点之争变成了权力斗争，权力斗争变成人身攻击，人身攻击变成了挟私报复。


赵煦怀着在元祐年间当傀儡的委屈，章惇和新法派们抱着被恶整的刻骨仇恨，他们将所有的愤怒都倾泻到了反对派身上。

赵煦和章惇一怒之下，差点连高太后都想追废掉，幸亏向太后、朱太妃出面保全，才终于罢手。

绍圣年间的朝堂，风雨如磐，朝廷波谲云诡的政治风波裹挟了很多人的命运。

在时代的战栗面前，个人的命运显得尤其微不足道，他们更似一个个玩偶，被任意摆弄。

很不幸，我们的老朋友苏轼又在其中。


## 黄州、惠州、儋州

司马光当政的时候，苏轼因为曾经反对新法，很快就获得重新启用，被调到京城当官。起居舍人、中书舍人、翰林学士，短短几个月内，苏轼的官位一路走高。

那段时间，苏轼一度很兴奋，觉得终于轮到自己出头了，可是后来的故事也说过了，大文豪陷入了无休止的党争，感觉头皮发麻，最后宣布主动退出。

元祐四年（1089）三月，苏轼来到了阔别十五年的杭州，十五年前，他是通判，这回他是知州，一把手。

不过，既然摆出了不问政治的态度，该玩还是得继续玩，西湖自然成了苏轼的第二办公场所。一会儿"泛舟绝湖"，一会儿"徜徉灵隐"。后来，苏轼干脆让小吏们背着文件袋跟在他后面一起游玩，玩累了就找个亭子坐下来办公，办完公事再接着和大家一起喝酒取乐。啥都不耽误。

如果是闲暇的时候，苏轼的生活过得更潇洒，经常是带着朋友乘一条小船，边喝酒边扯闲篇，任凭小船漂到哪里算哪里，只要不翻船就成，到了晚上再一堆人举着蜡烛大摇大摆地回来。久而久之，这也成了一种人文景观，每当苏轼前呼后拥地领着一群人回来，人们都会争着围观，一睹文豪的风采。

在杭州，苏轼游西湖仍嫌不够，还决定再开发一下西湖。宋时的西湖，并不如现在这般清澈明净，淤泥堆积严重，到处长着水草，很影响游玩效果。于是，苏轼接连向朝廷打报告，要求开浚西湖。

文豪毕竟还是很有面子的，报告直接捅到了高太后那里，太后立刻拨钱拨物，支持苏轼的主张。申请到工程款后，苏轼立刻开工，经过一番考察，他觉得如果把西湖里挖出来的淤泥全部运上岸，耗费太大，还不如直接在湖中修筑一条长堤，这样既节省人力，又为西湖平添了几分景致。长堤修完后，他还在堤外湖水最深处立了三座瓶形石塔，于是，就有了我们现在所看到的"苏堤"和"三潭印月"。

当然，苏轼这么做也没少被喷口水。有人就说了，你如果想节省人力，堆一个土丘岂不是更方便？现在弄出一条长堤来，摆明了是想着自己玩乐嘛（筑长堤于湖中，以事游观）。要说别人的弹劾也不是没道理，在苏轼的心里，恐怕也藏着这个小心思，不过，不管怎样，他确实给我们留下了一道绝美的景观。

据说，苏轼在杭州修长堤时还修出了一道名菜——东坡肉。当时苏轼为了犒劳修堤的民夫，想出了将猪肉切成小块，用火慢慢炖煮的吃法，这款油红透亮的猪肉，吃起来酥软香美、肥而不腻，立刻成了杭州的招牌菜。

所以，要说享受生活，还是得跟着苏东坡混。

元祐六年（1091），苏轼再次被召入京，不过这回他没干多久就再次要求外任。

凑巧的是，苏轼新到的地方也有一个西湖——颍州西湖。没错，那正是欧阳修终老之所。

好吧，你如果想找苏轼办公，就别到官府里去了，人家早就开启了湖上办公模式（欲将公事湖中）。

元祐八年，苏轼又被调任河北定州。不到一年，赵煦亲政，绍圣年间的大反转开场了。

苏轼虽然已经远离朝廷政治中心，但是作为反变法潮流中的明星人物，同样逃脱不了被贬谪的命运，他被罢去了端明殿学士兼翰林侍读学士的头衔，以左朝奉郎知英州（今广东英德）。

从北方的定州赶往南方的英州，那是漫漫长途，可还没等苏轼赶到英州，诏命再下，他又被贬为惠州（今广东惠州）安置。

注意，这回他不再是一方知州，而是一个"安置"官员，没有任何实际权力，等同于在黄州时的待遇，只是地方变得更加偏远了。

不过，一路走来，苏轼早就习惯了这种大起大落的人生。都说岭南烟瘴之地，至少能吃到新鲜的荔枝啊。"罗浮山下四时春，卢橘杨梅次第新。日啖荔枝三百颗，不辞长作岭南人。"苏轼在惠州买了田地，修了房子，打算在此长住。

可是，还没安生多久，绍圣四年（1097）诏命再下，苏轼被责授琼州别驾，昌化军（今海南儋州）安置。

儋州，那就是海南岛了。

在宋朝，这几乎是对高级官员最严厉的处置，和当年的丁谓一个待遇。


苏轼落脚惠州的时候，根本没想到还会被发配到更边远的地方，因此，在惠州落脚后，他早已将家眷全部接了过来。如今，六十二岁的苏轼再也经不起折腾了。

前去海南时，苏轼只带上了小儿子苏过，他不想再拖累更多的人，甚至已经做好了老死海南的准备。

到海南后，苏轼又安置了住所。但是，当时的海南实在太荒凉了，那里少有可以和苏轼诗文唱和的文人墨客，也没有可以互诉衷肠的朋友，在那里，苏轼度过了最孤寂的一段时光。

　　元符三年（1100）五月，在海南待了三年之后，苏轼终于盼来了朝廷的诏令，先是命苏轼内迁廉州（今广西合浦）安置，后又改迁永州（今湖南永州）安置。

　　虽然离京城依然遥远，地位待遇也没发生什么变化，但总算是重回内陆，苏轼的内心还是充满了喜悦。

　　不幸的是，这场千里迢迢的回迁路，却差点要了苏轼的老命。

　　在北归途中，苏轼主要是坐船走水路。不知什么原因，苏轼所乘的那趟船上，很多人染了病，甚至有人病死客船，苏轼虽然侥幸逃过一死，却因此重病缠身，一直无法恢复。

　　行至常州后，苏轼一病不起。

　　这位宋朝最富才情的文人即将走到生命终点。

　　才名远播的制科进士，享誉天下的大文豪，乌台诗案中的阶下囚，元祐年间的蜀党领袖，颠沛流离的失意官僚……苏轼的一生，波澜曲折，如今，这位命运多舛的文人早已白发苍苍，身形伛偻。

　　杭州、密州、徐州、湖州、黄州……苏轼的脚步几乎遍及了中华大地，每至一处，他都用自己无与伦比的文字天赋留下传奇印记，为我们留下无数文化瑰宝。

　　弥留之际，苏轼望着画家李公麟为自己所作的画像，用尽心力，题写了最后一首诗：

心似已灰之木，

身如不系之舟。

问汝平生功业，

黄州惠州儋州。

黄州、惠州、儋州，三处贬谪之所，苏轼至死也没有丢失文人心性，对自己来了一次悲情调侃。

建中靖国元年（1101）七月，苏轼卒于常州，年六十六。

## 戏剧人生

人有时很伟大，有时又很卑微渺小，尤其是面对历史、面对时代，强如苏轼，也经不起岁月的颠簸。

被时代裹挟的人中，有苏轼这样的名士，也有很多不知名的小人物。这回，我们要讲一个女子的故事。

元祐七年（1092），小皇帝赵煦十六岁，搁在现代，还未成年，但在古代，已是一个可以成家立业的年龄。

当然，彼时的赵煦还是什么都做不了主，一切得由高太后说了算。

为皇帝选老婆这种事，向来需要高度重视，高太后早在两年前已经派人物色了。初定人选是狄青的孙女，后来一打听，发现这女孩的身世太复杂，居然有三个母亲！

原来，她名义上是狄青长子狄谘的女儿，其实生父却是狄青的次子狄詠。狄詠之所以把女儿送给哥哥抚养，全因为女孩的生母是个小妾。冒昧揣测一下，这估计又是一个怕老婆所引起的故事。

履历报到高太后那里，高太后立刻皱起了眉头，照此算来，她岂不是有三个母亲：养母（狄谘的夫人）、名义亲妈（狄詠的夫人）和亲妈。

她以后若当上皇后，该有多少娘家人要推恩啊？不行，太费官帽了。向来严于律己的高太后一琢磨，最后还是否定了这项提议。

狄氏被排除后，高太后重新确定了遴选原则——出身不要太高贵，家世不要太显赫。

总之，低调，要低调！

又是一番千挑万选，第二个人选产生了，孟氏。

孟氏是已故眉州防御使、马军都虞候、赠太尉孟元的孙女，据说人也长得文静端庄，属于高老太太心目中的理想人选。经过几次面试后，高太后就替孙子拍了板。

立孟氏为皇后。

从这一天起，孟氏的命运发生了戏剧性的变化。

如果不是碰到一个想要刻意低调的高太后，如果不是狄氏的复杂身世，可能她连这辈子能不能进一次皇宫都是问题。但短短几月，她竟成了尊贵至极的皇后！

元祐七年四月，赵煦和孟氏完成大婚。

高太后一生勤俭，对孙子的这场婚礼却是难得的大手笔，办得异常豪华气派。

但是，新郎赵煦并不领情，对于这桩包办婚姻，他一开始就表现出了反感。原因有两点：一是赵煦对高太后事事替他做主很讨厌，恨屋及乌，顺带着也讨厌这个硬塞过来的新娘。第二个理由比较现实，据说赵煦见到孟氏的颜值后，不太满意，没高太后之前给他吹的那么漂亮。

唉，这事怎么说呢，估计是两代人存在审美差距吧。

赵煦看不上孟氏，两人自然也没什么感情。

有一次，赵煦前往南郊祭天，圣驾在半路上遇到了争道的车队，他连忙派人去问，究竟是谁这么大胆，居然敢和皇家仪仗队抢道。一打听，原来是皇后的车队。赵煦一点也不给老婆面子，竟然把事情紧急报到了高太后那里，逼着高太后申令：今后自皇太后以下的车队都要注意避让圣驾。

赵煦拿小事大做文章，其实是在和高太后赌气：这不是你替我挑的媳妇吗？你看，多不懂规矩。

两口子的小事情，竟闹到如此地步，也就没什么感情可言了。

赵煦亲政后，孟氏的日子更不好过，就连她的皇后位置也开始摇摇欲坠。

孟氏生有一个女儿，获封福庆公主。绍圣三年（1096）九月，不到三岁的福庆公主突然生病，试过很多药方都不奏效。孟氏急得束手无措，就让自己的姐姐一起过来想办法，孟氏的姐姐提出用道家的符咒来给孩子治病。

所谓符咒治病，就是道士一手拿剑，一手持铃，边摇头晃脑，边念一些鬼话，然后再找几张黄纸，写上咒语或画上咒符，然后再把黄纸烧掉，最后把纸灰冲水让病人喝掉。

在宫中，画符画咒被视为迷信活动，属于绝对禁止之列。孟氏见姐姐拿出咒符后，连忙制止，并命人把咒符藏起来。

待赵煦前来时，孟氏也不敢隐瞒，主动如实禀报。没想到，赵煦这次却很大度，轻描淡写地说了一句："这也是人之常情啊。"

孟氏想不到的是，这场风波过去以后，身边念咒烧符之类的活动却悄悄多了起来。

原来，围绕在孟氏周围有一个小圈子，主要有养母燕氏、尼姑法端、供奉官王坚等人，这三人活学活用，大胆地把咒符活动从医学领域延伸到了感情领域。

当时，赵煦在宫内宠幸一个刘姓女子。为了让赵煦回心转意，重新回到孟氏身边（似乎也未曾和孟氏多么亲密过），三人一会儿找来驴驹、媚蛇雾、叩头虫等乌七八糟的东西，让孟氏带进赵煦的寝殿；一会儿又烧符取灰，让孟氏偷偷放进赵煦的茶水里。

后来，三人越干越过分，居然针对竞争对手刘氏祭出了迷信三连击：第一招，弄一张刘氏的画像，然后操起小针对着要害部位一通戳戳戳；第二招，把瘘病死者的骨灰撒到刘氏的寝殿里；第三招，找些银针和符咒灰之类的东西，偷偷藏在刘氏房内。

以上招数，都非常低端，非常无聊，非常没档次，尤其是第一种，属于各大电视剧里经常出现的蠢人必备招数。燕氏他们不但干得没品，而且还偷工减料，要扎你好歹也找个布娃娃啊。

这些下三滥的手段，有个统称——魇胜。

说白了，就是巫术。

燕氏三人组所做的一切，孟氏都知道，她虽未参与，但也未制止，采取了默许纵容的态度。

想来孟氏头脑比较简单，文化水平也不是很高，如果有明白人能善意提醒她一下，此类蠢事想必也不会发生。

试想，宫内为什么对咒符之类的活动如此敏感？

说到底，还不是为了防止出现巫蛊诅咒之类的把戏，以此杜绝皇宫内的是非祸乱。君不见，西汉戾太子刘据不就是因为被人诬陷玩巫蛊，最后把小命都搭了进去。

燕氏三人所干的魇胜把戏，很快被刘氏发现了。这还得了，立刻连哭带闹地去向赵煦告状。

赵煦自然不会怠慢，命令皇城司严肃查办。事情很快查清楚了，那三个猪队友自然逃不掉，孟氏也难辞其咎。

绍圣三年九月，赵煦亲自审定了处理结果：孟氏被废去皇后之位，出居瑶华宫，赐号华阳教主，玉清妙静仙师；燕氏等三人均被处以极刑。

孟氏一案，虽然表面上看是一个孤立的事件，但深究一下，还是脱不开政治牵连。

　　毕竟巫蛊这种事的处理，要大可大，要小可小，怎么说也不至于严重到废后的程度。

　　从赵煦果断废后的举动看，还是夹杂着对孟氏的厌弃和对高太后的反感。

　　结果，做了五年皇后的孟氏，又从云端跌到了谷底。从此，她只能在道观里过着清苦的生活。

　　在那段寂寞的岁月里，孟氏一定会沮丧后悔，悔自己为何要入宫做这皇后，悔自己为何会粘上巫蛊之祸，悔自己为何要身处这个风云变幻的时代。

　　人生如戏，谁都不知道自己要承担怎样的角色。

　　孟氏不会想到，赵煦不会想到，所有人都不会想到，正是这次劫数，让孟氏幸运地躲过了一场更加凶险的磨难。

　　孟氏的人生颠簸，其实才刚刚开始。

# 第十四章　最后一战

## 神奇书生

自从太宗赵光义在西北激反了党项人后，大宋的西北边境就没消停过。除了短命的英宗赵曙，真宗、仁宗、神宗，几乎每位宋朝君主在位期间都会受到西夏人的亲切问候，打打杀杀是家常便饭。

现在轮到了赵煦，这个保留节目还是得继续上演。

在双方选手入场之前，咱们再捋一捋西夏的状况。

元丰八年，宋朝经历君主交替，政治格局进行了一番大洗牌。与此同时，西夏也在经历着更新换代。

同年，西夏国相梁乙埋、梁太后相继去世。第二年，惠宗秉常也在忧愤中死去。

秉常年仅三岁的长子乾顺继位，是为夏崇宗。

西夏的权力落入了乾顺的母亲手中。

乾顺的母亲，正是前国相梁乙埋的女儿，为了和此前的梁太后区分，我们可称之为"小梁太后"。

更有意思的是，顶替梁乙埋的国相职位的，则是他的儿子梁乙逋。

换句话说，西夏的权力核心由"秉常、大梁太后、梁乙埋"组合变成了"乾顺、小梁太后、梁乙逋"组合，不管怎么样，反正权力都在他们老梁家手中打转。

小梁太后和梁乙逋，都属于好战分子，借司马光的光，他们兵不血刃地收回宋朝的四个堡塞，一时间自信心爆棚，觉得宋朝是个软柿子，应该多捏几把。

面对西夏的挑衅，宋朝主战派开始抬头。


在和西夏的对战过程中，宋朝也涌现出了一批具有较高军事素养的将帅，如狄青、种家军等。但总的来说，宋朝还是防守有余，进攻不足，因此也未能取得对西夏的压倒性胜利。

让人始料未及的是，一位名不见经传的文官的出现，彻底扭转了宋夏双方的态势。

创造奇迹的人叫章楶（jié）。


章楶，字质夫，建州浦城（今福建浦城）人，天圣五年（1027）出生，治平二年（1065）进士。

章楶出生于典型的官宦家庭，祖父曾在仁宗朝担任侍御史，父亲曾任三班奉职，叔父章得象更是官至宰相。当然，他有一个更加出名的堂弟，那便是绍圣年间的第一号人物章惇。

章楶进入仕途后，历任陈留知县、京东路转运判官、提点湖北刑狱、成都路转运使等官职。

元祐六年，章楶出任环庆路经略安抚使，开始投身于西北防务。章楶到任后，总结以前的作战经验，提出了一套灵活机动的浅攻战术。

所谓浅攻战术，就是不盲目深入敌人腹地，只在边界两百里范围内扫荡，逐次修建大小堡寨，继续实行蚕食战术。和以往不同的是，章楶一改单纯修寨防守的方式，布置了一定数量的机动兵团，他们不是消极地待在堡寨内固守，而是灵活地活动于堡寨附近，寻机主动打击敌人。

元祐七年十月，小梁太后亲率十万大军入寇章楶驻守的环庆路，当时，章楶手头的兵力只有五万。

五万对十万，劣势太明显，章楶却一点都不慌，更没有大呼小叫地四处搬救兵。

之所以这么淡定，只因为章楶除了排兵布阵，还干了一件非常重要的工作——情报。

情报工作对战争胜负的影响再怎么高估都不为过。章楶到任后，没少干地下活动，这回战事一起，打入西夏内部的间谍立刻就把消息传送过来。

多少兵力、由谁带队、进攻路线，等等，章楶掌握的情况估计比小梁太后都清楚。

接着，章楶将五万人分成两部分，三万野战机动兵团由大将折可适率领，负责迂回伏击敌人，其余两万人在环州附近正面迎敌。

章楶告诉正面迎敌部队：只许败，不许胜（敌进一舍，我退一舍），以佯败来诱敌深入。

西夏军果然中计，被宋军一路勾引到了环州城下。

等夏军来到城下，我们依然没见到激烈的战争场面，因为西夏军队普遍开始上吐下泻，还没用上力气，自己已经先垮了。

附近的水源有毒！

西夏军捂着肚子痛苦地意识到，他们现在所遇到的对手根本不按常理出牌，这个人喜欢玩阴的！

虚脱的西夏将士们撤退了，而"阴险的"章楶在他们回家的路上，早就准备了更加精彩的节目。

洪德寨，西夏军归途上的必经之处，折可适在此设伏。

以前，西夏人都是恶狼般的存在，他们总是利用熟悉地形、擅长机动作战的优势，设套伏击宋军。如今，猎手和猎物奇迹般地互换了角色。

十月十八日晨，西夏军队途经洪德寨，折可适放过前军，待中军到来时，立刻点燃烽火，率大军狠狠扑杀过来。

宋军人数上不占优势，所以折可适一上来就拿出了玩命的架势，故意给西夏人造成宋军人多势众的假象。西夏军见宋军那么自信，再者，刚被章楶下过药，战斗力打了折扣，一时间气势被压了下去，处于下风。

折可适也是个狠人，万军之中，派出精锐部队专找小梁太后算账，意欲擒贼先擒王。

事实证明，女人并不是任何时候都希望自己被一群人激烈"追求"，至少小梁太后现在不想。为了不让自己"凉凉"，她立刻拿出最精锐的"铁鹞子"前来压阵。

铁鹞子的名号不是吹出来的，一出场，立刻遏制住了宋军的强大攻势，并趁机展开反攻。不过折可适也不是没有防备，他见夏军重新起势，连忙率军向寨内撤退，同时用神臂弓、虎蹲砲使劲招呼。

神臂弓是特制强弓，要几个人合力才能张弦发射，射出去的箭能穿透厚重的铠甲。虎蹲砲则是加强版抛石机，反正都是为铁鹞子精心准备的特供产品。

一顿操作后，"铁鹞子"差点被砸成了铁渣子，夏军只好再次退却。这个时候，折可适又赶紧带兵进行反冲击。

这回，夏军再也无心抵抗，被揍得一败涂地。小梁太后为了不被宋军当作重点目标对待，匆忙扔掉帷帐、衣服、首饰，换上了一身破旧衣服，在部下的拼死保护下，侥幸突出重围。

小梁太后第一次带兵征伐，居然如此狼狈收场，更让她难以置信的是，连最精锐的"铁鹞子"都开始遭遇战败。

西夏吃了这么一个大亏，当然不会善罢甘休。

章楶也熟悉西夏人的秉性，所以，他决定与其被动应战，不如先下手为强。

## 平夏城

洪德寨之战后的两年，赵煦亲政，章惇上台，这对于章楶来说，都是利好消息。

章楶对西夏的态度趋于更加强硬主动，再加上有亲戚在朝廷坐镇支持，他办起事来更顺了。

绍圣初年，宋朝西北各路纷纷效仿章楶，实施浅攻战术，打得西夏不胜其烦。仅一年半的时间，西夏就被宋朝啃掉了一万多军队。西夏的体量不能和宋朝相比，本来战争消耗已经让其无力负担，再加上得不到战利品的补充，日子愈发难过。

绍圣四年，章楶调任泾源路经略安抚使，面对处境日益艰难的西夏，他充分发扬雪上加霜、火上浇油的"友邻互助"精神，建议在葫芦河一带修城御敌。

不得不说，章楶的眼光确实毒辣。首先，葫芦河上游是灵州，下游直入宋朝泾原路境内，在这个地方修筑堡寨，进可逼迫灵州，退可扼守西夏南下攻宋的要道，同时还方便宋朝向前线运送粮食补给。其次，葫芦河一带是冲积平原，属于西夏的重要产粮区，在这块地区揳入一枚钉子，对西夏的经济也是严重打击。

章楶的计划获得批准后，立即调集各路军队、民夫前来帮助修城，熙河路出三万，秦凤路出一万，环庆路出一万，再加上泾源本路三万，一共凑齐了八万人。

　　章楶预估到小梁太后肯定会对此有所反应，事先进行了周密部署。他以泾原、熙河的军队为主力，掩护修城，命秦凤、环庆两路军队保护大军侧翼，同时还让各路派出小股部队在边境进行佯动，让西夏人摸不清宋军的真实意图。

　　绍圣四年四月，一切布置妥当后，章楶突然派军急速前往葫芦河地区修筑平夏城。出发前，章楶严申军纪，要求各路掩护军队不得擅自改变行动路线，深入敌境不得超过一百里。

　　事情一开始还比较顺利，宋军到达预定地点，热火朝天地就干了起来。可意外情况还是出现了。

　　当时，西夏已经认清了宋朝的真实目的，紧急调动十万精锐前来阻止修城。宋朝的阻击部队奉命出击迎敌，一连击退了夏军数次进攻。个别打顺手的宋军将领热血上脑，把章楶的命令抛到了脑后，结果掉入了夏军的伏击圈，折损了一千多员骑兵。

　　好在宋军的这次小败并没有影响战争大局，宋军还是在烽火狼烟中继续着修城行动。

　　小梁太后自然不肯罢休。五天后，夏军卷土重来，这回他们直奔平夏城而来，人手拿草一捆、铁锹一把（草用来填平护城壕，铁锹则用来挖掘城墙），看架势非要把城池拆了不可。

　　宋军领头的大将是折可适和姚雄，这两人都是一等一的猛将，两人所率兵力虽然处于劣势，但仍然依托尚未完工的城池顽强防守。姚雄更是亲自来到城头督战，肩膀上中箭挂彩后，照样死战不退。

　　这场战斗，西夏拆迁队的决心很大，不计伤亡地投入战斗，宋军也拿出城在人在、城破人亡的勇气，死磕到底。最终，夏军付出了伤亡近三万人的巨大代价，依然没能撼动城池，只能灰溜溜地撤出战斗。

面对顽强的宋军，西夏人也感到力不从心，就考虑派人到辽国游说，希望辽国能够对宋朝施加压力。

煮熟的鸭子岂能拱手让人？章惇和章楶可不是司马光，面对辽国的恫吓，果断回绝。

夏军退了，宋军的施工进度大大加快，很快，平夏城（今宁夏固原原州区西北）宣告完工，同时宋军还在城边修了辅寨"灵平寨"。

平夏者，平定夏国也；灵平者，收复灵州也。


小梁太后视平夏城为眼中刺，必欲除之而后快。

元符元年（1098）十月，小梁太后再次亲率三十万大军前来叫板。

小梁太后这回是倾国而来，她带来了夏军中最生猛的两员战将，一个叫嵬名阿埋，负责攻城，一个叫妹勒都逋，负责阻击。在出发前，她针对宋朝的熙河、鄜延诸路，派大将一对一盯防，防止宋军赴援。

一到平夏城下，夏军也不急着进攻，而是绵延几十里，布下了连珠大寨，摆出了一副和宋朝打持久战的架势。

章楶苦心经营平夏城，早把城池修得固若金汤，同时还派了最擅长防守的大将郭成据守。

战事一开，宋夏两军围绕着平夏城，在各线开展缠斗，直杀得天昏地暗，鬼哭狼嚎。

从气势上看，这一回西夏真是志在必得，为了弥补不善攻城的弱点，他们竟然还自主研发了一款专用于攻城的巨型战车。

这种战车与城墙齐高，底盘可以直接横跨护城壕，同时里面还可以容纳上百名将士。西夏士兵登上战车，就可以直接和城上的宋朝守军对战。用现在的眼光看，这简直就是一个类似变形金刚的巨型怪物。

夏军还给这种巨型战车起了一个名字，叫"对垒"。

有"对垒"助阵，夏军的进攻堪称疯狂。当然，宋军的箭矢、飞石也是管饱管够。两军将士的工作精神都很敬业，不分白天黑夜，都坚持加班到底，拼死奋斗在群殴第一线（飞石激火，矢石如雨，昼夜不息）。

残酷的战斗进行了整整十三天，经过多日消耗，夏军占据了微弱优势。小梁太后眼见胜利在望，督促军队加速攻城。

关于战争的胜利，我们很多人都听说过一句话——狭路相逢勇者胜。确实，当战斗进行到胶着状态的时候，往往是最坚韧的一方才能获得最后的胜利。

从纯军事角度看，小梁太后的坚韧和彪悍不输任何一个男子。如果她能赢得这场战争，也算实至名归。

可是，历史往往又很幽默，它告诉我们，除了应该记住"狭路相逢勇者胜"这句话外，还要记住另一句话——狭路相逢运气好者胜。

这回，幸运之神站到了宋朝一边。

正当小梁太后翘首企盼胜利的时候，战场上突然刮起了一场大风。这股风，很大，遮天蔽日，飞沙走石，而这股风，偏偏是冲着夏军卷来的。

大风过后，夏军的"对垒"纷纷被吹倒毁坏，赖以制胜的秘密武器被吹成了"抛锚汽车"，迷信的夏军顿时如泄了气的皮球，再也鼓舞不起斗志。

宋军见老天也赶来帮忙，顿时勇气倍增，积极展开反攻。一升一降，宋军打得气势如虹，夏军则一溃千里。

第二次平夏城战役结束，夏军折损两万多精锐部队，同时还丢弃了大量马匹辎重。

吃了大亏的小梁太后被气得哭天抹泪，羞愤之下，她发誓一定要重整军马，和宋军再决高低！

## 奇　袭

平夏城的失利对西夏士气打击太大了，自打元昊自立门户以来，他们就没输得这么惨过。

小梁太后甚至已经开始考虑，如果下一步宋朝主动进攻，该怎么应付。她一边命令夏人储藏粮食，整顿兵马，做好坚壁清野的准备。一边派人跑到辽国做外交工作，要求辽国帮忙出兵干预。

辽国又如何对待这位小弟的请求呢？

北方前线一直是宋朝和西夏在闹腾，以至很长一段时间辽国都不在我们的视线范围内。下面，让我们来简单了解一下这位已经安静了近半个世纪的北方兄弟。

自从辽兴宗耶律宗真从宋朝多讹了二十万岁币后，他的日子过得相当舒坦，财务自由、喝酒自由、打猎自由，在契丹人眼里，估计再也没有比这更惬意的日子了。

耶律宗真非常奇葩，因为和弟弟耶律重元的关系太好，居然给他封了个"皇太弟"的头衔。然而，待耶律宗真死后，还是耶律宗真的儿子耶律洪基继承了皇位，即历史上的辽道宗。

耶律洪基当上皇帝后，给叔叔耶律重元封了个前无古人、后无来者的皇储名号——皇太叔。

如此瞎胡闹，当然容易招来权力斗争。

继位八年后，耶律洪基和"皇太叔"发生了火并，平定"皇太叔"之乱后，耶律洪基又犯了和汉武帝刘彻晚年一样的错误。他听任奸臣擅权，又是废皇后，又是囚禁皇太子，等太子被奸臣害死后，又回过神来诛杀奸党。

经过一系列内耗，辽国自己也体虚得很。因此，面对西夏人的请求，耶律洪基根本就没心思搭理，别说出兵干涉，连发个外交照会的心情都没有。

我只管自己有零花钱用就可以，你那本烂账少烦我！

小梁太后几次遣使出使辽国，都遭到了冷遇。


辽国人不肯帮忙，看来只能自力更生了。

小梁太后重新组织军力，决定过完年，再好好地去问候一下宋人。

不过，还没等小梁太后出发，章楶已经主动上门服务了。

年底，章楶的大帐里来了一个主动投诚的西夏军官，名叫药宁。这个药宁可不简单，他曾跟随夏军悍将嵬名阿埋和妹勒都逋，能够接触到夏军高层的重要信息。

药宁向章楶提供了一份绝密情报：夏军正在天都山附近集结，准备对平夏城发动下一轮攻势。同时，药宁连夏军首脑部队的具体驻营地址都说得一清二楚——锡斡井！

天底下还有这样的好事，折可适、郭成等将领纷纷建议，马上派兵偷袭，打算狠狠捶他一下子。

章楶一向用兵谨慎，从不提倡远距离纵深攻击。不过，这回他却一反常态，同意了偷袭计划。章楶判断，自己平时越谨慎，夏军越不会有所防备，奔袭成功的可能性反而越大，因此值得冒险。

计议停当，折可适、郭成等人立刻点起一万名精锐骑兵，分六路向锡斡井奔袭过去。

夏军做梦都没有想到，从来不擅长骑兵机动作战的宋军，这回竟敢长驱直入，直接来掀自己的被窝了。待宋军杀到跟前，夏军毫无防备，只能束手待毙。

以前，都是夏军骑兵提着长刀，呼啸来回，对宋军砍瓜切菜，这回双方的角色再次互换。经此一役，宋军直接端掉了夏军的指挥部，斩杀三千多人，俘获马牛羊无数，连首领嵬名阿埋和妹勒都逋都成了俘虏。

大获全胜后，章楶命人为嵬名阿埋和妹勒都逋松绑，对他们好言劝慰，两人经过章楶的一番思想工作，表示愿意归降宋朝。

嵬名阿埋和妹勒都逋是夏军中顶有威望的将领，他们一投降，给很多党项部落起了示范效应。他们早已厌倦战争，纷纷放下武器，内附到宋朝一边。

小梁太后所酝酿的春季攻势流产了，连续的失利让她恼羞成怒，把责任都归咎到了辽国。

其实，小梁太后的这种怨气也可以理解。

此前，夏人一直把辽国当大哥对待，平时也没少孝敬东西，这回摊上事情，辽国却一副事不关己的德行！再者，辽国能不断在宋朝身上捞好处，不也靠夏人一直和宋朝干架吗？太不仗义了！

小梁太后很生气，动兵不行，开骂总可以。于是，在一份西夏送给辽国的表章里，小梁太后大放厥词，对耶律洪基出言不逊。

小梁太后的骂街行为彻底惹怒了耶律洪基，耶律洪基盛怒之下派出使臣前往西夏，一杯毒酒把她给毒死了。

由于史料缺乏，我们不知道辽国使臣是如何完成这一神操作的，反正事儿是办成了。

事实证明，在实力不如别人的情况下，哪怕是过一次嘴瘾也不行啊。

小梁太后被毒死后，西夏结束了连续三朝的母党专政局面，十六岁的乾顺开始亲政。

乾顺当政后，一改此前的强硬姿态，一边向宋朝上表谢罪，一边请求和辽国联姻，只求能稳定内政，积蓄国力，西北边疆迎来了难得的安宁。

平夏城之战后，宋朝在和西夏的对峙中开始逐渐占据上风，如果能继续坚持浅攻战术，耐心地磨下去，说不定真能磨掉这位盘踞西北的老冤家。

　　但历史的演绎远远超出人们的想象，不久，这两位欢喜冤家连碰面打架的机会都没有了。

# 第十五章 君不君，臣不臣

## 端王轻佻

绍圣年间，赵煦也就二十出头一点，这本该是生机勃勃、精力旺盛的年龄。可是，他已经开始饱受病痛的折磨。

其实，赵煦的身体从来就不好，少年时便有咳嗽出血的症状。继位后的赵煦一直在压抑的氛围下生活，身体健康也未见起色，年纪轻轻，却已经成了个药罐子。

元符二年（1099）七月，赵煦一晚上腹泻了七八次，胃中滞胀，连粥都喝不进去。经御医诊治后，赵煦虽然勉强止住了腹泻，但身体却是越来越羸弱，整整一年，他都勉强撑着病体上朝，一副虚弱至极的样子。

这一年，赵煦除了疾病缠身，还受到了巨大的精神打击。

八月间，赵煦最宠爱的刘贤妃为他诞下了皇子，那是赵煦的第一个儿子。

皇子的到来曾让赵煦兴奋不已，并当即宣布封刘贤妃为皇后。

可到了闰九月，皇子不幸因病夭折。又过了几天，刘氏所生的一名小公主也因病去世。

一子一女的病逝让赵煦的病情雪上加霜。到了十二月，赵煦的病情开始急剧恶化，经常是刚进食完就呕吐不止，十分痛苦，连象征性地上朝也成了困难。

元符三年（1100）正月，赵煦气息微弱、盗汗不止，明眼人都看得出来，这位可怜的君主已经只剩下最后一口气了。

宋朝又到了君主更替的时候。

由于赵煦无子，一般只能从他的兄弟中选择一人来继承皇统。前面说到，神宗赵顼去世时，共有六位皇子在世，现在除了赵煦，按照年龄长幼排列，依次是申王赵佖（bì）、端王赵佶、莘王赵俣、简王赵似、睦王赵偲。

理论上，以上六位皇子都有继承皇位的资格，而年长的赵佖无疑更有优势。

事情到了最后关头，素来不问政事的向太后走到了台前，现在她是后宫中最具话语权的人。

朱太妃也是关键人物，她虽然地位低于向太后，但却是赵煦的生母，自然也有发表意见的权利，更重要的是，她还有一个儿子在世，就是简王赵似。

当然，除了向太后和朱太妃，宰执大臣们的意见也很重要，当时朝廷的宰执大臣有四人，其中说话最有分量的是章惇、曾布。曾布作为昔日的新法干将，于绍圣元年和章惇同时被召回京城，章惇担任宰相，曾布则掌管枢密院，两人分别把持着二府的权柄。

曾布这个人有点另类，虽然属于新法阵营，但和新法派人物的关系普遍不是太好，之前和吕惠卿不对付，回朝后和章惇也经常有观点上的分歧。


正月十一日夜，赵煦已到弥留之际，与此同时，一场政治角力正紧锣密鼓地展开。

向太后和朱太妃前后脚来到宫中，看着病床上已经不能说话的赵煦，朱太妃悲从中来，扑到病榻前大哭起来。过了一会儿，向太后拉开正在哭泣的朱太妃，幽幽地说道："他已说与我了。"

朱太妃一听，十分惊愕，忙问赵煦说了什么。

向太后回答道："让我立端王为帝。"

朱太妃听到这句话后，如五雷轰顶，她不相信这是儿子的真实想法！她的怀疑不无道理。一者，赵煦早已口不能言，为何偏偏在此刻说出让端王来继承大统的遗诏？二者，向太后在政治倾向上一直和高太后保持一致，赵煦对向太后素无好感，怎会突然向她交代后事？

就朱太妃的个人意愿而言，她自然希望赵煦将皇位传给自己的另一个儿子赵似。

朱太妃不相信向太后的话，但她无权当面反驳，只能低头掩面跑了出去。

当夜，赵煦结束了他短暂的一生，年仅二十四岁，亲政不过短短七年，终以盛年而弃天下。赵煦死后，定庙号为哲宗。

宋哲宗走了，皇位之争还未盖棺定论。

第二天，向太后入宫主持大局，她召来全体宰执大臣，商量册立新君事宜。

见人员到齐，向太后开门见山点明主题："皇上没有留下子嗣，该立谁为新君好呢（官家无子，当立谁）？"

章惇作为宰相，首先应答："按礼律，应当立嫡子。"

向太后听了这句话，不禁眉头一皱："我没有儿子，神宗皇帝的诸位儿子都是庶出，谁是嫡子？"

章惇当然知道向太后没儿子，此前的议嫡之说只是虚晃一枪，接着他又说："无嫡当议亲。"

章惇的用意，向太后心里已经明白了八九分，但还是压住怒火问道："谁是亲？"

章惇再答："同母为亲。"

章惇的意思是立朱太妃的另一个儿子赵似为帝。平心而论，这个方案可能最契合赵煦本人的意见。就章惇而言，他或许认为赵似继位能够更好地延续既有的政治方略。

向太后当然不会同意章惇的想法，立赵似为帝，朱太妃在后宫的地位势必将继续扩张，对自己没半点好处。

于是，向太后否定了章惇的提议："我没有儿子，就不要再区分什么亲疏远近了。"

这话说得柔里带刚，向太后再次申明自己的太后之尊，意思很明显，朱太妃再怎么样，只是个妃子，他的儿子别想有什么特殊照顾。

章惇见不能把赵似推上去，就又提议："如果按照长幼顺序，应该立申王赵佖。"

章惇明白，向太后肯定有自己中意的人选，而一旦由她所支持的人上位，恐怕将来对自己不利。因此，即便简王赵似推不上去，也不能让其他人上位，现在拿长幼顺序说事，看太后怎么回答吧。

向太后似乎早有准备，说道："申王赵佖患有眼病，不适合做皇帝，我看还是端王赵佶合适。"

向太后亮出了底牌——端王赵佶。

要说向太后的意见也不是没道理，申王赵佖确实生过一场病，导致一只眼睛接近失明，以此为理由阻止他继位，也算说得过去。

但是，章惇听了向太后的话，已经脸色铁青，怒火中烧，他急的不是申王被否定，而是向太后钦定的继位人是赵佶。

章惇认为，以他对赵佶的了解，此人一旦登上皇位，必然给宋朝带来灭顶之灾。这时，他已经顾不得自己的政治前途，厉声说出了一句极具预见性，却又让他付出惨重代价的话。

"端王轻佻，不可以君天下！"

正当章惇以死相争的时候，旁边一直未发声的曾布突然开腔呵斥：

"章惇，不许再啰嗦，一切听皇太后吩咐！"

曾布的选边站队给章惇带来极大的被动，更要命的是，曾布还表示，关于皇位继承人的想法，章惇并没和宰执大臣们商量过。

言下之意，他所说的话，并不代表我们全体宰执大臣的意见。

曾布的表态让章惇陷入了孤立境地，其余两位宰执大臣本来就是打酱油的角色，一看现场已经变成二比一，立刻暴露出墙头草的本色，连忙下注向太后和曾布，纷纷表示：咱们早就想通了，凡事听太后的。

章惇孤军奋战，不好再说什么。

向太后随即命人起草宋哲宗遗命，布告天下，以端王赵佶继承皇统。

元符三年正月，赵佶成为宋朝历史上第八位君主，是为大名鼎鼎的宋徽宗。


赵佶上位，章惇的处境立刻变得凶险，他自知接下去不会有好果子吃，遂主动提出辞职，不过申请并未获得批准。

只是，没过多久，章惇就遭到谏官的奏劾，理由是哲宗灵柩下葬的途中遭遇了大雨，导致灵车陷入泥泞之中。

确实，大雨不是章惇召唤来的，灵车也不是章惇亲自拉的。但是让你承担责任就肯定找得到理由，作为宰相，你兼任山陵使，负责哲宗下葬的整体工作，背个锅也不冤。

当年九月，章惇外放越州（今浙江绍兴）知州，接着，先贬武昌军节度副使、潭州安置，再贬雷州（今广东雷州）司户参军，再差一步，就要步苏轼后尘，跑到海岛钓鱼去了。

此后，章惇又辗转各地，四处飘零。

崇宁四年（1105），章惇于睦州（今浙江建德）贬所去世，年七十一。

## 瞎折腾

在宋朝历史上，如果要评选知名度最高的皇帝，恐怕非宋徽宗赵佶莫属。

只可惜，赵佶流传于世的并不是好名声。如果要做一个昏君排行榜，赵佶肯定大概率能上榜。

不过，很多人可能并不知道，赵佶在即位之初，也曾是众人眼中的明君。

赵佶刚即位的时候，也就十九岁，既没有从政经验，又没有宫中经历，所以表现得非常谦逊。本来，他已经成年，完全可以自主处理政事，但却坚持让向太后垂帘听政。

向太后倒是没兴趣再操心政事，只干了半年就还政给赵佶。到了第二年，向太后突然重病，不久便过世了。

向太后一走，赵佶再也没有了压力约束，开始放手处理军政事务。很多双眼睛紧盯着这位年轻天子，猜测他能有什么作为。

赵佶所面临的最大难题，是愈演愈烈的党争。自从神宗赵顼推行新法以来，朝廷上的新旧两党之争愈演愈烈，再加上各党内部的拉帮结派，把朝堂弄得乌烟瘴气。

元符三年十月，赵佶向全国发布了一份诏书，表示自己对元丰、元祐、绍圣年间的政治都没有成见，以后凡是擢人用人、内政外交都要具体斟酌，只要合乎情理，无论新旧，都可一视同仁，如果还有谁搬弄是非，扰乱朝政，决不容忍！

诏令发完后，赵佶又拔擢了一批新人充实宰执班子及台谏系统，所用之人也确实做到了兼收并蓄。同时，他还鼓励臣僚大胆进言，保证言者无罪，对那些因为党争而被罢黜外放的大臣，也一律予以赦免宽容。

就连哲宗赵煦留下来的两位皇后，赵佶也做了周到安排，被废的孟皇后，恢复尊号，因为获封于元祐年间，就尊称为"元祐皇后"；后封的刘皇后，尊称为"元符皇后"。

反正是一碗水端平。

第二年，赵佶将年号改为"建中靖国"，中者，中庸也；靖者，安定也。赵佶再次对外表明态度，要弥合党争所带来的裂缝，重塑朝廷秩序。

赵佶无偏无党的态度赢得了一致好评，他俨然已经成了众人心中的中兴天子。

很可惜，仅仅过了一年，那些原本为宋朝得一英明天子而庆幸的人，就想起了章惇的那句评语——"轻佻"。

所谓轻佻，就是指随意，不严肃。

翻译成大白话，就是说这个人有点神经大条，想一出是一出。

赵佶生于元丰五年，母亲陈氏本是一个御侍，为神宗生下赵佶后进位为美人，陈氏命薄，在神宗去世后不久就病逝了。

赵佶在做藩王的时候口碑非常不错，这都缘于赵佶有着较高的生活品味。一般的藩王，拿着优厚的俸禄，又不需要工作，平时也就好个吃吃喝喝，娱乐一下。可赵佶却很喜欢摆弄笔墨纸砚，在书法、绘画、诗词方面都有较高造诣，在京城文化圈里也属响当当的人物。

权贵子弟能出一个这样有文化有追求的青年也不容易，正因为赵佶有才名，才得到了向太后的欣赏。


建中靖国的年号只用了一年，又改了，赵佶宣布，改元"崇宁"，崇宁者，推崇熙宁也。

朝臣立刻从新年号中嗅到了一丝不安的气氛。

说来可笑，赵佶的态度转变仅仅是因为一名侍从官的耳边风。

此前赵佶调整宰执班子的时候，任命韩忠彦为宰相，与曾布共同执掌大权。韩忠彦是名相韩琦的儿子，政治倾向和父亲一样，对新法持否定态度。这样，韩忠彦和曾布，一旧一新，正符合赵佶不偏不党的本意。

曾布和韩忠彦搭班后，合作并不愉快，经常闹矛盾，赵佶也为这种情况犯愁。结果一个叫邓洵武的起居郎逮住机会向赵佶发表了一通高见。

"陛下是神宗皇帝的儿子，宰相韩忠彦是韩琦的儿子，神宗皇帝推行新法的时候，韩琦经常说新法的不是，现在韩忠彦为相，更改了先帝的法度，这岂不是韩忠彦能够继承父亲的遗志，陛下却不能坚持父亲的志向？"

起居郎其实就是负责记录皇帝祭祀、大赦、宴会等活动情况的侍从官，只因工作便利，容易亲近皇帝，才得以进言。邓洵武随便递上了一句话，却让赵佶内心五味杂陈。

赵佶琢磨着邓洵武的话，越想越不舒服，产生了要追述神宗的想法。和常人不同，赵佶是想到什么是什么，也顾不得自己一年前刚说过"不偏不党"的话，转眼就决定要继续推行新法，韩忠彦因此立即被赶出了朝廷。

其实，如果赵佶真要遵循神宗、哲宗的新法事业倒也没问题，只是他本身对文学艺术在行，对政治却一窍不通，所谓新法、旧法，在他脑中仅是抽象概念而已。当然，自己没主意，找个靠谱的人来打工也成。可赵佶偏偏挑了一个最不靠谱的人——蔡京。

蔡京，字元长，兴化军仙游（今属福建）人，庆历七年（1047）出生，熙宁三年进士。

虽然历史上名声不好，但我们不得不承认，蔡京是一个非常有才的人，他还有一个比他小一岁的弟弟，蔡卞。兄弟两人的名字合起来，就成了"汴京"，名字里透着霸气。

蔡京、蔡卞两兄弟都是神童级的存在，属于那种刚甩掉尿布，就能给你来一段《论语》《诗经》的孩子。熙宁三年，两兄弟一起参加科考，双双考上进士。

蔡京、蔡卞两兄弟的仕途起步都很顺畅，相比之下，弟弟蔡卞更好一点，在担任江阴主簿的时候，他因为果断推行青苗法，开仓借粮给穷困百姓，受到了王安石的器重，后来还被王安石招为女婿。蔡卞是新法的坚定支持者，绍圣年间，章惇做宰相的时候，蔡卞曾一度担任副相。只是，等到了赵佶即位，章惇下台，蔡卞也连带着被贬黜外放。

回头再看哥哥蔡京，前面说过，到了元丰八年，司马光要求五日内恢复差役法的时候，蔡京第一个跳出来完成了任务，受到司马光的高度表扬。

当时，蔡京正担任龙图阁待制、开封知府，与当年包拯的职务一模一样。

蔡京当年的那个举动，让人大跌眼镜，不光是因为他能在五天内完成不可思议的任务，更缘于此前他一直以新法支持者的面貌示人，否则，神宗赵顼也不可能把首都开封交给他。司马光一来，竟然说翻脸就翻脸！

蔡京立场的转换，并没有给他带来好运，相反，他的人品口碑在士大夫群体中彻底崩盘。

因为无论旧法还是新法，至少当时两边阵营的人还挺讲究气节风骨，蔡京这种朝秦暮楚的行为特别让人看不起。结果，蔡京投机不成，反而迎来了台谏官的一片指责。接着，蔡京一会儿被赶到瀛洲，一会儿被赶到扬州，最后成了成都知府，不但官没升成，离政治中心倒是越来越远。

绍圣年间，弟弟蔡卞成了宰执大臣，蔡京也想跟着往前凑，还刻意巴结章惇，又把自己打扮成了新法拥护者。

　　章惇刚上台的时候，一度很纠结怎么把差役法再变回免役法，还专门找人一起来研究讨论，毕竟，政策的转变，都要考虑一下方法细节。没想到，参与讨论的蔡京上来就是一句："就按照熙宁年间的免役法来实行好了，还讨论什么呢？"

　　蔡京此言一出，惊得在场的人目瞪口呆，只要大家没失忆，谁都记得，几年前，这位老兄还是恢复差役法的急先锋呢！

　　不过，蔡京的变色龙嘴脸实在为人不齿，他依然只做了个翰林学士，没有实现成为宰执大臣的愿望。

　　赵佶刚刚登基，蔡京就因为名声太差，被人奏劾，先后被外放到了江宁、杭州等地做官。

　　不过，郁郁不得志的蔡京终于等到了机会。


　　我们说过，蔡京虽然人品不怎样，才华还是不错的，书法水平尤为突出。北宋素有苏、黄、米、蔡书法四大家的说法，其中的"蔡"就是指蔡京。当然，也有人说，这个"蔡"，不是蔡京，而是蔡襄。

　　其实，第二种说法纯粹出于人们的良好愿望，只因大家都不希望捧一个臭名昭著的家伙。

　　不过，书法归书法，人品归人品，咱们只能实事求是。

　　蔡京的书法造诣相当高，很多人都以求到他的墨宝为荣。早年，赵佶在当亲王的时候，就曾因索要到蔡京的一幅字而欣喜不已。

　　赵佶此举倒也不是附庸风雅，他自己的书法水平也是实打实的厉害，所创的"瘦金体"也算独步天下。

　　光从艺术上看，这是一对书法家惺惺相惜的美谈，只可惜，他们两人还有一层君臣关系。

崇宁元年（1102），担任杭州知州的蔡京等来一个朝廷下派的宦官——童贯。

童贯是当时赵佶跟前的大红人，蔡京便使出浑身解数巴结童贯，临走还不忘悄悄塞给童贯几个小物件，千叮咛万嘱咐，让他务必带给皇上！

蔡京让童贯带回去的东西，是一些精心制作的画屏、扇带。果然，赵佶看了这些艺术品，反复把玩，爱不释手。

爱屋及乌，赵佶早就把人们对蔡京的评价忘到了脑后：我可爱的文艺大叔，回到朕的身边来吧。

就这样，崇宁元年三月，蔡京调任大名府知府，一个月后，直接回京任翰林学士承旨兼修国史（翰林学士院长官）；又过两个月，升任副相；再过两个月，升任宰相。

半年多的时间，由一个贬谪官员升为宰相，此前蔡京奋斗了大半辈子都没有企及的目标，如今靠着几件工艺品就完成了！

难怪"楚王好细腰，宫中多饿死"，看来，投准领导爱好，一直都是无数马屁精的晋升捷径。

朝臣看着赵佶的神操作，无不瞠目结舌，此时再想起章惇的那句"端王轻佻"无不心中隐隐作痛。

然而，一切都来不及了。

蔡京走马上任后，很快就把曾布挤出了朝廷。接着，他便迎合赵佶的意思，树起了新法的大旗。当然，在蔡京的心中，新不新法其实一点都不重要，关键是他终于能够利用手中的权力整人了。

赵佶对蔡京的建议言听计从，转眼就发布了禁止元祐法令的诏书。在诏书里，他狠狠地把元祐期间的朝政批评了一通，下令要立刻严格纠正！

至于一年多前不搞党争的承诺，赵佶早就抛到了脑后。

反正，谁也不敢挑皇帝的不是。

如果有，赶走就是了。


蔡京大权在握后，便针对"元祐党人"兴起了大迫害行动。如果章惇排挤元祐党人是基于政治观点，那么到了蔡京这里，就全凭他看不看得顺眼了。

谁是元祐党人？我不清楚，反正得罪过我的，肯定是。


蔡京对付元祐党人的方式也很有意思，不但拉了一个长长的名单，居然还建议赵佶亲自把人名写下来，然后让石匠刻在石碑上（御书刻石，以示后人），立于文德殿端礼门外，号称《元祐党籍碑》。

蔡京实在太熟谙赵佶的心理了，这位喜欢显摆自己书法水平的领导欣然应允，撸起袖子就把蔡京递上来的名单抄了一遍。

刚开始的时候，蔡京为赵佶布置的抄写作业还相对少点，只有一百零九位大臣。

到了崇宁三年，蔡京还觉得不过瘾，又重新捣鼓出一份名单，人数扩充了近两倍，达到三百零九人之多。

极具讽刺意味的是，在这份大名单里，领衔者是司马光，而待在榜单末尾的则是章惇。

表扬蔡京办事得力的司马光，竟成了蔡京笔下的头号奸臣！

被元祐党人骂成狗的章惇，自己也成了元祐党人！

荒唐，荒唐透顶！

如果司马光泉下有知，肯定恨不得掀开棺材板来敲蔡京的脑壳。

崇宁年间的蔡京如得了狂犬病一般，对政敌进行近似变态的打击。

活人要贬官流放，死人要追回待遇，发展到后来，惩治措施一条比一条离谱：党人子弟无论做不做官，都不允许在京城逗留！党人五服内的亲属一律不准担任亲近皇室的三卫官（亲卫、勋卫、翊卫）！宗室子弟不得与元祐党人子弟联姻，即使已经订立婚约，也必须解除！

如果说，绍圣年间章惇对反对新法者的处理，带有一点报复的味道，那么到了蔡京这里，已经完全超出了"报复"的范畴，而是一种赤裸裸的迫害了。

在蔡京的打压下，元祐党人成了人人避之不及的群体，而且祸及子孙，永世不得翻身。

蔡京的龌龊还不止于此，在立完《元祐党籍碑》后，他竟然还下令将元祐党人的作品通通销毁，包括那些书籍的刻版！

这项命令如果得到执行，很可能我们将再也无法吟诵出"大江东去、浪淘尽，千古风流人物""两情若是久长时，又岂在朝朝暮暮"等名篇佳句了。要知道，那份名单上，可是囊括了苏轼、苏辙、黄庭坚、晁补之、秦观、范祖禹等一众文史大家。

好在蔡京的险恶用心并未得逞。因为宋朝的文化氛围很好，上到公卿将相，下至黎民百姓，对文化名人都有一种明星崇拜，一些优秀作品早已进入千家万户，断不可能靠一纸禁令彻底根绝。

据说，蔡京的命令还引出了一些令人啼笑皆非的故事。

当时，有一个姓苗的人，当上了徐州知州。他发现城濠里有一块石头上刻着苏轼亲书的作品，很多人跑到那里临摹。苗知州见此情景，便命人从城濠内抬出那块石头，日夜摹印苏轼作品，一连拓印了数千份。等印得差不多了，他忽然找来下属，一本正经地说道："苏轼的学问，朝廷早就明令禁止，这块石头怎么可以留着呢？赶紧给我砸了！"

石头被毁，那些拓印作品成了东坡粉丝眼中的稀缺品，价格一路高涨。苗知州瞅准时机，趁机将印好的作品拿到市场上抛售，狠狠赚了一笔。

元祐党人案的风潮猛刮了四年，直到崇宁四年才获得转机，赵佶先是下诏"除党人父兄子弟之禁"，接着又允许一些编管偏远之地的官员子弟迁移内地。

又过了一年，赵佶下诏拆毁《元祐党籍碑》，恢复党人的仕籍，声明要"除党人一切之禁"。

赵佶对元祐党人的态度转变，并不是他对朝政有了什么反思，更多是因为那个他曾经无比宠信的蔡京，如今有点让他丧失新鲜感。就在毁弃《元祐党籍碑》的一个月后，赵佶罢去了蔡京的宰相之职。

不过，蔡京也就外出了一年时间，到了大观元年（1107），赵佶又把这个老朋友给叫了回来。于是，大观二年（1108），反复无常的赵佶再次脑袋抽筋，重启元祐党人案，只是较之以前整人范围小了一些。

就这样，元祐党人案前前后后折腾了七年之久，蔡京习惯性地使坏，赵佶则习惯性地自我打脸，两人简直把朝政搞得一团漆黑。

关于元祐党人的折腾终究落幕了，但赵佶的荒诞远未停止。

作为一个精力旺盛、爱好广泛的君主，处理政务只是赵佶的副业，他还有更丰富的方式去折腾自己掌管下的帝国。

## 享受生活

赵佶是一个十分会享受的皇帝，除了即位第一年还有点克制外，此后的岁月，基本上就是撒开了乱来。

蔡京深知赵佶是个什么货色，自获得重用后，便马上抛出了"丰亨豫大"的理论。

所谓"丰亨豫大"，本是《易经》里的说法，原指天下太平富足的景象。到了蔡京的嘴里，就变成了现在宋朝繁荣强大，皇上该享受就得拼命享受。

赵佶一听，非常受用，宋朝繁不繁荣咱不管，享受那是必须的。

既然要撒开了享受，住的地方首先不能太寒碜，赵佶对现有的皇宫很有意见，住房面积太小，装修不够豪华，简直就是经济适用房。

崇宁二年，赵佶即位后的第四个年头，皇宫内就开始了轰轰烈烈的扩建工程，当年便新修了景灵宫和元符殿。又过了一年，赵佶又借着推崇大禹立九鼎的传说，铸造了九个大鼎。新铸的大鼎自然不能像一大坨废铜一样堆在角落里，于是，在太乙宫的南面，九座富丽堂皇的大殿拔地而起，每座宫殿里分别置放一个大鼎，象征九州大地，号称九成宫。

正所谓，人的生命是有限的，对住房面积的追求却是无限的。很快，赵佶又不满意了，什么景灵宫、九成宫，无非是在原有基础上的小搭小建嘛，这回必须再来个大手笔。

政和四年（1114），规模庞大的新延福宫修建工程开始了。按照业主赵佶的要求，包工头蔡京在大内北拱辰门外划定了一块新的宫城区，不计成本地大肆营造新宫殿。为了保证工程质量和进度，蔡工头创造性地引入了竞争机制，他将工程分包给五名内侍，让他们分别负责一片区域的营造工作，互不隶属，就看谁造得有新意、速度快。

政和六年（1116），延福宫落成，宫内以遍布精致华丽的殿阁著称，史载"计有穆清、成平、凝和等七殿，东有春锦、芬芳、寒香等十五阁，西有繁英、琼华、绿绮等十五阁"。其中，宫里面还叠石为山，凿池为海，移植了大量珍贵花木，最绝的是，居然还设置了鹤庄、鹿砦、孔翠几个木栅，顾名思义，那里分别圈养着白鹤、鹿、孔雀等珍禽异兽。每当夜深人静之时，延福宫里禽兽啼叫声四起，使人宛如置身山林之间，连动物园的门票都省了！

此情此景，如果大宋朝前面几位皇帝泉下有知，肯定会咬着牙感叹一句：这孙子真会玩，老子算是白活了！

不过，赵家的几代君主还真不忙着着急上火，这年头，真是贫穷限制了想象力。赵佶的住房改善计划还远未停止，过几年，一项更加挑战想象力的工程将要上马，到时候，那些太祖、太宗别气得从陵墓里蹦出来就行。

房子已经换豪宅了，吃穿用度自不必说，什么玉制酒器，黄金餐具之类，可劲儿地上吧。关键是人家赵佶不仅讲究气派，还讲究品味，光材质昂贵还不够，必须精心雕琢得像艺术品才行。

比如，宫里的常用物品蜡烛，之前采用的是河阳花蜡烛，也算是蜡烛中的上品了，可赵佶嫌它没香味，格调不够，通通扔进了垃圾堆。于是，下人们费尽心思研发了一种新型香蜡烛，特意将龙涎、沉脑（高级香料）灌注到蜡烛内，点燃后不但明亮，而且香味四溢。就这样的蜡烛，一次要点上百根，那场面，顺着香味就能让你闻到铜钱的味道。

吃穿住行升级了，服务人员相应也得增加。

到了赵佶的时代，皇宫里的宦官、宫女数量也呈几何级数暴增。早年，宋太祖赵匡胤刚建国的时候，后宫里的宦官少得可怜，不过区区 50 人，后来仁宗朝虽然有所增加，但也不过 180 人，而到了哲宗朝的时候，还一度裁减到 100 人。可赵佶即位后，宦官数量攀升到了1000 多人，是之前的足足十倍！相比宦官，宫女的数量也由太祖时期的 300 多人，一下子猛增到了 10000 多名！

竭天下之力，奉一人之欲，说的就是这种情况。

赵佶是一个爱闹腾的主，光自己讲究吃穿住行远远不够，还得有人陪他一起傻乐。组织各种节庆是赵佶非常热衷的活动。

元宵节是宋朝最重要的节日之一，当时又称上元节。上元节最重要的活动是观灯，本来民间在过节的时候一起乐呵一下也没什么，可赵佶一参加，事情就变味了。

为了让赵佶高兴，京城每逢上元节，都要大张旗鼓地扎灯山、搭戏台，请各地的演出班子来宣德门前表演。到了正月十五当晚，赵佶还会在后宫人员的簇拥下，到宣德楼上撒金银铜钱，看百姓抢钱取乐。其他，诸如乞巧节（七夕）、端午节都在赵佶的关心下，玩出了新花样。

传统节日如此，赵佶的生日就更疯狂了。十月十日是赵佶的生日，号称天宁节。赵佶为了让天下臣民都祝他生日快乐，下令全国各地州郡都要设筵庆祝。

没钱？没关系，给每个州发放公使钱！

以庆祝皇上生日的名义公款吃喝，这种命令执行起来自然毫无障碍，各州官员趁机大肆铺张，一个比一个奢靡（浮侈相夸，无有艺极）。

地方上如此，京师作为祝寿的主战场，还要复杂得多。庆祝活动的彩排早在九月间就得开始。到了十月八日，宰执大臣先后率领百官到相国寺、尚书省吃喝（赐宴）庆祝。到了十二日，再由宗室亲贵会同百官入宫祝寿，边胡吃海喝，边听教坊乐人奏乐表演。赵佶非常享受这种众星捧月的感觉，至于这个超级大派对要耗费多少钱财，那根本不在他的考虑范围之内。

除了自己享受，赵佶出手也很阔绰，只要看谁顺眼，动不动就送豪宅、送巨款、送田产，往往出手一次就耗费几十万缗（一缗价值一千文）。

这是什么概念呢？当时一个中等水平的州，一年上交朝廷的赋税也不过三十万缗！

至于其他珍贵器物，赵佶也是崽卖爷田不心疼，从太祖赵匡胤开始费尽心思搜集的北珠（产于北方的珍珠，价值连城），太宗赵光义用于赏赐功勋重臣的金带，到了赵佶那里，只要一高兴，就随手赏给身边的宠妃佞臣。

就这么点东西，毛毛雨啦。

赏赐东西毕竟是一次性支付，最麻烦的是赵佶还喜欢滥发官帽，什么宦官、仆隶只要把赵佶哄开心了，都可以给你发一顶大大的官帽。据统计，赵佶在位期间，获封节度使的多达八十余人，学士、待制多达一百五十余人，留后、观察与遥郡刺史多至数千人。这些官衔，地位尊崇，待遇极高，一旦到了领工资的时候，那可都是真金白银。

在赵佶的努力下，朝廷的财政开支呈直线上升。左藏库是收储各地财赋收入的国库，过去一月开支 36 万缗，到了赵佶这里，达到了 120 万缗，一连翻了两番！变法以来积蓄的大量钱财，很快被挥霍一空。

此时的赵佶，颇像一个毫无节制的富二代，唯恐自己不能耗光祖辈好不容易留下来的基业，更可怕的是，他并不是富二代，而是一个拥有无限权力的"帝二代"。

他不但有权力花钱，还有权力搜刮钱。

为了维持自己的荒唐生活，赵佶纵容下属设立了名目繁多的新机构，什么应奉司、御前生活所、营缮所、苏杭造作局、御前人船所、行幸局等，所有的机构都只有一项任务：搜刮钱财。

到了这个时候，也无所谓什么新法旧法了，敛财才是第一要务，滥发钱币、增卡设捐、加重赋税……凡是能想到的捞钱花样都蹦了出来。愿意替赵佶办缺德事的人当然也不是善茬，趁机中饱私囊也属必备项目。

不得不说，赵佶是一个全面发展的纨绔子弟，该办的破事他一件都不会落下。好色，几乎是古代君王的通病，赵佶也一样——寡人有疾，寡人好色。

赵佶后宫的嫔妃数量一直是个谜，按照《靖康稗史》的说法，他七天就要换一个新鲜，而且哪位女人被"幸"一次，就可以提升一级。中国历史上，一些皇帝子嗣繁盛，比如唐明皇李隆基、清朝的康熙帝，两人子女数量均在五六十之间，而赵佶则以不到两人一半的在位时间，创造了八十个子女的最高纪录！

我们说过，赵佶与其他君王不同，他是一个特别喜欢尝试新花样的玩主。所以，尽管宫内佳丽众多，却依然不能满足他的欲望。很多时候，他更喜欢穿着便服，乘着小轿，在内侍的引导下，穿梭于京城的花街柳巷，伺机寻找新的猎物。

微服狎妓是赵佶的标志性活动，关于他的风流韵事，如果要编排出来，咱们的下半部作品就得变成言情小说。

普通的腌臜事情就不多讲了，咱们单说赵佶和李师师的故事。

李师师太有名了，关于她的事迹记载层出不穷，若光论数量，恐怕连"故事大王"苏轼都自叹不如。正规史料《三朝北盟会编》《续资治通鉴长编拾补》里有她，《大宋宣和遗事》《东京梦华录》《墨庄漫录》《耆旧续闻》等近十种野史笔记里也有她，有一个无名氏还专门为她写了一本《李师师外传》。

李师师原来并不姓"李"，也不叫"师师"。她本是京城开封一个染匠的女儿，母亲刚生下李师师就因为难产去世了。按照当时的习俗，遇到孩子降生，母亲难产而死的情况，就要把孩子送到佛寺里去，以消除罪孽。于是，父亲就把李师师送到了京城的宝光寺，因为凡佛家弟子，俗称为"师"，这才有了"师师"的称谓。

李师师四岁的时候，父亲也不幸去世，她被一个姓李的歌妓收养，这才有了大家所熟知的称谓"李师师"。

李师师长大成人后，出落得靓丽无比，同时天生一副好嗓子，唱起曲子来"歌喉婉转，余音绕梁"，逐渐成了享誉京师的歌妓。

李师师的名声很快传到了赵佶的耳朵里，惹得他屁颠屁颠地赶去与之私会。这一会，赵佶立刻被李师师的美貌和风情迷得不能自拔。好在赵佶毕竟是天子，办事少了很多中间环节，就这样，李师师便成了赵佶的宫外情人。

据说李师师也是有丈夫（更有可能是情夫）的，而且还是一个小官。这位小官自然不敢和天子去理论，但又咽不下这口气，居然填了一首词进行讽刺，其中有一句"报道早朝归去晚，回銮。留下鲛绡当宿钱"。意思是赵佶寻芳猎艳，耽误朝政，还留下一束绢帛当作嫖宿钱。

赵佶听说了"留下鲛绡当宿钱"一句，气得要把李师师的丈夫斩首，幸亏有人说情，最后才将他贬到海南了事。后来，李师师被召入宫内，还被册封为李明妃，她所住过的金线巷也被改称为小御街。

关于李师师的那些事儿，各色版本还有很多。有一个著名的段子说，李师师还曾和著名词人周邦彦好过，有天两人刚在腻歪，赵佶偏偏来了，吓得周邦彦在床底下躲了一个晚上。趴在床底的周邦彦也没闲着，还根据赵佶和李师师的对话填了一首词，结果又惹得赵佶羞愤交加。

不过，这事儿的可信度并不高，只因情节过于戏剧化，反而在民间流传很广。至于《水浒传》里，李师师为宋江等人游说赵佶的事情，那就更没影了。

关于李师师的结局，说法甚多。有说金兵攻入汴京，她流落民间，嫁给商人的；有说受到金军主帅胁迫，吞金簪而死的；也有说她出家做了道士的。

以上传闻早已无法考证，事实上，她的故事，也不过是给那段昏暗的历史增加了一点佐料而已。


自崇宁元年至宣和七年（1125），二十多年里，赵佶一直过着纸醉金迷、声色犬马的生活。上行下效，在赵佶的放任和纵容下，一批跳梁小丑纷纷粉墨登场。


# 弄 臣


要说奸佞小人，历朝历代都会冒出几个，但架不住赵佶独具慧眼，特别擅长反向挑选人才，当政期间此类"人才"呈井喷式涌现，他们充分发挥自己的业务特长，帮助赵佶把这个千疮百孔的帝国折腾得奄奄一息。

由于赵佶为我们遴选的人才太多，咱们只能挑重点说。当时，名气最大的主要有六个人，人称"六贼"。

先说第一个，老贼蔡京。

要说蔡京是徽宗朝的头号奸臣，估计没有人会提出异议。

自从崇宁元年入相开始，一直到赵佶从皇位上跌落下来，蔡京忠实地陪伴赵佶走完了全过程。其间，蔡京在相位上四进四出，偶尔离开权力核心，但总是过不了多久又被召回复用。

大观二年，蔡京第二次入相的时候，六十二岁的蔡京还被加封了太师的头衔，蔡太师的称谓由此而起。

按照以往惯例，太师、太傅、太宰这种"三公"尊称一般只用于荣宠已经退位或过世的功勋重臣，而蔡京却靠着溜须拍马，取得了史无前例的荣耀（始以三公任真相）！

由于赵佶不管事，蔡京当权后，朝政大事基本上由他说了算。为防止某位大臣专权，宋朝的政治制度中，原本设计了许多分权制衡的环节，一项命令的出台，哪怕是宰相提出了明确意见，也必须经过层层把关。中书舍人有权封缴，门下省的给事中有权驳正，哪怕任命文件发下去了，台谏也可以提出异议。

政事到了蔡京这里，那就变成了书法艺术交流工作。操作手续变成了蔡京按照赵佶的语气拟成诏书，再由赵佶抄写一遍，然后直接发下去执行，后面的事情纯粹就是走程序。赵佶也特别乐意别人欣赏他的书法作品，甘于当蔡京的人肉抄写机，至于诏书上的内容，只要不干涉他的娱乐生活，写啥都不打紧。

蔡京只手遮天，一些没骨气的败类都争着向他献媚。蔡京也很拼命，充分发扬了敢于贪污、勇于受贿的不要脸精神，直接把权力当作私人财产，公开叫卖。别人是以单位为家，蔡京却是以家为单位，弄得蔡府大院比宰相办公的政事堂还要热闹，进出人员如过江之鲫，川流不息。

正所谓一人得道，鸡犬升天。蔡京显赫后，将自己的党羽故旧、姻亲子弟不是安插到要害部门，就是安排清闲美差，而傍上蔡京大腿的人，又纷纷援引自己的子孙、亲戚。这些人盘根错节，朋比为奸，一时间朝廷内外都成了蔡京的私人领地。

最夸张的是，蔡京将自己的六个儿子四个孙子通通捧到了执政、侍从的高位。长子蔡攸官至宰相，五子蔡絛（tiáo）还娶了赵佶的女儿为妻。要说蔡家也确实有意思，长子蔡攸权力欲比老爹还大，得势后甚至开始和老爹争宠，爷俩一度闹得关系十分紧张。

至于蔡京的奢侈腐化，那也不是一般人能比的。赵佶生日的时候需要天下人为其庆贺，蔡京也差不多。每到老蔡生日，那些靠他爬上来的官吏都要将成堆的礼物往蔡府送，美其名曰"生辰纲"。

所谓"纲"，是指成批运送的货物，一般以十船货物为一纲。所以说，《水浒传》里"智取生辰纲"的桥段虽不是史实，却也有着现实依据。

关于蔡京的奢华生活，当时还广泛流传着一个段子。

据传，京师有人买了一个女子做小妾，一打听，发现那个女子曾经在蔡府的厨房里做过包子。女子的丈夫想让她做一次蔡府包子，也好享受一下宰相待遇。没料到女子回答，这包子她并不会做。丈夫仔细一问才弄明白，原来女子在蔡府厨房中只负责一个工作环节——切葱丝！

照此情形推理，敢情蔡府厨房里面要做一次包子还得细分成好几个工作组，和面的、制馅的、配料的、蒸煮的，等等，女子应该只是配料组下面的一个小角色。

乖乖，在十二世纪初的农业社会，老蔡居然实现了如此精细的劳动分工专业化，怎不令人叹为观止？

话说过来，我还想再劝吃货一句，就算你掌握了制作蔡府包子的全部诀窍，也未必吃得起。因为蔡京爱吃的可不是大肉包、豆沙包，而是精心制作的蟹黄包。据说，他光吃一顿蟹黄包，就要耗掉四十户中等人家一年的收入！

所以，吃蔡府包子这个事情，普通人想想就好。那位男子也不用遗憾，没事让小妾切几根葱丝尝尝，权当弥补一下心理落差。

除了蔡京，赵佶最宠信的人要数童贯。

前面提到过，童贯是一个宦官。不过，单从外形上看，童贯长得非常魁梧健硕，脸上甚至还留着稀疏胡须（状魁梧，伟观视，颐下生须十数），和其他宦官有着明显区别。后来经人考证，童贯其实还娶了老婆，甚至不止一个。

出现以上状况，倒不是怀疑童贯宦官身份的真实性，一切都是因为他入宫的时间比较晚。一般人要加入宦官之列，都要在未成年之前入宫，并接受那致命的一刀。

而童贯本是一个有志青年，只因找不到出人头地的机会，直到二十来岁才下狠心进入这个高风险行业，所以才保留了一点男性特征。

童贯的发迹，主要依靠两个人。一个是我们前面提到过的大宦官李宪。李宪带兵打仗的时候，童贯也跟在军旅中效力，积累了一定的政治资本。

第二个人就是蔡京。蔡京和童贯应该属于相互利用的关系。我们也说了，蔡京是靠着童贯的帮忙，才重新进入了赵佶的视野。后来蔡京发达了，也没忘了童贯，两人相互吹捧，相互提携，用自身的实际行动生动地向世人诠释了什么叫作狼狈为奸、蛇鼠一窝。

童贯官至节度使，办起事情来和蔡京有得一拼，一样的奢靡腐化，一样的以权谋私，人们称蔡京为"公相"，称童贯为"媪相"。

养着这样一对"卧龙凤雏"，朝政能好才怪。


第三号贼人，叫作梁师成。

梁师成本是一个小宦官，只因擅长书法而得到赵佶的宠信。梁师成其实只会写写画画，并没什么大学问，却非常喜欢标榜自己，甚至对外宣称自己是大文豪苏轼的弃子。为此，元祐党禁的时候，苏轼的作品被竞相禁毁，梁师成还为此向赵佶说过情。不过，除了保护苏轼作品之外，梁师成就没办什么正事。

刚得宠的时候，赵佶曾命梁师成代自己起草诏令，他也顺便在里面夹杂点私货。干着干着，梁师成贼胆越来越大，后来居然摹仿赵佶的笔迹发布命令，俨然成了皇帝的代言人。

赵佶也是糊涂透顶，不但不管，还不断为梁师成加官进爵，让他一路做到了开府仪同三司、淮南节度使、少保，真是恩宠无比，连蔡京也不敢小觑他，人称"隐相"！

梁师成办的最大一件破事是主持修建"艮岳"。

前面说过，赵佶为了住得舒服，修建了极尽奢华的延福宫，不过他还不满足，又在京城东北修建了一处皇家园林，定名"艮岳"，也称万岁山、寿山。

艮岳周长约6里，面积近750亩，从政和七年（1117）开始修建，一直修到了宣和四年（1122）。对于这个包罗万象的园林，我本想好好地在此记录一下，但坦率地说，自从看了史料后，就丧失了记录的勇气，因为这里面的景点设置实在太烧脑，根本没法概括，全部抄下来，又怕大家指责我偷懒。

最后，我只好为大家摘录几个景点名称，其他的东西，大家就自己脑补吧：

绿华堂、紫石岩、揽秀轩、雁池、西庄、巢云亭、濯龙峡、万松岭、倚翠楼、胜筠庵、蹑云台、萧闲馆、杏岫、黄杨巘、丁香嶂、椒崖、龙柏坡、斑竹麓、梅岭、瀑布屏、朝天磴、海棠洲、药寮、万寿峰……

是的，这个园林中，有峰、岭、坡、丘，有湖、池、溪、涧，有亭、台、楼、榭，有桥、轩、廊、壁，有谷、隘、道、瀑，有木、石、花、草，有鸟、兽、虫、鱼，穷尽了各种景致、各色建筑的精华，堪称阆苑仙葩式的人间胜境。

这还没完，最后再说一下艮岳中两处活动景观。

第一个叫"珍禽迎驾"。这一招有点像巴甫洛夫的条件反射实验，就是派人经常在艮岳的石山上投放食物，引得周围的飞鸟前来啄食。再过一段时间，就命人先吹口哨，再投喂鸟食。如此往复，很多鸟只要一听到哨声，就会成群飞来争食。最后，等到赵佶前来游玩的时候，只要吹个口哨，飞鸟就会铺天盖地地来到艮岳，美其名曰"珍禽迎驾"。

第二个叫"贡云献福"。这回马屁精们成功将智慧从生物学领域转移到了化学领域。他们特制了许多油绢囊，悬挂在山间的悬崖上，任其收集山间的雾气。接着，再用水将油绢囊打湿，据说，这样一来，油绢囊里的雾气就不会液化成水。最后，等赵佶一到，绢囊打开，艮岳中顿时会变得云雾缭绕，此所谓"贡云献福"。

对于以上种种奇葩创造，我只能感叹一句，有这脑子，用在什么地方不好？

再说说第四号贼人，朱勔（miǎn）。

朱勔本是苏州的一个市井无赖，只因结识了蔡京才得到任用。朱勔得宠的手段和上面的艮岳还有点关联，因为，修建艮岳需要搜集天下的奇花异石，所以就得有人专门操办此事，朱勔便是"花石纲"的始作俑者。

筹办"花石纲"是一件非常扰民的事。在朱勔的强势推行下，官府酷吏到处搜求，看中哪处的石头、树木，直接贴上一张黄纸，运走！如果有谁反抗，或者没保护好被看中的物品，一律缉拿严办！

当然，拿点东西还不是最恶心的事情，最麻烦的是运输问题。如果只是运一点小花小草，那还好说，可一旦碰到了参天巨树和摩天巨石怎么办呢？

以当时的条件，要把一株巨树或一块巨石从千里之外运到开封，无疑要耗费巨大的人力物力。

比如，朱勔曾在太湖中搜罗到一块巨石，大约有十五米高，需要近百人才能将其环绕，如此庞然大物别说运了，就是晃动一下也很难办到。

朱勔先为此特意打造了巨型船只，然后又以大木头做滚轮，耗尽千人之力才把大石装上了船。接着船只沿着长江、运河一路往北走，遇到了吃水浅的地方，就挖深河床；遇到河道窄的地方，就挖宽河道；遇到了低矮的桥洞、水门，就通通拆毁，强行通过。待好不容易把石头送上了陆地，又遇到了低矮的城门，也不打紧，继续拆！

反正，巨石所到之处，人挡杀人，佛挡拆佛。

这还只是花石纲中的一个小片段，很多时候，为了完成运输任务，大量民夫不仅承担艰苦的劳役，还要冒着付出生命的危险。尤其是一些海路运输中，遇到风暴，船毁人亡的事故也没少发生。

第五号贼人叫王黼（fǔ）。

王黼，字将明，汴京人氏，他原名叫王甫，因为和东汉的一个宦官同名，所以将"甫"改成了"黼"。东汉的王甫是十常侍之一，臭名昭著。从后来发生的事情看，此王黼和彼王甫倒也差不多，改名纯属此地无银三百两。

王黼是崇宁年间的进士，原本只是一个不起眼的小官，但凭借着过人的谄媚本领，很快在官场里混出了名堂。王黼先是巴结蔡京，替他攻击政敌，骗到了御史中丞的高位，后来见梁师成得势，又恬不知耻地"事之如父"，从而进一步进入宰执之列。

王黼为讨皇帝欢心还设置了应奉司，这个机构专门负责为赵佶搜罗稀奇古怪的玩物，什么珍器宝物、鸟兽虫鱼、花花草草、美味佳肴，不管活的、死的，吃的、穿的，只要是稀罕物件，都可以贡献上来，越稀有越出彩。在王黼的索求下，各地拉往京城的东西是络绎不绝，一时间，"绝域之异，充于内圃；异国之珍，布于外宫"。

为了哄赵佶开心，王黼脑洞大开，竟然效仿南朝齐废帝萧宝卷，在宫中设立集市，他自己兼任市场管理员（市令），让赵佶在里面扮成商贾游戏取乐。

王黼把赵佶哄得团团转，自己的地位也水涨船高，在蔡京短暂罢任期间，他一度出任宰相。自然，这位老兄在声色享受和买卖官帽方面，也和蔡京没什么大区别。


最后一个贼人叫李彦。

李彦也是一个宦官，他的故事要从另一个恶心人物杨戬说起。杨戬曾是主管大内的宦官，为了搜刮供赵佶挥霍的钱财，创制了臭名昭著的"西城所"，随意查勘民间地契，凡是发现没有地契的，就强迫耕种者交税，如果发现荒地，就强迫百姓耕种。不想种？可以，租税照交就可以。

杨戬死后，李彦继任大内总管，做得比杨戬更狠，只要是看中的土地，直接划入西城所，连有没有地契都不管了，而且租税更高，手段更残忍，谁若反抗，立刻磨刀霍霍。很多可怜的百姓，早上还是富户、中产，一夜之间就变成了流离失所的难民。

对于这种货色，骂他为"贼"已经太客气了，分明是强盗！

介绍完六位极品人渣后，很多朋友可能要急着问我了，怎么就没有那个人呢？你确定没搞错？

当然，我也知道，大伙心中的那个人是谁，没关系，咱为他开一个小灶。

高俅。

高俅之所以爆得大名，一是沾了《水浒》的光，二是因为从事了一项令很多中国男人爱恨纠葛的运动。

说起来，高俅的发迹还跟苏轼有一些关系。

在讲述苏轼经历时，我们曾说过，他的朋友圈里有一个好友——驸马王诜。对，正是好心为苏轼编文集，却差点害苏轼丢掉小命的那位。而王诜的朋友圈里，又有一个人——赵佶。

当然，那个时候，赵佶还只是个亲王。

后来，高俅在苏轼的推荐下，成了王诜的随从。一天，王诜派高俅到赵佶的王府送一把篦刀。正巧，当时赵佶正在园中和下人踢球（蹴鞠）。

众所周知，高俅的强项，正是踢球。

估计是球踢到界外的时候，高俅秀了下脚法，引起了赵佶的注意，也被招呼到场上一起切磋。史料没说高俅上场后的具体表现，但想必是十分惊艳的，如果弄出几次停球十米远、解围变助攻之类的情况，那也就没后来的故事了。

看完高俅的试训效果后，赵佶当场拍板：这小子不错，转会到我这里来吧！

端王要的人那还用说？王诜立刻表示同意：放行，自由身转会！

赵佶当上皇帝后也没忘了自己的好队友，将他数次破格拔擢，一直提拔成了节度使、使相，成为掌管禁军殿前司的高官。

高俅掌管禁军后，把军队当成家丁，能打仗的猛男不招，专挑一些技艺工匠为自己干私活，至于平时的训练，只要你给足钱，天天睡懒觉都没人管。至于克扣军饷、吃空额等保留项目，高俅自然也不会客气。

不过，话说回来，以高俅的所作所为，虽然要打差评，但比起前面几位，确实不算一个量级。再者，人家至少球技还要比某些队员好很多嘛。

从王诜、高俅的故事中，我们还可以得出一条人生经验，干闲事也要小心谨慎，说不定你的一个普通举动，莫名其妙地就改变了历史。

# 第十六章 海上之盟

## 女真崛起

赵佶成为宋朝第八任君主时，老邻居辽国也发生了皇位更迭。大宋建中靖国元年（即辽寿昌七年，公元 1101 年），辽道宗耶律洪基去世，孙子耶律延禧即帝位，是为辽天祚帝。

耶律延禧和赵佶即位时间差不多，两人的做派也很相像，史称"崇信奸回，自椓（zhuó）国本"。简单地说，他就是一个辽国版的宋徽宗，唯一的区别是赵佶喜欢玩点文艺，耶律延禧则特别热衷打猎，反正都没正形。

正当赵佶和耶律延禧一南一北，比赛谁比谁更昏聩荒唐之时，一个可怕的敌人正从东北平原的白山黑水之间悄悄崛起。

女真人。

女真是我国东北地区的一个古老民族，主要居住在黑龙江下游、松花江、乌苏里江流域以及长白山地区。

女真人的祖先可以上溯到先秦时的"肃慎"，两汉时期的"挹（yì）娄"以及南北朝时的"勿吉"，到了隋唐时期，又改称"靺鞨（mò hé）"。靺鞨一开始有很多部落，其中最主要的有两支，分别叫作"粟末靺鞨"和"黑水靺鞨"。粟末靺鞨全盛时期曾建立了一个叫作渤海国的国家。

到了五代时期，契丹人的辽国出现了，粟末靺鞨和黑水靺鞨都沦为辽国的附庸。就从那一刻起，黑水靺鞨换了一个新名称——女真。

辽国为了更好地控制女真族，在征服之初，就将其中的一部分强宗大姓迁移到了辽阳以南，编入辽国户籍进行管辖。这部分女真人与契丹人、汉人杂居在一起，被称为"熟女真"。而留在原地继续过着原始生活的女真人则被称为"生女真"。

生女真散居在深山大谷中，气候环境恶劣，生活水平不能和熟女真同日而语，但这也使他们养成了勇猛强悍、吃苦耐劳的品性。同时，由于生女真和外界接触较少，他们依然保留了本民族特有的习俗和制度，有着极强的独立意识。

到了十一世纪，生女真逐渐形成了以完颜部为核心的部落联盟，完颜部的首领被辽道宗授予"生女真部族节度使"的称号。又过了一段时间，完颜部经过几代首领的努力，完成了女真各部统一，占有着黑龙江下游一带的广大地区。

伴随着女真的兴起，他们和辽国统治者的矛盾不断加深。

作为被统治者，女真人每年都要向辽国上贡大量土特产，什么马匹、人参、蜜蜡、貂皮等，不但数量庞大，而且还有极为苛刻的质量要求。同时，辽国还在边境地区设置市场，此类市场和宋辽边境的互市可大不一样，那里没有自由贸易、等价交换原则，只有辽国贵族的强买强卖和巧取豪夺，很多女真人吃了哑巴亏却敢怒不敢言。

辽国派到女真地区收取贡品和赋税的官员，因为身带辽朝皇帝颁发的银牌，常被称为"银牌天使"。银牌天使名为天使，干的却是魔鬼的勾当。他们到了女真部落，不但任意勒索物品，甚至还要求女真人选出姿色出众的女子陪睡，名曰"荐枕"。这项奇葩制度让女真人感到遭受了奇耻大辱。

值得一提的是，在辽国的蛮横勒索中，最令女真人头痛的是一种叫作"海东青"（即矛隼）的贡品。

说起来，这事还和宋朝有关联。

一直以来，宋朝的权贵子弟都喜欢一种产于北方的珍珠（即此前所说的"北珠"），谁如果得到一个品相好、个头大的北珠，那就好比买到了一个限量版包包，非得到开封大街上嘚瑟两圈才行。按照经济规律，市场需求强烈，商品价格必然猛涨，而商品价格猛涨，产能必定需要提升。

为了从宋朝土豪手中赚点钱花，辽国人想方设法开拓货源。于是，一条奇怪的产业链诞生了。

要想获取北珠，就得找到孕育北珠的珠蚌；要想获取珠蚌，就得找到以珠蚌为食的天鹅（天鹅食蚌后会将珍珠留在嗉囊中）；要想逮住天鹅，就得获取擅长捕猎天鹅的海东青。

现在，大家应该明白过来了。其实，海东青也就是一种特产于辽东的猛禽而已，只因它能帮助狩猎者捕捉天鹅，才成了竞相购买的奇货。

既然海东青产于女真辖区，那么辽国人摊着双手向女真人索取海东青也就"合情合理"了。

问题是海东青栖居在边远地区，想要抓到并不容易，女真人为此非常头痛。

女真人对辽国的不满情绪越来越强烈，愤怒的火焰在他们心中不断积累，犹如蛰伏的火山，随时都可能喷涌而出。

时间到了辽国天庆二年（1112）。这年二月，耶律延禧亲自来到辽东地区渔猎游玩，按照辽人的说法，这项活动叫作"春捺钵"。

辽国皇帝有四季外出游猎的习惯，称为"四时捺钵"。"捺钵"的时候，凡是皇帝所到之处，附近的部落首领都要来贡献物品，陪吃陪玩。

这一回，女真各部落的首领都赶来朝拜，耶律延禧玩得很开心，还举办了一次"头鱼宴"。

头鱼宴是当地的一种风俗，是为了庆祝春季捕获的第一条鱼而举办的宴会。直到现在，我国东北的某些地区仍然保留着头鱼宴的风俗。

在头鱼宴上，耶律延禧摆起了谱，要求前来朝拜的女真部落首领为自己唱歌跳舞助兴。那些女真首领虽然心里一百个不情愿，但也没办法，还是硬着头皮比画了一下。可是，当轮到一个女真人跳舞的时候，事情卡壳了。

这位四十来岁的女真人和其他部落首领不同，神情严肃，昂首站立，脸上见不到一丝谄媚的笑容，他明确拒绝了耶律延禧的要求，表示自己并不会歌舞。

耶律延禧和陪同的辽国贵族劝了好几次，可这个女真人就是不肯答应。耶律延禧觉得自己被拂了面子，气得要杀掉眼前这个不识好歹的家伙。幸亏一旁的北院枢密使萧奉先说情，才让耶律延禧打消了杀人的念头。

头鱼宴中这个不愉快的小插曲很快过去了，耶律延禧也没把这事放在心上。

不得不说，历史有时候就是这样波谲云诡，往往一件偶然的小事，就会对此后的历史进程产生不可估量的影响。

若干年后，当耶律延禧再想起那个不肯跳舞的女真人，他早已把肠子悔青，恨不得将那个说情的萧奉先碎尸万段、挫骨扬灰！

这位倔强的女真人有着一个大家都熟悉的名字——完颜阿骨打（汉名完颜旻）。

为方便讲述，我们姑且简称其为阿骨打。

阿骨打硬刚辽人的行为，为他在女真人中博取了很高的威望，仅仅过了一年，他就被推举为女真部落联盟的首领，人称"都勃极烈"。

勃极烈是阿骨打所创立的一项政治制度。勃极烈，就是领袖的意思。最高首领称为"都勃极烈"，其次还有谙版勃极烈（皇储）、国论勃极烈（国相）、阿买勃极烈、昃勃极烈等，凡是关于女真族的重大事务，都由几个最有势力的勃极烈共同商讨决定。

同时，女真族还有管理自身事务的官员，民事官员称为"孛堇"或者"忽鲁（意为大孛堇）"，军事官员则有猛安（千夫长）和谋克（百夫长）。

可见，此时的女真部落联盟已经具备了简单的组织体系，隐然已是一个半独立的政权。

阿骨打是一个极富智慧和野心的首领，他不甘于女真人世代屈膝辽国，决心带领族人干一番轰轰烈烈的事业。

辽天庆四年（1114）九月，阿骨打聚集部众，历数辽人的罪恶，在涞流水（今吉林松原拉林河）河畔宣布誓师反辽。

阿骨打勇敢地竖起了反辽大旗，可当时他麾下所拥有的军队却非常有限，满打满算也就两千五百人。

两千五百人横挑一个辖区面积比宋朝还大的帝国，在外人看来无异于以卵击石。

然而，战争的结果再一次偏离了人们的预想，甚至超乎阿骨打本人的最初构想。


阿骨打选择辽国的军事前哨宁江州（今吉林松原石头城子）作为首个攻击目标。

当女真人向宁江州进军之际，耶律延禧还在庆州（今内蒙古巴林右旗）打猎，当他听说女真人反叛的消息，只当是局部地区的小骚乱，根本就没在意。

女真攻击宁江州的行动很顺利，很快就将其拿下。这场胜利稍稍引起了耶律延禧的重视，他决定部署七万大军前去讨伐。

但得到命令的辽国将领依旧没把女真人当回事，军队集结的过程拖拖拉拉，士卒毫无斗志，第一波赶到前线的军队也就一万人，隔着鸭子河（今吉林、黑龙江二省的松花江）与女真人对峙。结果，阿骨打连夜渡河偷袭，把正在梦乡里的辽军揍得满地找牙。

此战过后，阿骨打麾下的军队已经达到了一万人。此时，契丹人的大脑里不约而同地浮现出一句民谚——女真不满万，满万不可敌！

十一月，阿骨打乘胜追击，相继攻克宾州（今吉林伊通河与松花江合流处一带）、祥州（今吉林农安县东北）、咸州（今吉林农安、辽宁开原一带），取得了一连串军事胜利，聚集在他麾下的军队越来越多，很多受到辽国欺辱的其他部族也纷纷前来依附，实力如滚雪球一般飞速膨胀。

辽天庆五年（1115）正月，阿骨打在众人的拥戴下，在会宁府（今黑龙江哈尔滨阿城区）称帝建国，建元"收国"。他自豪地宣称："辽国以镔铁为号，取其坚硬之意，可镔铁纵然坚硬，终究也会朽坏，唯有金百世不变。"

为此，阿骨打将新建的帝国命名为"金"。

接下来，我们即将进入一段三国纠缠纷争的时代，为了方便讲述，我们统一以宋朝为纪年，并称女真为金国人。

两百年前，当契丹族的传奇英雄耶律阿保机建立辽国的时候，在汉人眼里，那是一个兵民合一，具备强大军事动员能力和战斗力的政权，他们硬朗嗜血的作战风格让中原军队为之侧目，那些来去如风的铁骑更是中原汉人的噩梦。

然而，时过境迁，经过两百年来的民族融合、文化交流，昔日彪悍的契丹人也渐渐褪去了草莽野性。在辽国上层贵族中，学儒家文化，穿绫罗绸缎成为高雅时尚，而无所事事的军队却因此失去了实战机会，战斗力直线下降。

反观女真，活脱脱一个昨日的契丹，他们生于艰苦边地，在生存中锤炼了坚韧的品性，唯一的欲望就是用手中的刀剑去掠夺更多的土地和财富。他们人人上马为兵，下马为民，养兵的成本极其低廉，战争机器一旦运转，便势不可当。

历史轮回，现在是属于阿骨打和金国的时代，接下来，他们又赢得两场至关重要的胜利。

政和五年（1115），金军攻陷军事重镇黄龙府（今吉林农安）。耶律延禧这才感觉到事态的严重性，遂起兵十万（号称七十万）前来讨伐。但是，战斗还未打响，辽国大后方却出现了内乱，耶律延禧只能回师处理内部问题。阿骨打抓住机会，在护步达冈（今吉林榆树）一举击溃辽军。

政和六年，辽国的东京辽阳府（今辽宁辽阳）再次发生内部叛乱，阿骨打趁火打劫，拿下了辽阳府。

至此，金国已经将东北平原完全据为己有，开始和辽国分庭抗礼！

金国迅速崛起的消息很快也传到了宋朝。如何应对这个突然变化的"国际形势"，很快成了赵佶和臣僚们的热议话题。

## 三国外交

到十二世纪初，严格来说，中国的疆域内已经出现了罕见的四国割据的格局——宋、辽、金、西夏。考虑到西夏实力比较弱小，宋、辽、金成了舞台上的主角。

外界形势的变化很快成了大宋朝廷的热门话题。

北方的老邻居已经日薄西山，新兴的金国却是一轮朝阳红艳艳，如果你是宋朝的君主，接下来该怎么办呢？

目前来看，你的选择无非有以下三种：

第一种选择：躺平。他们爱怎么斗就怎么斗，关我甚事？从后面的结果来看，这个选择倒不失为优选。但事实上，赵佶和他的大臣不可能坐着时光机去未来瞅一眼，再回来做选择。而按照当时的情况，一般人都不会甘心做旁观者，这里牵涉到太多的利益。比如，辽国如果被干趴下了，那每年的五十万保护费还用不用交？如果金国和辽国长期对峙，新邻居会不会也来索要保护费？最关键，也是赵佶和臣僚们最大的一个心结是——能不能趁机要回"燕云十六州"？无论怎么说，不趁机掺和一下，都对不起摆在眼前的大好历史机遇。

第二种选择：帮助辽国抵御金国，支持这个选项的声音不是没有，有人认为咱们已经和辽国做了一百多年的好邻居，那些契丹人也和我们一样，温文尔雅，看着挺顺眼，怎么能说翻脸就翻脸呢？再者，那个新邻居看起来野蛮粗鲁，一旦做了北方新霸主，没准会收更多的保护费。

第三种选择：帮助金国灭掉辽国，这个选项的理由最充分。确实，咱和辽国是和平共处了一百多年，但那也是武力胁迫下的无奈之举，每年五十万保护费不是小数目，此时趁着金国崛起，破鼓乱人捶，先干趴下辽国再说。最重要的是，如果能借机收回燕云十六州，那是多么美妙的事情！

综合上面的意见，我们可以看出来，对于宋朝而言，联辽联金其实并不重要，那五十万岁币也在其次，最核心的问题在于"燕云十六州"的归属。

确实，收回燕云十六州，那是太祖、太宗想做而没有做到的事情！有了这块地方，宋朝就重新掌握了进入中原的通道，再也不怕北方骑兵长驱直入，这将省掉多少养兵的费用？又是何其光宗耀祖？

所以说，那块宝地虽然不是宋朝弄丢的，但作为正统的中原王朝，宋朝君臣从来都没忘记过这块土地，做梦都想将它重新纳入版图。

总而言之，如果单从外交利益来看，宋朝做出第三种选择当数合情合理。当然，很多人依然喜欢用结果来推导此种决策的错误，但我们必须要分清楚，决策是一回事，执行是另一回事。这回，我们的执行者是赵佶，而不是赵匡胤。

其实，宋朝算计辽国的事情，早在五年前就有了苗头。灭辽热情最高的人，是咱们的老朋友童贯。

在赵佶的提携下，童贯成了当时宋朝军队的实际掌权人。童贯曾领兵在西北立下一些战功，在众人的吹捧下，一直有点飘，总幻想着再立一个盖世奇功。

政和元年（1111）九月，宋朝使团出访辽国，童贯本没有外交任务，但为了探查辽国的底细，也充作副使加入了使团。

童贯还真没白跑一趟，在出使过程中，他遇到了一个叫马植的辽国人，得到了一个重大利好消息！

马植本是辽国的汉族官员，后因犯错受到排挤，在辽国郁郁不得志，就琢磨着另辟蹊径来改变人生。要说马植确实有一点战略眼光，他眼看着辽国上层越来越腐败堕落，敏锐地意识到"契丹必亡，女真必兴"，就寻思着为自己找一个新靠山。

当宋朝使团返程时，马植在卢沟桥附近偷偷约见了童贯，并将自己的想法和盘托出。为了增强说服力，他还添油加醋地告诉童贯，燕云地区虽然被辽国割走了一百多年，但人们还是心向大宋，就等着你带领宋军来收复呢，你只要肯来，那场面，肯定是锣鼓喧天、鞭炮齐鸣……

马植的话，半真半假，要说女真崛起，那是没错；要说辽国腐败无能，那是因为他没见过宋朝的腐败；要说燕云地区的百姓心向宋朝，那就有点主观臆想，对于平头百姓而言，谁让他们安居乐业就心向谁，人家才没那么高的政治觉悟。

不管别人怎么看待马植的判断，童贯听后反正是非常高兴。不过，因为当时女真还没和辽国开战，所以事情也没进入实际操作阶段。

到了政和五年，金辽双方已经撕破了脸，马植便秘密派人向宋朝送来了蜡丸信，表达自己弃辽投宋的决心。在童贯和蔡京等人的撮合下，赵佶接见了马植。

　　马植见了赵佶，极力鼓动赵佶早做准备，一有机会就出兵收复燕云十六州，还说如果等金国先动手，这事就黄了。

　　总而言之，机不可失，时不再来。

　　赵佶听后，觉得马植的建议很靠谱，对他赞赏有加，一高兴还给他赐了国姓。

　　需要说明的是，马植为了秘密行事，本已经改名李良嗣，现在得赐国姓后，就又变成了赵良嗣。

　　接下去，我们就以赵良嗣相称。


　　赵良嗣"联金复燕"的建议送到朝堂讨论，很多大臣还是提出了反对意见，理由是眼下辽金胜负形势尚不明朗，贸然破坏宋辽的"百年之好"，恐怕招来祸事。

　　事情在争议中耽搁了一年，情况很快又有了变化。

　　政和七年，辽朝苏州（今辽宁大连金州区）一些汉人为了躲避战祸，想乘船去高丽（今朝鲜）避难，没想到，途中遇到了大风浪，船只阴差阳错地漂到了宋朝的登州（今山东烟台蓬莱区）。

　　这群汉人见到宋朝登州官员后，大讲了一通辽金之间的战况。根据他们的描述，金国击败辽国，成为北方新霸主已是大势所趋。登州官员知道朝廷正密切关注着辽国和金国动态，听后立刻报了上去。

　　来自登州的密报让赵佶、童贯等人喜出望外，这份奏报正合他们"联金复燕"的心思。同时，这个偶然事件也让他们突然看到了一条联系金国的好路子。

　　当时，宋朝和金国尚未直接接壤，如果想要建立联络关系，势必经过辽国，十分危险。登州的密报，让赵佶等人眼前一亮。

陆路不行，咱们可以走海路。

事实上，很早的时候，就曾有女真人乘船横穿渤海海峡，从辽东半岛来到山东登州，登岸后用马匹换取汉地的生活物资。只是等辽国占领辽东半岛后，这条路被断绝了。

现在看来，这条海上交通路线已经重新畅通。既然以前它可以用来进行经济贸易，那么现在同样可以用来进行情报交流。

重和元年（1118），赵佶向金国派出了第一个外交使团，领头的官员是武义大夫马政、平海军指挥使呼延庆。

使团出师不利，刚从辽东半岛登陆，就被巡逻的金兵逮了个正着。金兵把马政等人当作了间谍，不但夺去所有物品，甚至还想直接要了他们的性命。简单粗暴的金军着实吓坏了宋朝官员，幸亏呼延庆懂一点金国语言，连比画带解释，才总算把事情说清楚。

可怜的宋朝使团被金兵押解着，一路喝着冷风，走了三千里地，才在涞流水河畔见到了阿骨打。

阿骨打见到宋朝使团后，倒是非常热情，对于马政等人的提议，也很感兴趣。由于双方是第一次试探性接触，也不可能谈得太细，只简单地表示愿意联合起来一起揍辽国，事成之后，把辽国抢走的土地通通还给宋朝。

用现在的说法，双方愉快地达成了初步合作意向。

重和二年（1119）正月，马政、呼延庆领着女真使臣到开封觐见赵佶，继续商量联合灭辽一事。

赵佶决定继续联络金国，商讨合作问题。大方向虽定，宋朝君臣却又在外交文书的事情上纠结起来。

因为，如果承认金国的合法地位，那么金宋之间的交往就是平等的"国际外交"，两国皇帝间的书信应该称之为"国书"。而如果只把金国看成藩属，那么宋朝就应该使用"诏书"。

讨论来讨论去，死要面子的心理还是占了上风，最终，赵佶交给马政、呼延庆一封诏书，前去拜会阿骨打。

宣和元年（1119）三月，当马政和呼延庆一起刚到登州，正准备乘船下海，却收到了惊人的消息——金辽两国议和了！

消息传到开封，赵佶赶紧叫停使团，只派呼延庆将金国使臣护送回国，随身携带的诏书也改成了更低级的"登州牒文"。

你们都和谈了，我还凑什么热闹呢？

按理说，赵佶的判断也合情合理，但是，令他始料未及的是，宋朝收到的消息并不可靠。

金国确实想过和辽国和谈，但双方并没有谈成。

话说当时的女真虽然发展迅猛，但他们对自己的前景并没有十足的信心。辽国再无能，看上去还是"瘦死的骆驼比马大"。所以，阿骨打一度产生了见好就收的想法。

其实，金辽之间的和谈早已开始，甚至比宋金之间还早。当阿骨打拿下辽国的东京辽阳府后，就向对方传递了信号，只要耶律延禧答应金人的请求，双方就可以和平共存。辽国当时在战场上输得一塌糊涂，国内又发生了灾荒，也希望早日结束战争。于是，双方就走到了谈判桌前。

阿骨打第一次提出的要求有些苛刻，主要内容有五项：

一、册封阿骨打为"大圣大明皇帝"；

二、将两国定位成兄弟关系，金国为兄，辽国为弟；

三、辽国每年向金国上贡财物；

四、将上京、中京和兴中府都割让给金国；

五、派遣王公子弟作为人质。

耶律延禧听到阿骨打的要求，估计就和宋仁宗听到元昊称帝的消息差不多，气不打一处来。早知今日，当时真应该把这个不喜欢跳舞的女真人碎尸万段、鞭尸扬灰！


讲到这里，我们必须补充一下辽国的疆域知识。

历史上关于辽国的领土，其实很难有清晰的界定，在它全盛的时候，南与宋朝接壤，北至今蒙古国中部，东北直抵库页岛，向西则一直延伸到阿尔泰山。单从面积上看，那是一片远比宋朝大得多的疆域。

但是，辽国尽管疆域广阔，地区发展却不平衡，其中，位于东南部的五京辖区人口稠密、经济发达，由辽国朝廷直属管辖。而占国土五分之四的西北地带却地广人稀，都是一些半独立的蕃部。

所谓的"辽国五京"，是指上京临潢府（今内蒙古巴林左旗）、中京大定府（今内蒙古赤峰）、东京辽阳府（今辽宁辽阳）、南京析津府（今北京）、西京大同府（今山西大同）。

五京是辽国各地区的统治中心，其中的南京析津府和西京大同府都属燕云十六州之一。现在，东京已经被金国占领，如果再割让上京、中京，那就意味着辽国将丧失东北全境和中部核心地带，成为一个夹在宋金之间的弱国！这可如何了得？

辽国气得牙痒痒，但又打不过，只能硬着头皮和金国继续谈。经过一番艰难扯皮，阿骨打终于做出了让步：上京、中京两地都不要了，人质也不用送了，至于上贡的财物，只要把宋朝每年送给辽国的五十万岁币，拿出一半来转送给金国即可。

金国做出巨大让步，耶律延禧顺坡下驴，表示基本接受和议条款，两国的和谈眼看就要大功告成。

可没想到，这场拉锯了两年的和谈，最终还是因为一个小细节出了岔子。

或许是辽国贵族受中原文化影响太深，原本只讲究经济实惠的契丹人也开始对名号、文字之类的事情特别较真。辽国在册封阿骨打为皇帝的时候，并没有按照约定名号加上"大圣大明"四个字，而是借口和契丹老祖宗耶律阿保机的尊号相冲突，改称其为"东怀国至圣至明皇帝"。

这里多说一句，辽太祖耶律阿保机的谥号是"大圣大明神烈天皇帝"，"大圣大明"几个字确实有所重复，改成"至圣至明"也情有可原。

可这个"东怀国"是什么意思呢？

阿骨打做梦都不会想到，自己想名正言顺当回皇帝，还和两百年前的阿保机"撞车"了。最可气的是前面加了"东怀国"三字，那岂不是"东方感怀恩德的小国"之意？看来，耶律延禧和他的辽国臣僚同样染上了中原人的毛病，战场上打不赢，就想在文字上占便宜。

再仔细一深究，金国人还发现，辽国的册文里并没有对金国称"兄"，所送来的器物也不符合册封天子的礼数，文书里面的个别字眼还很傲慢。

总而言之，态度很不诚恳——欠揍！

至此，在阿骨打心里又倾向于和宋朝合作，一举灭掉辽国。

好了，回过头来，咱们再将一将当时错综复杂的外交形势。就在宋宣和初年，辽、宋、金三国各怀鬼胎，彼此使臣往来频繁，忙着相互算计。

辽国军事上被动，希望能在保留最大利益的情况下跟金议和，但又不情愿拉下面子。宋朝希望借助金国拿回幽云十六州，空手套白狼。金国则脚踩两只船，同时和两边进行外交互动，为自己赢得谈判筹码。

可到了宣和元年三月，占据主动的金国却陷入了尴尬境地。一者，想趁胜讹诈辽国，谈崩了；二者，想和宋朝谈合作，人家不来了。

阿骨打将所有怨气都发泄到了宋朝使节呼延庆头上，把他叫过来痛骂一顿：想谈合作的是你们，现在又突然不谈了，居然还拿一张地方行政文书来敷衍我（责以中辍，且云登州不当行牒）！

最后，阿骨打一怒之下将呼延庆扣了起来。这一扣，就是整整半年。

呼延庆活该倒霉，他哪里知道高层那么多屁事，使用何种级别的文书也轮不到他决定啊。自己怎么就莫名其妙成了外交事故的背锅侠？

好在过段时间后，阿骨打气消了，脑子也清醒了，觉得还是联宋灭辽比较靠谱。于是，他又把呼延庆给叫了过来，告诉他："我本想长期滞留，想想这事情主要错在你们的朝廷，不能全怪你，还是放你回去吧。我们原本确实想和辽国议和，因为你们要求联合夹攻辽国，我们才拒绝了他们的请求。这次回去，你要告诉你们的皇帝，下次再来谈合作，要使用'国书'，否则就别想谈！"

阿骨打连哄带吓，又说了一堆便宜话，把呼延庆打发回去。

呼延庆一到开封，就把阿骨打的意思传递给了赵佶。赵佶听了呼延庆的报告，决定重新派遣使节赴金商谈合作。

宣和二年（1120）二月，赵佶再次向金国派出使节，这次，他派出了更有外交经验的赵良嗣。

赵良嗣自从被童贯偷偷带到宋朝，已经过了整整十年，眼瞅着自己的计划进入实际操作阶段，他顿时信心满满，一接到命令便马不停蹄地出发了。

而等待赵良嗣的，将是一场极其艰难的谈判。

## 讨价还价

宣和二年四月，赵良嗣来到了金国境内，他被带到了阿骨打的营帐。这次，阿骨打并没有马上和赵良嗣谈合作事宜，而是邀请他一起参观了一场实战表演。

此时，金国正兵分三路攻打辽国的上京，就在上京城外的青牛山上，赵良嗣陪着阿骨打实地参观了金军攻打上京城的盛况。

在那里，赵良嗣第一次感受到了女真将士的彪悍。偌大的辽国上京城，金军从黎明开始发动进攻，中午就已经结束战斗，都没耽误吃午饭！

阿骨打让赵良嗣先参观后谈判，旨在炫耀自己的军事实力，先在气势上压一压赵良嗣。赵良嗣虽然内心惊惧，但还是努力保持了表面的镇定。很快，双方就开始了正式磋商。

赵良嗣出发前，赵佶赋予他灵机专断之权，特许他带来了御笔。也就是说，赵良嗣有权以赵佶的名义起草、签署盟约，是宋朝不折不扣的全权代表。

关于会谈的目标，赵佶只写了一条简单的手诏，一共才三十八个字：

"据燕京并所管州城，原是汉地，若许复旧，将自来与契丹银绢转交，可往计议。虽无国信，谅不妄言。"

赵佶的艺术思维精细专业，但一到了政务上，完全是一个外行，他以为自己草草一句话，已经把事情交代清楚了。

地还我，钱给你，不就是这么一回事吗？

事实一再告诉我们，所有的拍脑袋决策，都是缘于缺乏精确的概念定义和逻辑思考。

很多事情，坏就坏在决策者太想当然了。

回到宋朝的谈判条件上，我们必须重新考察一下宋朝的领土要求。

不就是那个"燕云十六州"吗？

有争议吗？确实有。

如果仔细一分析，就会发现，双方对于这块地区的理解有很大出入。如果从广义的角度来看，燕云地区可以划分为四个部分。

第一部分是瓦桥关以南的两个州，即瀛州（今河北河间）和莫州（今河北任丘）。这块地方早在周世宗柴荣北伐的时候已经取回，也就是辽国经常念叨的"关南地区"。仁宗时期，辽国就是以索回关南地区为借口，每年多讹了二十万岁币。所以说，辽国长期控制的其实是十四州，瀛州和莫州本来已归宋朝，当然不在索要范围之内。

第二部分是燕京及其从属州，共五个：幽州（今北京西南）、蓟州（今天津蓟州区）、涿州（今河北涿州）、檀州（今辽宁康平县）以及顺州（今辽宁黑山县）。这些州都位于燕山以南、太行山以东，是和北宋联系最紧密的州，也称"山前诸州"。

为了帮助大家看得明白，这里必须把涉及的地名重新捋一捋。上面所讲的幽州（宋朝的称谓）、南京析津府（辽国的称谓），燕京（通俗称谓），其实就是同一个地方，只是叫法不同而已。所以，燕云十六州又常被称为"幽云十六州"。为了方便讲述，我们今后姑且统称其为"燕京"。

不管它叫什么，我们只需要明白一点，燕京及山前诸州是辽国最发达的地区，也是扼守中原的北方门户，正因为这个原因，宋朝才对它朝思暮想。

第三部分是西京以及所从属的州，共九个：云州（今山西大同）、妫（guī）州（今河北怀来）、儒州（今北京延庆区）、新州（今河北涿鹿）、武州（今山西五寨县北大武州）、应州（今山西应县）、朔州（今山西朔州）、寰州（今山西朔州东部）以及蔚州（今河北蔚县）。这些州位于燕山以北、太行山以西，也称"山后诸州"。

和上面的情况差不多，云州（宋朝的称谓）和西京大同府（辽国的称谓）也是同一个地方，为了方便记忆，我们接下统称其为西京。

西京是山后诸州的核心，如果说燕京地区是中原正北方向的大门，那么西京就是宋朝西北方向的大门。当年宋太宗赵光义发动雍熙北伐，西路军的目标就是这块区域。对宋朝而言，西京地区具有很高军事价值，只是在那个地方，宋朝还有一个雁门关可以防守，比起燕京来说相对次要一些。

第四部分则是燕京以东的平州（今河北卢龙）、营州（今河北昌黎）、滦州（今河北滦州）三个州，这块地区严格来说不属于"燕云十六州"的范畴。它早期归属燕京辖区，可到了五代后唐时期，辽太祖耶律阿保机趁乱将其吞并，并将它设为辽国独立的行政区——平州路。至于后晋石敬瑭割让燕云十六州，那已经是十多年后的事情。

所以说，在很多人脑海里，早就忘掉了这一区域的从属。赵佶属于搞艺术的，阿骨打是负责打猛仗的，两位甚至都没注意到这块地区的存在。

可必须说明的是，这个地区的战略意义同样重要。因为在平州地区，有一个重要的关口，叫作榆关，那是北方游牧民族入侵中原的一条重要通道。此后，榆关拥有了一个大家更熟悉的名字——山海关。

也就是说，如果宋朝只收回燕京地区，而忘记拿回平、营、滦三州，就等同于在关闭北方大门的同时，还在旁边留了一扇敞开的小门！

赵良嗣和金人的扯皮主要就围绕上述地区的归属展开。按照赵佶的理解，当然是要通过这次外交活动，趁机把五代以来所有中原王朝丢失的土地通通要回来。

可问题是金国人并不这么想，他们虽然对地理沿革也不怎么熟悉，但真到了谈判桌上，总会尽量朝有利自己的方向解释。

关于第一部分瀛、莫二州，宋朝的占领是既定事实，没问题。

关于第二部分燕京地区，双方也没大的分歧，说好了，只等揍趴辽国，这块地方就重归宋朝。

第三部分的土地争议最大，赵良嗣认为，所谓"燕京所管州县"就应当包括西京一带，燕云十六州是一个整体，怎么可以给一部分，留一部分呢？

金国是什么态度呢？不好说，根据赵良嗣自己在《燕云奉使录》里的描述，阿骨打当时已经一口答应下来，并表示金军接下去确实要进攻西京，但那只是为了捉拿耶律延禧，一旦捉到了，西京等地就还给宋朝（西京地本不要，止为去拿阿适，须索一到，若拿了阿适，也待与南朝）。

阿适是耶律延禧的小名，阿骨打当时做出这样的口头承诺倒也不是不可能。因为当时阿骨打的关注点一直集中在与辽国的军事斗争上，他们只有擒住了耶律延禧，才能彻底防止辽国东山再起。

赵良嗣的说法是否真实且不说，有一点是肯定的，当时双方确实没有就西京归属问题形成书面协议。

阿骨打的一句空口白话毕竟比不上白纸黑字，所以说，关于西京的事情，咱们姑且可以看成尚存争议的问题。

至于第四部分，金人的态度很明确，平、营、滦三州早就不属于燕京管辖范围，所以根本就不该在讨论范围之内。

关于土地的扯皮大致如此，接下来的议题同样重要——钱。

金国很猛，但也很穷。因此，阿骨打提出，等摆平了辽国后，宋朝应该把每年交给辽国的五十万岁币转送给金国。

关于这个问题，宋朝是有心理准备的，既然是合作，宋朝总要给些好处。

一开始，赵良嗣还想为宋朝多争取一点利益，提出按照澶渊之盟时所定的标准，每年给金国三十万岁币。但阿骨打可不傻，马上给赵良嗣算了一笔账：辽国没有割让燕京之地，北宋每年还要支付五十万给他们，现在金国把燕京地区还给北宋，怎么反而只能获得三十万呢？

在岁币数额上，宋朝的心理底线就是五十万，赵良嗣没争论多久，就放弃了抵抗。

主要问题谈妥后，两边算是正式建立了合作关系。当然还有一些条款也得交代一下，诸如两国互相承认平等地位，双方联合夹攻辽国，设置榷场发展双边贸易，等等。

值得一提的是，赵良嗣鉴于上次金国和辽国私下媾和的教训，特别强调：宋金任何一方自盟约签订之日起，不得与辽国单方面讲和！

对于赵良嗣这个提议，阿骨打倒也很爽快，欣然应允。只是，赵良嗣万万没有想到，随着形势的变化，自己精心考虑的条款，最后却让宋朝自缚手脚，陷入了外交被动。

宋金联合灭辽的盟约就此达成，因为这次协议是宋朝通过登州渡海与金人签订，故被称为"海上之盟"。

七月，赵良嗣带着两位携带国书的金朝使者回国。按照约定，双方将要在第二年同时对辽发起进攻。

九月，赵良嗣等人来到了开封，赵佶听到盟约达成的消息，高兴得找不到北。不过，当他听了赵良嗣的汇报后，才发现由于自己的疏忽大意，导致双方对于领土区域的理解出现了分歧，又差点把肠子悔青。

为了弥补之前的过失，赵佶特意派马政陪同金朝来使回国，让他带着国书再和阿骨打谈判一下，务必把领土问题说个清楚。

这回，赵佶在送给阿骨打的国书上加了一个长长的附件（事目），特别指出，此前所提到的"燕地"，应该包括西京一带以及平、营、滦三州之地。赵佶对"燕地"做了最大化的解释，同时还让马政明确双方夹攻辽国的日期，以便准备。

马政等人兴冲冲地去见阿骨打。阿骨打依然热情地接待了宋朝使团，可他的回答顿时让马政傻了眼。

"什么？西京和山后诸州？我说过要交给你们吗？"

"滦、平、营三州，我更没答应过你们啊？"

　　原来，就在赵良嗣走后，阿骨打和臣僚们对宋朝提出的条件进行了认真分析，他也开始意识到掌握西京地区的重要性，一些激进的金国将领则已经开始考虑灭辽以后的金宋关系。很多人都认为，掌握西京一带是对宋朝保持军事威胁的重要条件，还有人提出，万一和宋朝盟约破裂，就连燕京地区也要顺势夺过来！

　　好在阿骨打并没那么激进，总体上还是想保持金宋联盟，只是在领土问题上，除了燕京地区，不再做半点让步。

　　关于双方夹击辽国的具体时间和路线，阿骨打觉得这事有点复杂，一时半会说不清楚，还是要进一步商谈敲定，于是又派人跟马政回宋朝，继续磋商。

　　宣和三年二月，两位金国使臣跟着马政在登州登陆，准备前往开封觐见赵佶。

　　没承想，金国使臣一到登州，就被当地守将滞留下来，既不允许前往开封，也不允许返回金国。

　　登州守将当然没有脑子进水，他这么做也是根据朝廷的安排行事。原来，此时的赵佶碰到了一件麻烦事——方腊起义。

## 方腊和宋江

　　接下来，我们的视线要暂时离开北方，看看宋朝的江南地区究竟发生了什么事情。

　　自王小波、李顺起义，宋朝总体上比较太平，基本没遇到大规模的民变。这次赵佶所碰上的方腊起义，则是北宋年间闹得最猛的一回！

　　方腊，睦州青溪（今浙江淳安）人。关于他的身份有很多种说法，有人说他是一个漆园主，有人说他只是漆园里的帮工，还有人说他是吃菜事魔教（民间宗教组织，信仰者只吃素，不吃荤）的首领，还有人则说他是清溪摩尼教的教主。

　　不管何种说法为真，有一点是肯定的，方腊属于当地百姓中一个比较有威望的人，而且很可能以宗教为纽带，建立了秘密组织。

　　宣和年间，朱勔还在卖力地经营着花石纲，方腊所在的清溪县因为盛产漆和各类木材，成了造作局的重点照顾对象，当地的百姓不堪其扰，心中充满怨愤。

　　宣和二年十月，方腊见民众对朝廷的不满已经达到极点，便瞅准时机，以"诛朱勔"为名，登高一呼，竖起了反宋大旗。

　　方腊自称圣公，建元永乐，刚起事就聚集了数千人。江浙地区向来是太平地带，朝廷在那里部署的军队十分有限。当地官员从没见识过如此大规模的民变，一时间被打得一败涂地。

　　当年十二月，方腊攻陷青溪县，接着一路席卷睦州（今浙江建德）、歙（shè）州（安徽歙县），北上直逼江南重镇杭州，起义队伍在短时间内膨胀到十万人。

　　江南的警报传到朝廷，时任宰相王黼害怕赵佶怪他惹出这么一个大乱子，故意隐匿不报，直到淮南转运使紧急上疏，赵佶才知道这档子事。一看事态严重，他连忙任命童贯为江淮荆浙宣抚使，统兵十五万前去镇压。

其实，赵佶也知道，江浙百姓素来安分守己，之所以把他们逼得走上绝路，多半和自己那些破爱好有关。于是，赵佶在童贯出发前叮嘱道："万一情况紧急，可以用御笔便宜行事。"

换句话说，只要能平息起义，你童贯可以用天子名义发布文告，无须奏报。

童贯也是明白人，还没到江南，便以赵佶的口吻下了一份罪己诏。大意是说：那些索要石头花木的烂事都是朝廷委托州县办的，事前还告诉他们买东西要给钱，不能敲诈勒索（鬼才信），没想到一群贪官污吏趁机胡作非为。现在皇帝我知道了，一定好好收拾他们。从即日起，造作局、供奉局等坑人机构一律废除，花石纲一律停运，已经索取的钱物一律归还！

童贯忙着替赵佶做自我批评，方腊这边可没闲着。

宣和三年正月，义军连续攻陷衢州（今浙江衢州）、婺州（今浙江金华）。

二月，又陷处州（今浙江丽水）。

至此，义军一举攻占六州五十二县，东南大震。


不过，方腊的义军毕竟实力有限，待朝廷的大军一到，形势立刻急转直下。就在方腊分兵袭取婺州、衢州的时候，童贯所率大军合围了杭州，起义军因后援不继，只能撤出。

宣和三年三四月间，起义军接连丢掉了歙州、睦州、衢州、婺州，方腊只得率残部退守青溪帮源洞。

四月底，宋军向义军发起总攻，义军虽然奋战不止，但依旧寡不敌众，尽数被擒杀。方腊被官军押解汴京，于同年八月遭到处决。

方腊起义的情况大致如上。

相信，很多人听完后，可能都在寻找一个熟悉的名字，我们的"及时雨"宋江呢？

是的，很多人结识"方腊"，都是因古典长篇小说《水浒传》。但是，小说毕竟是虚构的，不能当历史来看，比如里面的宋江征方腊一事，就和真实历史出入很大。

关于"及时雨"宋江，历史上也确有其人。只是，他和一众兄弟们的经历远没有演义里那么精彩。

史料中关于宋江的记载很少，出生年月不详，出生地不详，聚集多少人马不详，有没有路见不平一声吼也不详，只知道他麾下曾有三十六个打手，在山东一带横行闹事，官兵一度拿他们没办法。

至于宋江接受招安征讨方腊的事情，确有一点影子，可最后也没成行。

当宋江等人风风火火闯九州的时候，亳州知州侯蒙曾向朝廷提议，招降宋江等人，再命他们前去征讨方腊。可是，侯蒙不久便去世了，招安一事也就暂时搁置。

宣和三年二月，也就是方腊起义的鼎盛时期，宋江等人流窜到海州（今江苏连云港）一带，在海滨劫得十多艘大船，装上了掠夺的财物后想要跑路。然而，他们的动向被时任海州知州的张叔夜刺探到。

张叔夜招募了一千多名士兵，在海边设下埋伏，然后用轻兵引诱宋江上钩。宋江等人轻敌冒进，张叔夜的伏兵乘机杀出，并纵火烧掉了他们的大船。

就这么一次千把人的遭遇战后，宋江等人便乖乖缴械投降。

据说，宋江等人投降后，朝廷确实给他们封过官职，但官衔并不高，估计也就是按照"荒年养兵"的传统政策处理了。至于后面有没有参与征剿方腊，我们只能说：史无记载，查无实据。

关于方腊和宋江的事情交代完了，最后，还有一个细节必须再啰嗦几句。

既然宋江的兄弟们没和方腊交过手，那么，擒获方腊的人自然也不可能是《水浒传》里所说的鲁智深，也不是民间流传更广的"武松独臂擒方腊"。

不过，历史上确实有一员猛将，他循着山间小路，深入洞穴，一人击杀十余名义军，最终孤身擒获方腊。

他的名字叫韩世忠。


宋朝宣和初年的方腊、宋江起义情况大致如上，虽然闹腾的时间并不长，却让赵佶等人惊出一身冷汗。

金国使臣过来的时候，方腊起义闹得正欢，赵佶不想让金使察觉宋朝的乱象，又不能向金使明说，就采取了抑留使者的笨办法。

抑留使者的另一个原因在于童贯，因为他是宋朝军事工作的实际负责人，掌管宋金联盟事宜。他跑到南方去征方腊，金使就算到了开封也谈不出实质成果。

一个投机宦官竟然成了宋朝的高级军事人才，发生后面的烂事倒也不足为奇。

宋朝本想等童贯结束征讨后，再安排金使进京。可金国使臣也不是好惹的，不可能这样不明不白地过软禁生活。在他们看来，这是宋朝对金国的极大侮辱。

金使愤怒地表示，如果再不安排他们进京，就自己徒步走到开封去找宋朝皇帝说理！

赵佶见糊弄不过去了，只好下诏让金使进京。

五月初，金使来到开封，童贯还没赶回来，朝廷却因为如何接待金使吵翻了天。

此前，"联金灭辽"口号喊得最响的就是童贯，现在童贯跑到了南方，那些反对宋金结盟的声音又冒了出来。他们觉得和金国结盟本来就是一招臭棋，还不如继续和老实本分的辽国做邻居呢。

赵佶是个非常没谱的人，本来就被方腊的事情搞得焦头烂额，现在一听反对声，就产生了放弃金宋联盟的念头。

老奸巨猾的蔡京再次发挥变色龙本领，看到赵佶心生悔意，也转头嚷着要和金人结束盟约。

可刚刚订立的盟约岂是你说扔就扔的餐巾纸？也有臣僚劝赵佶，突然翻脸的事最好别干，你就不怕金国人转过头来揍你？赵佶一合计，觉得也有道理，这才断了毁约的念头。

可眼前的金使怎么打发呢？

继续养着呗。

于是，两位可怜的金使又在京城白吃白喝了三个多月。

转眼到了八月，童贯终于回来了。

童贯当然还是力挺联金灭辽，不过，对于夹击辽国的具体时间和方式，他一时半会也无法答复金使。

为了镇压方腊起义，童贯已经将原本用于北伐辽国的军队抽调到了南方，重新进行军事部署，肯定需要一段时间。

结果，大家讨论来讨论去，始终无法回复金国使臣。

无奈之下，赵佶拿出了老赵家的传统法宝——和稀泥。

他命人起草了一封信，交给两位金使带回去，而且故意没有安排宋使陪同。

至于信上的内容，洋洋洒洒一大堆，却看不到半点干货，只是笼统地表示"所有汉地等事，并如初议"。

反正是含糊其词、模棱两可，说了跟没说一样。

八月，金使终于离开了京城，赵佶自以为用鸵鸟战术避开了一个大麻烦。

殊不知，外界的形势已经发生了翻天覆地的变化，这回，他不得不正面应对了。

# 第十七章 赔本赚吆喝

## 比烂大赛

正当宋朝上下被方腊起义折腾得头痛不已时，金国却加快了灭辽的步伐。

阿骨打在拿下辽国上京后，将兵峰指向了中京大定府。

金国的凌厉攻势，一半源于自身的强悍军力，一半源自辽国自己不争气。随着战场上的一败再败，辽国的内乱也愈演愈烈，加速了自身的衰亡。

耶律延禧自从亲征失败后，就化身成了"耶律跑跑"。他命人将值钱的珠宝打包成五百余个包裹，又特备两千匹骏马整装待命，一有风吹草动，就随时准备溜走。平日里，耶律延禧该吃吃，该喝喝，还大言不惭地说："就算女真人打过来了，我有日行三百五十里的骏马，又和宋朝约为兄弟（人家还认你吗），和夏国为舅甥（辽国公主曾嫁给西夏君主），到时候都可以去投靠，照样一生富贵。"

皇帝是这么一个混账样子，君臣之间当然离心离德。宣和三年，大将耶律余睹投奔金国，这场大变乱成为辽国灭亡的催化剂。

事情还要怪耶律延禧自己。

耶律延禧有六个儿子，分别是赵王习泥烈、晋王敖鲁斡、梁王雅里、燕王挞鲁、秦王定和许王宁。

其中，最有可能继承皇位的是晋王耶律敖鲁斡和秦王耶律定。

两个王子背后都拥有一个强势的政治集团。

晋王耶律敖鲁斡贤明聪慧，在诸王子中人气最高，他的母亲是文妃，而文妃又有一个执掌兵权的妹夫——行营副都统耶律余睹。

秦王耶律定的母亲是元妃，元妃有一个权势熏天的哥哥——知枢密院萧奉先。

没错，就是当年劝耶律延禧不杀阿骨打的那位辽国重臣。

萧奉先一直是耶律延禧最信任的宠臣，关于他的人品，用一句话可以概括，他就是一个辽国版的蔡京。

眼看耶律延禧要把辽国折腾完蛋，一些辽国贵族就考虑另立新君，挽救颓势。

宣和三年初，文妃及耶律余睹等人密谋废掉耶律延禧，拥立耶律敖鲁斡为帝，不料计划泄露，被萧奉先侦知，报告给了耶律延禧。

耶律延禧赐文妃自尽，除了不知情的敖鲁斡外，其他参与密谋的人通通被处死，尚在前线的耶律余睹见计划失败，就转身投奔了金国。

耶律余睹投靠金人后，死心塌地为金人出谋划策，还充当了金国的先锋将军，这让金国的进攻更加顺利通畅。

宣和四年正月，金军一举攻克辽国中京。

灭国的危机已然迫近，辽国的内斗却没有停歇。

萧奉先为了斩草除根，借着耶律余睹降金一事向耶律延禧进谗言："此次耶律余睹领着金军前来讨伐，就是为了迎立晋王敖鲁斡，陛下如果为社稷大业考虑，就不要爱惜一个儿子，不如宣告敖鲁斡罪行，然后诛杀之，定可绝了耶律余睹的念头，他也就不战自退了。"

耶律延禧一如既往地没脑子，欣然采纳萧奉先的建议，处死了儿子敖鲁斡。这样一来，辽国更加人心涣散，而耶律余睹非但没有退兵，反而进攻得更加凶猛。耶律延禧只能狼狈地收拾好包裹，继续亡命奔逃。

自从接连丢掉东京、上京、中京后，辽国五京只剩下了西京大同府和南京析津府。前面也说过，这里身处金宋的夹缝之间，不是长久容身之地。因此，要想活命，耶律延禧只能向广袤的西北地区跑路。

耶律延禧向北流亡，一路上士兵纷纷溃散，最后身边只剩下三百多名亲随，一头躲进了夹山地区（今内蒙古境内）。此时，耶律延禧才明白过来，自己一直宠信有加的萧奉先原来是一个坑人的蠢货。于是，他让萧奉先别再像苍蝇一样跟在自己屁股后面，让他自寻活路去。

萧奉先平时坏事做尽，刚脱离耶律延禧，就被卫兵当作见面礼拎着去投降了金军。可笑的是，金兵本想把萧奉先押送给阿骨打处置，结果在半道上又被气不过的辽兵给截了回去，一刀结果了性命，也算罪有应得。

宣和四年三月，当耶律延禧躲在夹山当缩头乌龟的时候，金国又向西京大同府发动了进攻，这回，辽国守将主动放弃了抵抗，其他西京所属的山后诸州也望风而降。至此，辽国只剩下了孤零零的燕京一带。

由于耶律延禧已经被打成了流亡政府，燕京地区也成了一块飞地，脱离了辽国朝廷的实际控制。

此时，辽国留守燕京的实际首脑是秦晋国王耶律淳和汉人宰相李处温，耶律淳是辽兴宗耶律宗真的孙子，耶律延禧的堂叔，在辽国素有威望。

为了拯救濒死的辽国，李处温联合辽国大将萧干、耶律大石等人推举耶律淳称帝，出来主持大局。

耶律淳知道眼前的形势太不乐观，这个时候出头当皇帝，简直就是把自己放在火炉上烤，死活不肯干。

可箭在弦上，哪由得了你？

于是，燕京上演了一幕辽国版"黄袍加身"的闹剧，耶律淳被架上了皇帝宝座，号称辽国"天锡皇帝"，将远在天边的耶律延禧降封为"湘阴王"。

耶律淳刚继位，就向宋金两国派去了使者，派到宋朝的使者声称愿意主动免去每年五十万的岁币，只求继续维持两国的友好关系；派去金朝的使者则更卑微，只求金国能高抬贵手，别再赶尽杀绝，辽国情愿委身金朝，做一个小小的附庸。

曾几何时，辽国也是称雄北方的霸主，现在却要低声下气地去求身边的两个邻居。只可惜，辽国的实力早已经被耶律延禧挥霍得一干二净，无论耶律淳多么放低姿态，都已无济于事。

金国非常干脆地拒绝了耶律淳的请求。宋朝则以耶律延禧尚在位为理由，拒绝承认耶律淳政权的合法性。

耶律淳的外交行动以失败而告终，只能硬起头皮加强军备。虽说辽军的主力早已消耗殆尽，但耶律淳的麾下，尚有一支拿得出手的军队——常胜军。

常胜军的原名叫"怨军"。早在辽金战争开端的时候，有一些辽东的饥民为躲避战祸，向西逃窜。辽国觉得这些人因金国起兵而失去家园，自然对金人充满怨恨，可以加以利用，遂派耶律淳前去招募，组成了一支独立的军队，号称"怨军"，合计约三万余人。

耶律淳负责留守燕京后，这支军队也跟了过来，成为他最为倚重的力量。耶律淳称帝后，将"怨军"改名为"常胜军"。

此时，实际执掌常胜军的是一个叫作郭药师的汉人，接下来，这个尚不起眼的小人物将周旋于辽、宋、金三国之间，上演一段乱世传奇。

宣和年间注定是一个热闹的时代，正当辽金打得热火朝天之时，本已置身事外的宋朝仿佛又恢复了清醒，如搅屎棍一般横插进来。

赵佶已从方腊起义的阴影中走了出来，他最为得意的艮岳又刚刚完工。现在，他又做起恢复幽燕的美梦。

赵佶判断，耶律延禧已经被打成丧家犬，燕京只剩下一个自立名号的耶律淳，看样子，辽国的日子已经是兔子尾巴——长不了。

算计停当，赵佶决定马上派人前去抄底。

四月，赵佶任命童贯为陕西、河东、河北三路宣抚使，密调西北前线十五万精兵，前去燕京地区割韭菜。

大军出发前，赵佶亲自主持出兵仪式，还特地为童贯定下上中下三策。

所谓上策，如果燕京百姓热烈欢迎北宋军队，咱们就乘势拿下。

所谓中策，如果耶律淳识相，主动称臣投降，就保留他的藩王地位，咱们可以不费刀枪恢复燕京的统治权。

所谓下策，如果耶律淳不肯投降，咱们就在附近炫耀军力，迫使他们屈服。

从赵佶的设想来看，其自我感觉非常良好，想当然地以为，拿下燕京是一件非常轻松写意的事情。

童贯和赵佶一样乐观，屁颠屁颠地率领着大军出发了。

大军出发后，童贯忠实地执行了赵佶的"不战而屈人之兵"之策。

人还没到前线，童贯就先发了一道"招抚"榜文，号召燕地的将士、百姓主动出来投奔宋朝。可是，预想中辽人箪食壶浆迎接宋军的感人场面并没有出现，一纸空文，毫无作用。

既然上策不行，童贯就接着来中策，他派了两名使节，拿着《谕耶律淳祸福书》进燕京游说，没想到耶律淳非常硬气，直接就把两名宋使给剁了。

完了，中策也不行，那就只好选下策了，咱们就秀一下肌肉，吓唬吓唬耶律淳。

五月，童贯将前线大军分成两路，东路军屯驻雄州（今河北雄县），由名将种师道指挥，西路军屯驻广信军（今河北保定徐水区），由另一位将领辛兴宗指挥。

种师道是西北名将种世衡的孙子，种谔的侄子，也就是梁山好汉口中经常提到的"老种经略相公"。种师道长期驻守西北前线，屡立战功，是宋军中的领袖级人物。但是，种师道并不赞成与辽国开战，一则看不上顶头上司童贯，二则觉得主动挑起战端，未必能有胜算。

照理说，既然要来硬的，那打就是了，可童贯偏偏是个死脑筋。赵佶让他进行"武力威慑"，他就机械地搞"武力威慑"，一点都没有进行实战准备，甚至一边备战，一边仍继续往燕京派使臣游说。

也就是说，童贯的思路是以战争威慑来辅助外交招降，说穿了，还是想空手套白狼。


这次，被童贯派去执行招降任务的人，叫马扩。

马扩是马政的儿子，此前马政出使辽国的时候，马扩也随父前行，积累了不少外交经验。

五月十八日，马扩进入了辽国境内。他深知越心虚越不利于招降，所以一开始就摆出一副胜券在握的样子。

马扩见到耶律淳后，气场十足地告诉他：宋朝已经大军压境，只因不想生灵涂炭，才没有动手，你们一定要认清形势，否则绝没好果子吃！

耶律淳等人也被马扩的气势唬住了，虽没有马上答应投降，却也不敢对他造次。

转眼到了五月底，马扩突然发现，辽人对他的态度发生了一百八十度转弯，原本对他毕恭毕敬的辽人，现在又开始强硬起来，对于他的战争恐吓，甚至还抱着一丝轻蔑的态度。

一打听，宋军吃败仗了！

原来，就在马扩进入燕京谈判的时候，童贯不知道从什么地方得来了情报，说是燕京的辽军非常菜，轻轻松松就能搞定。于是，他迫不及待地下令两路宋军向前推进，攻入辽国境内。

种师道突然接到命令，仓促出兵，结果遭到辽将耶律大石的偷袭，吃了败仗。耶律大石乘胜追击，反客为主，杀进了宋朝境内。种师道率军向雄州撤退，偏又遇上了一场大雨，结果宋军自相践踏，损失惨重。

第二天，辛兴宗的西路军也在范村方向被萧干所率的辽军击败。

童贯满心以为可以旗开得胜，却没想到自己的精锐之师居然败于辽国残军之手，又羞又恼，只能下令停止军事行动。事后，他把所有的战败责任一股脑儿推到了种师道身上，可怜的种师道成了替罪羊，被勒令退休。

宋军的无能坑惨了身在燕京的马扩。

辽人纷纷指责宋军言而无信，明着派人招降，暗地里却搞军事小动作。要说马扩不愧是出身外交世家，面对不利局面，他一点都没胆怯，还义正词严（实为强调夺理）地指责辽人：我们的军队本不是为了打仗而来，他们事前就收到了不可作战的命令，所以才会被你们侥幸击败，你们居然还自鸣得意？

靠着自己的如簧之舌，马扩竟然奇迹般地保住了性命，又被放了回来。

童贯见马扩活着回来了，也不好说什么，只叮嘱他千万别到处声张此次行动过程，见了皇上要保持口径一致，就说辽军的实力还很强，不好对付。

六月，赵佶下令军队班师，宋朝的第一次军事行动就这样草草收场。

宋朝收复失地的希望之火刚刚被浇灭，金国却主动派人来商量了——咱们说好了夹攻辽国，什么时候动手？

## 边打边谈

本来，金宋之间的"海上之盟"已经因为宋朝不冷不热的态度搁置了。

但到了五月，阿骨打却主动来和宋朝套近乎了。因为他们也遇到了一些小麻烦。

辽国的疆域实在太广阔了，这让耶律延禧有充分的周旋余地。比如他现在所藏身的夹山地区，传说有六十里的沼泽地，只有当地的契丹人才知道进出路径，其他人别说打仗，不迷路就不错了。那些负责追击的金兵始终未能捉住耶律延禧，最后只能悻悻地撤回来。

更让阿骨打糟心的是，已经被打成丧家犬的耶律延禧居然又雄起了！

耶律延禧在夹山站稳脚跟后，一面召集流散的辽国军队，一面联络西北的各个蕃部，竟然又凑出了五万精兵（号称）。同时，他还找来了一个赞助商——西夏。

据说，西夏的皇帝乾顺很讲义气，听说耶律延禧起兵，答应派军支援。

此时的耶律延禧像极了一个重新找到本钱的赌徒，嚷嚷着要率军反攻，收复失地，甚至连时间都定好了——就在今年八月。

与此同时，自开战以来，形势一片大好的金国却正在接受不小的考验。

自从金军占领了辽国领土后，那些地方就从来没有安生过。一些辽军降而复叛，因战争而流离失所的饥民到处闹事，各种小规模的骚乱此起彼伏，这让缺少统治经验的金国贵族头痛不已。他们宛如一条贪吃的巨蟒，将肚子吃得滚圆，却又来不及消化，只能死撑在那里。

女真人应该庆幸，他们的首领阿骨打不愧是一个极富远见的政治家，他敏锐地意识到了事态的严重性，当机立断决定改变战略部署。

很多时候，对于一个政治人物的最大考验不在于逆境，而在于顺境。多少人在逆境中卧薪尝胆，坚韧不拔，但是一入顺境，却被眼前的胜利所蒙蔽，丧失了昔日的清醒谨慎，进而做出错误判断，终致前功尽弃。往前追溯八百年，我们可以看到前秦苻坚的淝水之败，往后看五百年，我们可以参考进入北京城后的李自成。

阿骨打和两者的情况颇为相似：初期意想不到的胜利，眼前并不稳固的统治基础。现在，他需要做出抉择，是继续扩张，还是稳定消化？

阿骨打选择了后者。为此，他做出了两个决定。

第一，让弟弟吴乞买留守上京监国，下诏亲征耶律延禧，同时布告辽人，只要主动放下武器投诚，一律予以宽赦。

第二，派使者赴宋朝，商议共同夹攻辽国。

当宋军出征的消息传到阿骨打的耳朵里时，他就产生了重启海上之盟的念头。当时，阿骨打还不知道宋军的实力，生怕宋军趁着辽军虚弱无力，一举拿下燕京。这样宋朝就会以金军没有按照约定前来夹攻为借口，拒绝再支付岁币。

阿骨打的使节是五月中出发的，他们先去拜见了统军的童贯，然后再赶赴京城，直到九月，才得以觐见赵佶。

赵佶接见金朝使者后，又派赵良嗣、马扩两位资深谈判专家跟着金使回去见阿骨打，继续深入谈判（扯皮）。

我们知道，到了六月，吃完败仗的宋军已经班师退兵了。换句话说，待金使来见赵佶的时候，他们肯定已经获悉了这个消息。

照理说，前线的失败肯定会让宋朝在这次谈判中处于不利地位。

可事情就是这么邪门，金使不但没有抬高谈判价码，反而表现出了罕见的低姿态。

一切都因为燕京地区又传来了新消息——耶律淳病故。

耶律淳是个实在人，他本来就不想接这个烂摊子，当听说耶律延禧要重新出山时，觉得没脸见耶律延禧，竟然忧虑成疾，一病不起。

六月，宋朝班师后不久，耶律淳病重而亡，前后只当了三个月皇帝。

耶律淳一死，燕京城内又引发了新一轮政治动荡。

耶律淳临死前，遗命以妻子萧氏为太后，汉人宰相李处温为蕃汉兵马都元帅。

辽国大将萧干和耶律大石很反感李处温，就联合起来废掉了他的都元帅一职。李处温本来就没心思守卫燕京，被废后便派人主动联络宋朝，表示愿意在宋军到来时当内应，结果计谋泄露，丢了性命。

赵佶听说耶律淳病死，燕京又起内乱，就决定再次兴兵讨伐。这次，军事总指挥依然是我们的老朋友童贯，前方的主帅则换成了河阳节度使刘延庆。

刘延庆的运气比种师道好很多，由于辽将萧干和耶律大石都在燕京处理内务，前线的辽军根本没人指挥，他一路过去，连打了几个胜仗。

九月初，辽国易州（今河北保定）知州主动投降。

九月中，防守涿州的常胜军首领郭药师率领近一万精兵举城投降。

易州、涿州是燕京的门户，两地一降，形势突然变得对宋朝极为有利。

要说赵佶虽是个昏君，但运气却不是一般的好，每每在办出一些挫事的时候，都能得到上天的眷顾。

军事上捡了一个大漏，让宋朝在和金国的谈判中占尽了主动权。

十月二十六日，赵良嗣和马扩在新州（今河北涿鹿）见到了阿骨打。阿骨打刚获悉宋军得胜的消息，他愈发觉得宋朝很可能要踢开自己单干。

因此，为了继续维持盟约，阿骨打提出了一个非常诱人的条件——归还西京地区！

阿骨打终于对这块有争议的地盘松口了！此时，宋朝迎来了自金宋交往以来最好的局面。加上眼前唾手可得的燕京，收回完整的"燕云十六州"已然指日可待！

十一月一日，阿骨打召见赵良嗣，让他把国书带回给赵佶，表达了继续执行"海上之盟"的愿望。

赵良嗣拿到国书，立刻偕同金国使臣动身回开封。

阿骨打满心期待地催促着赵良嗣动身，赵良嗣满心喜悦地回去复命。只是，两人万万都没有想到，就在同一时刻，燕京前线出现了重大变故——宋军又失利了！

此时的宋军，仿佛已经自带"特能输"属性，怎么样都会打败仗，怎么样都能打败仗。面对一场打输比打赢还困难的战争，居然又成功吃了一个败仗，还是一场大败仗！

时间回到十月初，赵佶春风得意，一边派赵良嗣等去讨价还价，一边命投降的郭药师隶属刘延庆前军，一起向燕京进发。

十月十九日，刘延庆的大军兵出雄州，来到卢沟桥，和萧干所率的两万辽军对峙。

在两军对峙的几天里，刚投降过来的郭药师急于立功，给刘延庆出了一个偷袭的主意。他告诉刘延庆，燕京城一共也没多少兵马，现在萧干率主力和你对峙，城内必定空虚，不如让自己率常胜军搞一次偷袭。一旦得手，那就省事多了。

刘延庆当即批准郭药师的偷袭计划。

十月二十五日，郭药师偷偷来到城外，先命五十名士兵混进民夫队伍，乘着押送粮草的机会，摸进燕京城东边的迎春门。混进去的常胜军士兵出其不意，迅速干掉辽军守门士卒，然后悄悄将郭药师的主力军放入城内。

郭药师进城后，一点也没耽搁，不出半天工夫，就派军占领了燕京的七个城门。

这样一来，再有个半天工夫，等刘延庆率大军一到，收复燕京的行动就能大功告成。

但是，到了最后的一环，郭药师这边出了幺蛾子。


自从萧干和耶律大石杀掉汉人宰相李处温后，燕京城内，契丹人和汉人的嫌隙不断加深。郭药师是汉人，此前也受到萧干的排挤，这也导致了他临阵倒戈，投降宋朝。

偷袭成功后，郭药师很得意，人一得意，就会有点飘。

郭药师一飘，下发了一道荒唐的军令：燕京城内，汉人允许投降，契丹等外族人一律诛杀。

郭药师的挟私报复果然坏了大事，本来，契丹人早就觉得自己气数已尽，根本没心思抵抗，这回一听说要杀他们，立刻拿起武器继续反抗。

当时，郭药师虽然控制了燕京城大部，可皇宫内城还在萧太后的掌握中，残余的辽军一面拼命反抗，一面秘密遣使请萧干率军回援。

面对辽国残军的抵抗，郭药师和他的常胜军仍然没有给予重视，而是趁乱在城内烧杀掠夺，让整个城池陷入一片混乱之中。

正当郭药师昏招迭出的时候，萧干的回援大军已经赶到。城内混战的常胜军见城外烟尘滚滚，还以为是刘延庆派人来接应了，根本就没组织守城。

萧干大军由南门而入，和萧太后的残部会合，开始对常胜军进行猛烈反攻。常胜军力战不支，只能向城外撤退。

也是屋漏偏逢连夜雨，郭药师原本在城外屯驻了一支两千人的兵马，以作策应。可这支军队的带兵将领却是个孬种，见形势不妙，扔下郭药师，自己先溜了。

结果，常胜军只开心了不到一天，就狼狈地逃出燕京城，郭药师自己全靠拽着一条绳子爬出城墙，才侥幸脱身。

十月二十九日，萧干击败郭药师后，挟胜利的余威，进抵卢沟河（永定河）边，前来挑战刘延庆所率的宋军主力。

刘延庆本是一个大水货，从来都没认真备战过，碰到以哀军姿态出战的辽军，自己先乱了阵脚，一心只想跑路。结果，十五万宋军都没抵抗几下，就被人数不及自己四分之一的辽军打得四散乱窜。

宋军扔下大批军需辎重，自烧军营，狼狈地退回境内。至此，宋朝的第二次军事行动再次荒唐地以失败收场。

憋屈的战争结束了。值得一提的是，宋军中有一个来自相州（今河南汤阴）的普通士兵，他刚刚应募从军不久，部队溃散后又回到了原籍相州。

数年后，他将帮助宋军一雪前耻，重塑声威。

他的名字叫——岳飞。

## 收空城

军人在战场上没勇气，外交官在谈判桌上就没底气，宋军的失利坑苦了赵良嗣。

赵良嗣引金使来见赵佶时还信心满满，待前方败报传来，宋朝君臣立刻像霜打的茄子一样，顿时全都蔫了。

十一月二十五日，赵佶接见金使。由于失去了谈判筹码，他不得不在领土问题上做出让步，表示西京问题可以搁置不谈（其实就等于放弃），但是平、营、滦三州务必还是和燕京地区一起归还宋朝，而燕京地带的非汉族人，以及各类物资，金国都可以打包带走，至于五十万岁币，仍可以照常支付。

不过，这回金使的谈判态度已经完全改变，别说西京地带，哪怕是平、营、滦三州，也是坚决不肯让步，还赤裸裸地宣称，这三州是金国进入中原的重要咽喉，断不可能割让。

十二月初三，宋徽宗再派赵良嗣出使金朝，临行前，他再三嘱咐，别忘了再做一做阿骨打的思想工作，只要把平、营、滦三州拿回来，哪怕每年再多加个五万匹绢、五万两银也可以。

单纯从军事角度看，赵佶这回的要求也算明智。毕竟，只有同时拿回燕京地区和平、营、滦三州，宋朝的北方门户才算完全关闭。至于西京地区，好歹还有个雁门关嘛，这也是不得已而提出的谈判方案，谁让自己的军队不争气呢。

赵良嗣对赵佶的要求只能口头应承，他心里清楚得很，自己拿着一手烂牌，凭什么和对手谈条件？

当赵良嗣来回奔波的时候，此前和他同去的马扩被留在金国当了人质。

从外交生涯来看，马扩比赵良嗣还悲催，第一次出使燕京，因为宋军不争气，差点丢了性命，这回出使金国，又成了金人奚落的对象。

阿骨打收到宋军第二次败报后，没忘了特意调侃马扩一番："辽国的国土已经被我们攻占了十分之九，就剩下燕京这一分土地，我也派兵马三面包围，就等你们宋军一举攻克。可宋朝怎么连这样的燕京都拿不下？听说你们攻进燕京，我还挺替你们高兴的。那里本来就是你们的地盘，待你们取回后，我们双方约定分界，就可以各自回去享受太平了。可你们的军队怎么就一夜之间自行溃散了呢？我都搞不懂这是怎么回事啊？"

伤害性不大，侮辱性很强。

调侃归调侃，金军既然碰上这么一个挫盟友，打仗的活还得自己来干。

十二月一日，阿骨打命令金军向居庸关进发，准备攻打燕京。辽军听说金军到来，立即北上居庸关进行防守。

那段时间里，金国还真是站在了风口上，仗是怎么打怎么有。辽军还未在居庸关做好准备，山崖间的岩石却突然崩落了，守关士兵被砸死不少，金军不费吹灰之力，就占领了这道雄关。

如此一来，燕京城已然成了金军的盘中菜。

要说辽军对抗宋军尚有一点底气，但面对强悍的金兵，他们瞬间就没了信心，纷纷投降跑路。

萧太后、萧干、耶律大石等人领着不愿投降的辽军逃出了燕京。半道上，萧干和耶律大石对于今后的行动方向出现了分歧，两人吵了半天，最后决定，大家分行李，各寻出路。

令人大感意外的是，这两位劫后余生的辽国贵族，此后展现出了超强的生存能力，他们每人都建立了一个新的政权，为辽国顽强续命。

十二月六日，阿骨打进入燕京城。至此，辽国五京全部落入金国手中。

阿骨打没有犯郭药师一样的错误，他宣布，凡是燕京城内的人，只要放下武器，一律宽赦。就在同一天，他还把马扩放归宋朝。

十二月十五日，赵良嗣一行到达金军营帐。既然金军已经打下燕京，接下来就要具体磋商移交的问题。

这次谈判的艰难程度，赵良嗣是有心理准备的。果然，当他小心翼翼地提出交还平、营、滦三州时，被阿骨打不耐烦地一口拒绝，不但三州之地要不回，阿骨打还增加了一项苛刻的条款——要求宋朝将燕京地带的租税全部交给金国。

得到了土地，却要把土地上产生的赋税全部交给别人，这算什么道理？赵良嗣自然不敢答应，只能据理力争。

可阿骨打根本不理会赵良嗣的意见，只是傲慢地叫人把国书交给赵良嗣，言下之意，这份合同没有讨价还价的余地。

站在金国的角度看，他们认为，土地都是自己打下来的，宋朝啥事都没干，就白得一块土地，总要多付出些代价。至于那五十万岁币，你们本来每年都要交给辽国嘛，属于保护费性质，不能算作土地出让金。


宣和五年正月，赵良嗣和金使回到了开封。赵佶听了金国开出的新条件后，感到非常郁闷，却又无可奈何。说到底，还是自己不争气，怨不得谁。

赵佶最后还是决定答应金国的条件，但希望把燕京地区的租税折合成具体金额，增加到每年交纳的岁币中。至于具体数目，赵佶的心理期望是十万，至多再加二十万银、绢。

好吧，赵良嗣接着走起，到金国继续谈判，这回陪他一起去的还有刚回来不久的马扩。

金人倒是同意了将租税折成固定金额的提议（否则确实不方便操作），只是对宋朝提出的价码表示非常不屑。

二十万，你打发叫花子呢？

令赵良嗣大感意外的是，印象中一直处于刀耕火种状态的金国人，现在居然已经能够拿着账本和他一起做数学题了。

金人告诉赵良嗣，近几年燕京地区的赋税总额已经达到了四百万贯，常规赋税之外的杂税已经达到了六百万贯（杂税居然高于正税），这么一算，那区区二十万银、绢，不是一个小零头吗？

最后，阿骨打为租税金额定了调子——一百万贯，少一个子都别谈。他还郑重告诉赵良嗣，如果还想着砍价，下次你就别来了！

一百万加五十万，这样的话，宋朝每年需向金朝交纳岁币一百五十万。

这样的条件，赵良嗣无论如何不敢做主，只能派快马回去给赵佶送信，让他最后拍板。

二月初六，赵佶的回信来了——可以答应金国的岁币要求。

但是，赵佶又同时指示赵良嗣，务必在归还西京地区的问题上再争取一下。

接到赵佶的信，估计赵良嗣都快疯掉了。从宣和二年起，自己已经像没头苍蝇一样跑了不知几个来回了，还有完没完？早知道这事如此难搞，当初真不该给童贯出馊主意。

皇帝交代的事情不办又不行，赵良嗣最后还是战战兢兢地向阿骨打提出了这个请求。当然，他自己并没有抱任何期望。

没想到，阿骨打居然答应归还西京！

听到这个好消息，赵良嗣瞬间觉得自己脑子不够用了。

你们该不会逗我玩吧？

在赵良嗣怀疑人生的时候，我们不妨坐下来，一起再梳理一下金宋之间扯皮的全过程，顺便窥视一下双方统治者之间的奇特脑回路。

最初，赵佶是希望金人完整归还燕云十六州（包括以燕京为核心的山前诸州，以西京为核心的山后诸州，以及平、营、滦三州），作为报酬，宋朝会把每年交给辽国的五十万岁币转交金国。

此后，所有的争论都围绕"归还多少土地和交纳多少岁币"展开，当然宋朝是希望以最少的钱换最多的土地，而金国的诉求恰恰相反。

在扯皮的同时，有一个因素成为影响谈判的重要砝码——辽国。

虽然辽国已成了宋金双方谈判桌上待分割的蛋糕，但它毕竟还剩一口气，它的垂死挣扎也会影响宋金双方的谈判。它给谁惹麻烦，谁在谈判桌上就被动一些。

随着辽国越来越接近末路，宋金双方也都到了亮出底牌的时候。

阿骨打无疑是谈判桌上最关键的拍板者，他的底牌是交还燕云十六州（不包括平、营、滦三州），尽可能多地榨取钱财和人口。

也正是循着这个思路，阿骨打突然松口答应归还西京地区。

阿骨打这么想，并不是因为短视，只是考虑问题的角度不同。从起兵伊始，他已经占有了广袤的领土，对于领土的诉求已不再强烈，这一点，他和麾下的那些将领大不相同。

最重要的是，对于西京和燕京地区，阿骨打在内心深处其实并不感兴趣。

事实上，辽国统治期间，实行着独特的"一国两制"，在汉族人口众多的燕京和西京地区，依然盛行农耕文明和封建政治，在其他地区，则还保留着许多契丹传统。刚从深山老林里走出来的阿骨打对延续此种统治模式并不感兴趣，在他看来，只要能够榨取到土地上所产出的财富和人口，比什么都实惠，至于土地名义上归谁，他并不感兴趣。

此外，阿骨打更在意另一件事情——尽快给辽国画上句号。此时，那个不安分的耶律延禧正联合西夏蠢蠢欲动。为此，阿骨打决定马上离开燕京，再次向西征讨。

在出发前，阿骨打希望把与宋朝的和约彻底敲定。


二月底，阿骨打派出亲信的使臣和赵良嗣、马扩一同回开封，这次金使带来了更详细的和谈条件，反复拉锯的谈判战终于要走到头了。

金国最终提出的条件很详细，主要内容有：

一、燕京及山前诸州交付给宋朝。

二、宋朝每年支付金国银二十万两，绢三十万匹，"燕京代税钱"一百万贯。

三、允诺将西京及山后诸州交付给宋朝，但具体交割日期待定，宋朝再一次性支付赎地费二十万。此外，该地区的北部几县不在交割范围，用于金国沟通西夏的通道。

四、双方不得引诱边界人户，不得有间谍行为，不能招纳来自对方境内的叛逃者。

五、如果有军事行动，需要互相通报。

六、双方赌咒发毒誓：如果有违誓约，天诛地灭，断子绝孙，国家败亡（天地鉴察，神明速殃，子孙不绍，社稷倾危）。

对于金国提出的条件，赵佶虽然觉得他们层层加码，贪得无厌，但本着息事宁人的想法，还是全盘答应了下来。

三月，赵良嗣陪着金使回去商谈具体交割日期和手续。其间，双方又因为个别琐碎细节来回扯了几回皮。

终于，到了四月十一日，金使带着誓书来到开封，这场马拉松式的谈判才宣告结束。

接下来，赵佶总算等到了激动人心的时刻——接收燕京。

早在童贯领兵出征燕京之前，赵佶就乐观地想好了燕京地区的官员任命，并且御笔改"燕京"为"燕山府"。最初，赵佶打算让蔡京的儿子蔡攸担任燕山府长官，可蔡攸也不傻，觉得那里太危险，果断推辞。

最后，赵佶任命尚书左丞王安中为燕山府路宣抚使、燕山府知府，资政殿学士詹度、常胜军头领郭药师为同知燕山府。

三人组成了燕京地区最高执政班子。

四月十四日起，接管燕京的宋朝军队开始陆续抵达，虽然宋军在战场上无法雄起，但这并不妨碍他们摆姿势、亮造型的热情。

先遣部队，常胜军，童贯所率的河东、陕西主力军，殿后的河北、京畿兵马，依次鱼贯而入。当然，这种场面，少不了一番锣鼓喧天、鞭炮齐鸣、旌旗招展、人山人海……

事实上，宋朝兴高采烈接收的燕京，其实已经只剩一座残破的空城。金人临走前，已将城内的钱财、辎重、车马席卷一空，除此之外，旧辽的官员贵族，城内的富户工匠也已经尽数迁走，再加上金兵自发地疯狂洗劫，燕京城早就成了一片废墟。

纵是空城，也架不住赵佶和宠臣们的热情，他们纷纷开启了无下限的自我表扬模式。

四月二十二日，童贯带头上了一封贺表，大肆宣扬辽国是如何腐朽，赵佶是如何具有先见之明，宋军是如何英武（睁眼说瞎话），百姓是如何欢欣鼓舞……

文中，童贯还不忘将宋朝的成就与前代比较了一番，说什么"周宣王攻打蛮族猃狁（xiǎn yǔn），只到达太原；汉武帝北击匈奴，只跑到渭河（周伐猃狁，仅至太原；汉击匈奴，但期渭上）"。

最后得出结论：赵佶的功业已经超越前人，堪比上古圣君！

除了童贯，王黼、蔡攸等人也不甘落后，他们都是联金灭辽的支持者，现在到了丰收时刻，自然不能落后，拿过童贯的接力棒就往死里拍。

赵佶收到一堆彩虹屁后，非常受用，在随后发往燕京的大赦诏书中，大言不惭地宣称：经过他的辛苦擘画，燕京百姓终于重回礼仪之邦，千里江山，终于重回汉族政权（一方黎献，初还礼义之乡；千里山河，重载版图之籍）。

吹拍完毕后，便是众人期待的封赏时刻。

童贯被晋封为徐国公、豫国公（双料国公，罕见），两年后，他更是因此晋封"广阳郡王"，开创了宦官封王的历史奇迹。

王黼和蔡攸其实只动了下嘴皮子，但也分别晋封为太傅、楚国公和少师、燕国公。其余执政官员，统统加官进爵，甚至连那个不沾边的朱勔，也加封了宁远军节度使。


作为这次外交活动的实际操作者，赵良嗣和马扩也得到了相应的封赏。

赵良嗣获封光禄大夫、延康殿学士，马扩则获封武功大夫、和州防御使。

和弹冠相庆的童贯、王黼等人不同，赵良嗣和马扩并没有大功告成后的庆幸感，取而代之的是一种对时局的担忧。

赵良嗣是联金灭辽的首倡者，虽然看上去达成了既定目标，但其中的曲折回环却大大出乎自己意料。他看到辽的腐朽没落，预判了金的迅速崛起，也把准了收复燕云的时机，却没有料想到宋朝高层竟是如此昏聩、颟顸、无能。

看穿宋朝的本质后，赵良嗣总会怀疑，首倡联金灭辽，是不是一个错误决定？当然，这份怀疑他只能埋在自己心底，既然魔盒由自己打开，只能硬着头皮撑下去。

现在，事情终于告一段落，赵良嗣并没在意自己得到了怎样的官爵，他甚至提出只想求得一方田土，过退隐的生活。只是，收复燕云的事情毕竟还没完全结束（西京地区还没收回），朝廷并没有批准他的请求。

马扩的忧虑和赵良嗣不同，武举出身的他更喜欢从军事角度考虑问题。看到残破不堪的燕京城，他忙着上书朝廷，希望抓紧修缮城池、招抚流民、复耕荒地、编练军队，甚至连具体的经费预算和时间进度都筹划好了。

不过，当时的朝廷，君臣上下都沉浸在得意享乐之中，他的建议没有引起任何人的注意。

# 第十八章 狼来了

## 张觉事件

宋朝收回燕京地区后，朝中一些有识之士也曾悲观地预测，这份脆弱的和议，顶多也就维持个三年。

事实证明，这其实根本不算什么悲观论调，甚至可以称为"乐观估计"。

三年？

连三个月都不到。

宣和五年四月，宋朝收回燕京，到了五月，考验马上就来了。

第一个考验来自金国内部。

那一月，金太祖完颜阿骨打去世了。

自离开燕京后，阿骨打就陷入了重病之中，常年的征战耗尽了他的精力和体力。五月，就在返回上京的路上，这位一手开创金朝的乱世枭雄猝然崩逝。

阿骨打去世后，其弟弟完颜吴乞买（汉名完颜晟）继位，成为金朝第二任君主，也就是历史上的金太宗。

阿骨打的去世对宋朝来说，是一个天大的坏消息。

在金国高层中，阿骨打属于温和派人物，他的行事风格趋于稳健保守，更希望能早日结束战事，回到熟悉的东北故地，安享太平富贵。在对待宋朝的问题上，他也仅限于攫取财富，而没有更多贪婪的诉求。

然而在对辽作战中，一大批女真青年将领已经崭露头角，他们逐渐成为金国的中坚力量。

这些新晋女真贵族在战争中积累了实力，取得了丰硕的战果。来自辽国、宋朝的各类奢侈享受，让一直过着清苦生活的女真将领大开眼界，也进一步滋养着他们的野心。对繁华富庶的宋朝，他们更是充满渴望。

在领土问题上，很多女真贵族都反对向宋朝让步。别说西京一带，就连燕京地区，也有人强烈反对交还。在内心深处，那些军功傍身的女真新贵根本就不屑于与软弱的宋朝议和。幸亏阿骨打力排众议，宋金盟约才最终实现。

现在阿骨打走了，鹰派将领已经走向前台，金国对宋朝的政策也势必发生改变！

阿骨打刚一去世，一个来自平州的消息打破了短暂的宁静。

平州守将张觉向宋朝请降。

前面，宋金双方扯皮的时候，有一个地方被我们反复提及——平、营、滦三州。

对，就是那块面积不大、位置重要、历史沿革复杂，赵佶死皮赖脸想要回来，金国却始终没松口的地方。

很多人不知道，尽管宋金双方扯了很久，但直到宋朝收回燕京，平、营、滦三州其实仍掌握在辽国手里（太不拿辽国当回事了），准确点说，是掌握在平州守将张觉手里。

张觉，辽国平州人，曾任辽平州节度副使。

金国吊打辽国的时候，平州发生了乡民暴乱，节度使被乱民所杀。后来，"二把手"张觉搞定了暴乱，被大家推举为"权领州事"，成了平州的实际统治者。

张觉是个很有想法的人，他感觉辽国气数已尽，就暗自招兵买马、扩充力量，做好了割据一方的准备。

在平、营、滦三州中，平州是核心，故辽国统称其为"平州路"。张觉在平州路疯狂扩军，居然在巴掌大小的一块地方，拉起了一支五万兵马的军队，从此成为一个小军阀。

当宋朝、金国以及辽国残部围绕燕京忙活的时候，张觉一直充当着中立角色，谁也不得罪，谁也不帮忙。金国占领燕京后，张觉派人送上了降表，但却没有任何实际行动，反而仍然埋头扩充军力。

金国也知道张觉的小算盘，但因为当时实在太忙，也腾不出精力去摆平他，就采纳辽国降臣的意见，封张觉为临海军节度使，依旧掌管平州路，先笼络住再说。

金太宗吴乞买即位后，为了遏制张觉的势力，把一些投降的辽国重臣安置到平州，以起到监视、牵制作用。张觉认为金国对自己心怀疑忌，于是起了反心。

当张觉听说耶律延禧在西北重新起势后，便将金国送来的辽国降臣统统杀掉，并打出勤王复国的口号，宣布和金国一刀两断。

张觉支持耶律延禧复国是假，想为自己谋个好去处是真，宣布和金国翻脸后，就派人跑到燕京，表示自己想带着平、营、滦三州投降宋朝。

消息报到赵佶那里，赵佶不禁怦然心动，和金国扯了那么久，都没有得到这块地方，现在却是踏破铁鞋无觅处，得来全不费功夫！

赵佶的想法得到了王黼的大力支持，却遭到了赵良嗣的坚决反对。

赵良嗣认为，合约刚刚缔结，又白纸黑字写明了不能互相招降纳叛，现在墨迹未干，就要违约，肯定会招来金人的报复。

不过赵良嗣显然不了解赵佶，那是个想一出是一出的主，至于前因后果，他从来都不考虑。

得到赵佶的许可后，张觉摇身一变，又成了宋朝平州地区的官员。

可还没等赵佶得意多久，果然不出赵良嗣所料，金国立刻找上门来。

由于阿骨打新丧，金国并没有马上派大军征讨，只是派一支三千人的小部队前来问罪。

六月，张觉率军迎击金军，打了一个小胜仗。金军也没有再纠缠，先行引兵退去。

张觉获胜后，自以为得计，忙派人向宋廷报捷。赵佶一听，乐得笑开了花。

你看，白捡了一块地皮不说，还多了一支能够抵抗金国的军队，自己的决策实在是太英明了！

高兴之余，赵佶封张觉为泰宁军节度使，同时派人去颁发任命书和大量犒赏财物。

七月，宋朝的特快专递就到了平州城外，诏书和钱物一应俱全。张觉很开心，乐呵呵地打开城门，前去迎接。

正当张觉大张旗鼓地接受文书和赏赐时，突然，斜侧里杀出一路彪人马，以迅雷不及掩耳之势来到了平州城下，阻断了张觉的回城之路。

张觉惊恐地回头一看，此时的平州城外，金人的旗帜遮天蔽日，张弓满弦的金兵犹如围猎一般，正虎视眈眈地向他杀来。

原来，金军的六月退兵只是故意示弱而已，现在他们准备好好收拾这个降而复叛的家伙。

张觉察觉自己中计，果断选择跑路。他一路向西狂奔，一头扎进了燕京。驻守燕京的郭药师把他偷偷藏了起来，为了掩人耳目，还给他改了个"赵秀才"的假名。

张觉玩砸了，还给宋朝惹下了大麻烦。宋朝带给张觉的那些诏书、赏赐都落入了金人之手，这些东西成了金国指责宋朝违背盟约的证据。

接下来，金人一面指责宋朝背信弃义，一面抓紧攻打平州。张觉逃跑后，平州城失去了主心骨，面对凶悍的金军，只能向宋朝求援。

这个时候，宋朝又怂了。本来嘛，既然已经接纳了张觉，就该做好和金国翻脸的准备，总不能眼看着平州被金军拿去。可赵佶的行事风格我们也是知道的，别说没做什么准备，就算有准备，他也不敢公然和金军开战。

就这样，宋朝眼睁睁看着平州孤城被金军疯狂围攻，没派出一兵一卒。

十一月，平州城被攻破，平、营、滦三州落入金人之手。

拿下平、营、滦三州后，金国并未就此罢休，他们不断向宋朝移牒，要求把降将张觉送还，交由金国处置。

宋朝当时很尴尬，交出张觉吧，让人寒心，不交张觉，又怕得罪金国，左右为难。

一开始，宋朝和金国打起了太极拳，就是藏着不给。等金人催逼得急了，就杀了一个和张觉长相差不多的人，拿着首级去糊弄金人。

金人也没那么好糊弄，识破了宋朝的诡计，声称如果再不把真张觉交出来，他们就带兵到燕京来索拿。面对金国的武力恫吓，赵佶只能服软，下令将张觉处死，函首送给金人。

宋朝用张觉的死暂时度过了外交危机，不过这种做法，却引起了一个人的不快。

张觉是辽国降将，郭药师也是辽国降将，因此，郭药师对张觉有着天然的身份认同感。张觉躲在燕京的时候，全靠郭药师给予庇护。

当宋朝决定杀掉张觉以息事宁人的时候，郭药师对宋朝的做法十分不满。

张觉死后，郭药师愤愤说道："金人来索要张觉的脑袋，朝廷杀了张觉，如果金人来要我的脑袋，朝廷也会奉上吗？"

如果这种不满情绪仅限于郭药师一人，那倒也没什么，问题是他的背后，还有一支庞大的常胜军。

要知道，此时的常胜军，已经是捍卫宋朝北部边境最主要的军事力量！

就在郭药师收留张觉后不久，他还为宋朝赢得了一场巨大的胜利。

前面说过，燕京被金人攻占的时候，辽国将领萧干和耶律大石各自领着军队分头单干去了。萧干跑到一个叫箭笴山（位于河北北部）的地方，建立了大奚国，自称大奚国皇帝。

萧干建立大奚国后，收拾辽军残部，不断对宋朝边境进行军事骚扰。

六月间，萧干一度攻陷景州（今河北衡水）、蓟州，威胁燕京安全。好在一个多月后，郭药师率常胜军打了一场大胜仗，一举歼灭萧干军三千余人，打得萧干彻底没了脾气。

萧干被郭药师击败后，自此一蹶不振，不久为部下所杀，彻底玩完。

郭药师获得大胜后，受到了赵佶丰厚封赏，官升太尉，常胜军的兵力也由原来的不足万人，扩充到两万余人，成为宋朝的当打主力。

常胜军的骨干将校和郭药师一样，多为来自辽国的降将，他们看到宋朝处死张觉，都心生兔死狐悲之感。经此一事，原本斗志旺盛的常胜军也开始变得军心不稳。

张觉事件中，宋朝成了彻头彻尾的大输家，一来地皮没有捞到，二来闹得将士上下离心，此外还在金人那里落下了个违背盟约的口实。

很快，赵佶将为自己的轻率决策付出惨重代价。

## 辽国之亡

按照此前宋金之间的约定，宋朝有权取回西京地区的九个州，可张觉事件一出，这个协议条款想要执行起来就困难了。

我们说过，在金国高层，除了阿骨打，大多数将领都没有交还西京地区的积极性，现在阿骨打死了，不还土地的借口也有了，宋朝再想空口白话要土地，无异于白日做梦。

金朝迟迟不给出交还土地的具体日期，宋朝却一厢情愿地想拿回故土，于是，双方又开始暗暗较劲。

关于西京地区，其实情况也很复杂，基本上可以划分为两个区域。一块是西京以及西京以北的几个州，那里更接近金国边境，属于金人控制的地带。另一块是南边的朔、应、蔚三州，那里与宋朝接壤，从地形上说，更利于宋朝掌控。

事实上，金国虽然一度攻占了西京地区，但毕竟兵力匮乏，并没能对整个地区实现有效管控，所以经常出现降而复叛的情况。到了宣和五年，宋朝尝试对三州进行招降，结果，它们都归顺了宋朝。

对于宋朝的小动作，金国也不会置之不理，第二年三月，随便找了个由头就打了过来。关于打架这种事情，宋朝从来不擅长，朔、应、蔚三州立马就换了主人。除此之外，金人还顺便将飞狐（今河北涞源）、灵丘（今山西灵丘）两县也夺了去。

飞狐县是连接山西与河北的重要通道，当年太宗赵光义发动雍熙北伐，西路军杨业就是从这里出发的。现在倒好，又是偷鸡不成蚀把米。

不过，到此为止，金国和宋朝还没有完全撕破脸，倒不是金人多么善良，只是当时他们正在忙一件更重要的事情——追击耶律延禧。

不得不承认，耶律延禧确实是一个不甘寂寞的人，每当离开我们的视线一段时间后，他都会不耐烦地站出来，刷一下存在感。不过，现在留给他的表演时间已经不多了。

当金国和宋朝为了燕京、西京忙得不亦乐乎时，耶律延禧继续躲在夹山地区混日子。

宣和五年二月，他得到了一笔意外的军事赞助。从燕京跑出来的耶律大石和萧太后带着几千兵马前来投奔。

耶律延禧自己混得灰头土脸，却还埋怨耶律大石等人支持耶律淳擅自称帝，鉴于现在正是用人之际，才没把耶律大石怎么样，痛骂一顿后又宽赦了他。不过，那个萧太后就没这好运气了，最终被下令处死。

当年三月，耶律大石根据耶律延禧的命令，趁着金军主力远在东北，偷袭了新州。不过，到了第二月，金和宋交割完燕京，立刻派军向西挺进，一拳把耶律大石打回了原形。

耶律大石不但没守住新州，自己还做了金人的俘虏。接着，金人就把耶律大石绑了个结实，命令他充当人肉导航，去寻找耶律延禧。

金军找到耶律延禧的驻地后，连夜发动偷袭，毫无戒备的耶律延禧被杀得丢盔弃甲。不过，他不愧是一个具有丰富跑路经验的君主，最终还是溜了出来，一路狂奔，重新窜进了夹山大营。

金军并不罢休，让耶律大石继续当向导，去抄耶律延禧的老巢。耶律大石也很狡猾，假意配合金人，途中找了个机会，又溜了出来。

逃出生天的耶律大石一路搜集辽军残兵，居然又凑出了一支七千人的队伍。当年九月，他领着这支队伍再次投奔耶律延禧。

要说耶律延禧的特长，除了逃生技术过硬以外，就是作死水平高超。刚在夹山过几天安稳日子，窝里斗模式又开启了。

当初，耶律延禧死里逃生，大多数亲随都做了俘虏，包括两个儿子以及众多妃嫔、大臣，唯有次子梁王雅里跟着逃了出来。结果，一回大本营，耶律延禧发现雅里的亲兵竟然比自己还多，竟然怀疑起亲儿子来。

宣和六年（1124）五月，梁王雅里被几位辽将劫持，脱离耶律延禧出走，并在一个叫沙岭（今河北省境内）的地方自立为帝。但雅里也不是什么中兴英主，他完美遗传了耶律延禧喜欢游猎的基因，即使在那么窘迫的环境中，仍然天天游猎取乐。

结果，十月的一天，年仅三十岁的雅里竟然在一次游猎活动后活活累死了！

两个月后，这个小政权也被金国消灭了。

耶律家的破事是一桩接着一桩，不过只要我们的耶律延禧还在，闹剧就不会停止。

　　时间到了宣和六年，耶律延禧窝在山沟里积攒了一些家底，再加上耶律大石的七千号人，顿时觉得自己又可以出去和金人掰掰手腕了。

　　耶律大石觉得耶律延禧还没胖就又开始喘上了，坚决反对贸然出兵。但耶律延禧可不这么想，他听说阿骨打已经挂了，认为自己应该抓住时机再次出击，和金人决一死战！

　　耶律大石见这位老兄长了个榆木脑袋，决定不再跟他一条道走到黑了。于是，他找了个机会，带着几百亲信骑兵连夜向西北方向开溜。

　　耶律大石的出走并没有让耶律延禧改变主意，他仍然执意率兵南下，急吼吼地找金军去决战。

　　战斗结果毫无悬念，不到三个月，耶律延禧好不容易积攒的那点家底再次输个精光。不过，他的跑路技术确实已臻于化境，这次居然又成功逃回了夹山！

　　耶律延禧重新溜进夹山是宣和六年十月，这次，金军再也没兴趣和他玩猫捉老鼠的游戏，他们率兵步步紧逼，再加上一些辽国降将的带路，耶律延禧的夹山老巢也靠不住了。

　　据说，走投无路的耶律延禧也曾想过投奔西夏或者宋朝，但最终都没成行。

　　西夏原本对耶律延禧比较友好，也曾答应让他流亡西夏。但是，现在耶律延禧已无可救药，再加上金国的威胁，西夏也就没了积极性。

　　至于宋朝，我们又得数落一下没脑子的赵佶。自从因为张觉事件和金国产生裂隙后，他竟然忽发奇想，要联络耶律延禧对抗金国！

也不知赵佶从哪里找来一个西域僧人，给耶律延禧捎去密信，邀请他来宋朝避难，甚至连住处和女佣都安排好了。

不过赵佶的话连耶律延禧都不相信，更何况宋金边境上早就驻满了金兵，想偷渡国境谈何容易？

宣和七年（1125）正月，耶律延禧带着少数几个亲随，穿越沙漠向西流窜，一路上穷得只能以粗粮、冰雪充饥。

耶律延禧在冰天雪地里跑了几天，最终跑到了一个党项族小部落中歇脚。党项人怕得罪金军，秘密告发了他的行踪。没办法，耶律延禧只能接着冒雪跑路。

二月，金军循着雪地上的印迹一路尾追，终于在应州城（今山西应县）外将其擒获。

这回，耶律延禧再也无法得到好运的庇佑。

八月，耶律延禧被金朝降封为海滨王，遣送到长白山以东囚居。一年后，病死居所。

自此，立国两百一十八年的辽朝终究画上了句号，金国取代辽国，成为北方的新霸主。

最后，我们有必要再提一下辽国大将耶律大石。

自脱离耶律延禧后，耶律大石一路向西北行进，经过艰难跋涉后，到达了辽国西北路招讨司驻地可敦城（今蒙古国境内），在那里，耶律大石招揽各部首领，重新聚起精兵万余人。此后，他一路向西开拓，于八年后在叶密立（今新疆额敏县）登基称帝，重建辽国，历史上称其为"西辽"。

西辽建国后，耶律大石继续开疆拓土，十年里，先后征服高昌回鹘、西喀喇汗国、东喀喇汗国及花剌子模，在中亚地区建起一个强盛的帝国。

耶律大石在位期间，也曾几次想率兵东进复国，但终究未能成功，但他所建立的西辽，立国九十四年，只到十三世纪初，才被成吉思汗治下的蒙古帝国征服。

从某种意义上说，耶律大石以其传奇般的经历，又为辽国续上了百年历史。

## 反目成仇

辽国没了，宋朝还会长久吗？

这是很多女真贵族的想法。

自从捉住耶律延禧后，金国的统治愈加稳固。吴乞买在辽国降臣的帮助下，实行了一系列安抚民众、恢复经济的措施，同时也让金国的政治制度由原始部落制迅速向封建体制转变。

当女真人忙完手头的事儿后，他们发现，终于有时间收拾身边这位傻呆蠢萌的"胖邻居"了！

更何况，这位"胖邻居"还体贴地奉上了动兵的理由——张觉事件。

那还客气什么？该动手了！

宣和七年下半年起，金宋边境不断传来令人不安的消息。

九月二十四日，河东地区奏报，发现大量金军调动南下；

十月五日，中山府（即河北定州）奏报，金国国相粘罕与副都统耶律余睹来到蔚州，点阅军队；

十月十八日，中山府奏报，金国调遣两万兵马，分别进驻平州和西京，继续在边境地区增加兵力配置；

十月二十一日，中山府继续奏报，在蔚州和飞狐县等地，金国大量征集粮草，筹集军备辎重。

··············

一切都表明，一场大规模的战事即将爆发。

金国动兵的迹象越来越明显，宋朝高层却反应迟钝。

当时，担任宰相的是白时中、李邦彦。

白时中属于蔡京父子的亲信，物以类聚，他的做派也和蔡家人如出一辙。

李邦彦，和六贼之一"李彦"只差一个字，两人的品性也大体相似。他原是一个银匠的儿子，只因刻意巴结士大夫而进入政治圈。先是进京补了太学生，后来又被赵佶赐予进士出身。

李邦彦踢得一脚好球（能蹴鞠），同时还擅长编写通俗歌曲（每缀街市俚语为词曲），人称"浪子"。

李邦彦是赵佶所喜欢的"特殊引进人才"，于宣和三年当上了副相。后来他和蔡攸、梁师成等人混到了一起，联合排挤掉了王黼，摇身一变，浪成了宰相。

白时中和李邦彦处理边报的方法很简单——扔一边去。

所以，在白时中和李邦彦的"帮助"下，赵佶一直沉浸在歌舞升平的气氛里，他甚至还在为马上举行的郊祀大礼忙得不亦乐乎。

赵佶绝不会知道，自己离灭顶之灾，已经不到一年时间。


宋朝统治集团中，最先醒过来的人是童贯。倒不是说他的觉悟有多高，只因为他分管军事，战事一旦爆发，最先背锅的还是他。

十月底，童贯以商讨交割蔚州、应州以及飞狐、灵丘二县为名，再次派马扩出使金国，打探金国的真实意图。

马扩这次并没有去见金国皇帝吴乞买，而是去找了坐镇西京的金国大将粘罕。


马扩是武举出身，自身骑射水平高超。女真人都崇尚武力，对于马扩这样有真本事的人素有好感。因此，在几次交往过程中，尽管金国和宋朝一直貌合神离，但马扩和女真将领却有着较好的私交。

在见到粘罕前，马扩先在金国的馆驿居住，金国对马扩的接待超乎寻常的热情，安排的宴席甚至超过了以往的标准。马扩对金国的做法感到非常惊讶，不禁好奇地问金国接待人员，这是为何？

女真官员听了马扩的问话，欲言又止，最后才支支吾吾地蹦出了一句："这恐怕是我们最后一次接待贵使了！"

马扩听后，顿时惊出一身冷汗，他当然明白，这句话意味着什么！

看来，这次出使，必定凶多吉少。

十一月二十一日，马扩得以面见粘罕。

粘罕听了马扩的来意，果然一口拒绝："你们还想要这二州二县？我告诉你们，山前、山后的土地都是我们的，还有什么好讨论的？你们再割让几个城池给我们，来赎你们的罪过，那还差不多！你可以回去了，我自会派人到你们的宣抚司说明情况！"

马扩一听粘罕的回答，当场怔在那里。粘罕的一席话，简直就是开战宣言。

粘罕所说的"山前山后土地"，就是指"燕云十六州"，金国不肯归还西京及山后诸州也就算了，现在连已经归还的燕京及山前诸州，也称为金国土地。这岂不是要发兵夺回燕京！

"派人向宣抚司（指宋朝燕京宣抚司）说明情况"，岂不是要派人送来宣战书？

"再割让几个城池"，岂不是还要谋求宋朝更多的土地？

十二月初，马扩赶回太原，马上向童贯报告出使情况。童贯这才相信：金人真的要动兵了！

说"金人将要动兵"，其实并不准确。因为马扩从西京返回太原，本身就需要一段时间。

当马扩还在路上的时候，金军已经分东西两路，像铁钳一般，向宋朝腹地推进，两路大军的最终目标，均直指开封。

金国在崛起的过程中，涌现出一大批能征善战的将领，他们是金人眼中的英雄，也是接下来屠戮宋朝的刽子手。鉴于此前的出场人物太多，只好让他们到后台隐姓埋名一段时间。现在，也该轮到他们亮相了。

东路军主帅叫完颜斡离不（又作斡鲁补，汉名完颜宗望）。

斡离不是金太祖完颜阿骨打的次子，常年跟着老爹四处征战，打起仗来异常凶悍。此前耶律延禧兵出夹山，曾以优势兵力将前来阻击的金军团团围住。当时，耶律延禧以为胜券在握，特意带着嫔妃在高处观战。斡离不见到耶律延禧的麾盖，率轻骑直取耶律延禧，吓得他落荒而逃，结果金军凭着斡离不的勇猛，奇迹般地转败为胜。

此次南侵，斡离不的任务是从平州出发，先期攻占燕京，再从平原一路南下，径取开封。这条线路的最大阻碍就是宋朝驻守燕京的常胜军。一旦占领燕京，他们将面对毫无遮拦的平原大地，饮马黄河也是转眼的事情。

西路军统帅正是前面刚亮相的完颜粘罕（又作粘没喝，汉名完颜宗翰）。

粘罕是金国国相完颜撒改的儿子，他和父亲都是阿骨打称帝的元勋功臣。吴乞买继任帝位后，粘罕出任移赉（lài）勃极烈（类似副相）。现在，他又受命指挥西路大军从山西北部出发，南侵宋朝。

相比于东路军，西路军的任务要艰巨很多，粘罕要率军从西京出发，首先攻破雁门关，再依次攻占太原、洛阳，最后和东路军一起会师开封。同时，西路军还要负责截断可能东援的宋朝陕西军。

十一月下旬起，金国东路军率先发难。

出发前，斡离不一再听辽国降将在耳边唠叨，宋军很菜，非常菜，特别菜，保准一击而溃。

斡离不原本还将信将疑，直到一开打，他才发现，辽国人完全是在撒谎，哪有什么"一击而溃"，根本不用出击，宋军自己就溃了。

短短十天内，金军就收获了六座城池，还附带见证了宋朝官员的花式逃亡大法。据载：

檀州知州，弃城逃跑；

蓟州知州，率领亲军逃跑；

景州知州，从海路逃跑；

顺州知州，逃往燕京；

涿州知州，南逃；

易州知州，坠城逃跑。

一路过来，金军将士估计连汗都没出。

十二月二日，金军已经来到燕京城下，在那里，他们总算遇到了一次热身的机会。

虽然自张觉事件后，常胜军的士气明显下降，但不管怎么说，这支军队已经是宋朝唯一可以倚重的力量。

十二月六日，郭药师奉命率四万五千名常胜军出击迎敌。这一战，郭药师和他的常胜军倒还算卖命，他们和金军互有胜负，勉强打了个平手。

只是，待第二日常胜军回城后，燕京城内的宋朝官员明显感到了一丝诡谲的气氛。不久，城内更是流言四起，说是常胜军马上就要投敌了！

面对流言，宋朝的官员们只能装聋作哑。这也难怪，他们手头并没有足以制衡郭药师的军队。换句话说，自己的小命还捏在郭药师的手里呢。

十二月八日，流言变成了现实。

郭药师将燕京城内的四名主官骗到府上囚禁起来，转头派人到金军大营送上了降表。

十二月十日，金军旗帜又一次插上了燕京城头，金军"尽收其军实，马万匹、甲胄五万、兵七万，州县悉平"。

两次易帜，前后也就差了一年零八个月。

宋朝耗费万般心力，付出巨大代价而取得的燕京地区，仅仅守了不到两年，就前功尽弃。


郭药师完成第二次职场跳槽后，开始卖力地在新老板面前表现起来。他被斡离不任命为先锋，继续南下攻宋。

斡离不的军队深入宋朝腹地后，宋军拿出了对付辽国的老办法——坚守不出。

宋军龟缩在城池里不出击，以骑兵为主的金军倒也没办法。金军先后试图袭取保州、中山府、真定府等地，最后都没成功。不过，守住城池的宋军也不敢贸然出城，只能眼睁睁看着金人在中原大地耀武扬威。

十二月底，金军绕道击破信德府（今河北邢台），来到黄河北岸。

这里距离开封已只有十多日路程。

与东路军势如破竹不同，粘罕的西路军进展有点曲折。

童贯在确认金军南侵的消息后，果断采取了应对措施——跑路。最高统帅一走，宋军士气立刻跌落了一大截。

粘罕于十二月三日率军从西京出发，只花了半个月时间，就攻下了武州（今山西神池）、代州（今山西代县）、忻州（今山西忻州）等地。

十八日，金军来到太原城下。在这里，他们遇到了宋军的顽强抵抗。

太原是河东重镇，一向以城池坚固著称，加上太原知府张孝纯已经做好了充分准备。因此，粘罕率军攻了很久都没有效果。

十二月九日，正当金军在宋朝境内大肆侵掠的时候，开封城内的郊祀大礼才刚刚结束。

如果说此前李邦彦等人还可以靠隐瞒边报来糊弄赵佶。那么现在，金军入寇的消息早已经在城内传得沸沸扬扬。

纸，终究是包不住火了。

# 第十九章　汴京危局（一）

## 甩　锅

当赵佶从白时中、李邦彦口中得知金军入侵的消息，已经是十二月初。

此前，边关的急报如雪片纷飞，仅燕京地区，就一连发过七十多份，两个棒槌宰相采用乌龟大法，愣是装作没看见。直到郊祀大礼结束，事态绷不住了，才抠抠搜搜地从兜里摸出了奏报。

听到金军入寇，赵佶顿时没了主意，他怕引起城内恐慌，仍然捂着消息不宣布，而是起早贪黑地和一班宰执大臣开小会商量对策。

问题是一个大棒槌和一群小棒槌能商量个出什么东西来呢？

十六日，童贯从河东溜回了开封，此时，金人入侵的消息才正式公开。

但是，太晚了。

因为仅过了一天，粘罕派来的使者也跟到了开封。

赵佶吓得连使者的面都不敢见，只让白时中和李邦彦去对付。白李二人见到金使也吓破了胆，只会低声下气接待，半点抗辩都不敢。

事情发展到这个地步，就已经不是双边谈判，而是老子教训儿子了。白李二人腆着脸问金使如何才肯退兵，而金人提出来的条件很粗暴——割地称臣。

至于称臣一事，估计宋朝君臣不会有太大压力，输成这样，脸都不要了，称不称臣有什么关系？

只是割地一条太苛刻，金人的胃口很大，声言要以黄河为界重新划定领土。

以黄河为界？

如此一来，别说什么燕云十六州，宋朝还将失去整个河北、山西地区。如果按照宋朝的行政区划"路"（类似于省级）来划分，这块地区囊括了当时的河东路、河北东路和河北西路，内有五府三十五州十八军二监，那是一片面积近乎燕云十六州三倍的土地！

从军事角度考虑，如果说没了燕云十六州，北方骑兵可以直接进入开阔的平原地带。再没了河北、山西，人家就连路费都省了，直接过河就可兵临开封城下。

赵佶心里也清楚，如果答应金人的条件，到了地下，自己别说见赵家祖宗了，估计碰到石敬瑭都得捂着脸走。

眼看打又打不过，谈又谈不拢，赵佶在万般无奈之际，终于憋出了一条妙计——走为上计。

历史上，皇帝跑路的事情倒也没少发生，榜样就在眼前——辽天祚帝耶律延禧。往远了想，以唐玄宗李隆基最著名，跑着跑着还把媳妇和头上的皇冠给跑没了。

所以，赵佶在跑路之前，必须先找好一个能为自己背锅的人，一般来说，这样的人选会从自己的儿子中产生。

凭着几年如一日的努力，赵佶儿女满堂，完全没有前面几位赵家皇帝后继无人的尴尬。

赵佶一辈子有过三十八个儿子，当时已经出来三十二个，除去早夭的七个，还剩二十五个，足足一个加强排。

不过，候选人虽然多，挑起来却不难。因为长子赵桓竞争背锅侠的优势很明显。

赵桓，元符三年（1100）出生，母亲王氏是赵佶的原配夫人，赵佶当上皇帝后被册封为皇后。也就是说，赵桓既是嫡子，又是长子。如果说别人是含着金钥匙出生的，那么赵桓则是叼着一块玉玺来到了人间。

赵桓一生下来就自带光环，一路封公封王，非常顺当。到了政和五年（1115）二月，十六岁的赵桓被确立为皇太子，成为皇位第一顺位继承人。

但是，随着皇子的增多，赵佶的皇储地位也受到了一些挑战。当时，赵佶比较宠幸王贵妃，爱妻及子，王贵妃所生的儿子赵楷非常得宠，宰相王黼等人也曾劝赵佶另立太子。不过，赵桓的身份优势实在太明显，赵佶也没有轻易破坏规矩。

从十二月二十日起，赵佶连续发布命令，先是任命赵桓为开封牧，接着赐给赵桓排方玉带一条。这是两项极具政治象征的举动。

开封牧是掌管京城开封事务的职位，当年太宗赵光义、真宗赵恒都担任过。那条排方玉带也是极为珍贵的饰品，一般只有皇帝才配使用，而这回，赵佶不但把它赐给赵桓，而且特别嘱咐"不准辞免"。

二十二日，赵佶还破天荒地下发了一份"罪己诏"，狠狠地进行了一番自我批评，痛责自己骄奢淫逸、任用奸邪、穷兵黩武，并表示自己十分后悔（早干什么去了）。

按照很多史料的说法，赵佶当时已经打算把皇位传给儿子赵桓，自己走人了事。

事实上，赵佶当时的真实想法是只想甩锅，至于说甩皇冠，他还有点舍不得。

只到一个人的出现，才促使赵佶下定禅位的决心。


太常少卿，李纲。

李纲，字伯纪，邵武（今属福建）人，元丰六年（1083）出生，政和二年（1112）进士。

李纲的父亲李夔官至龙图阁待制，高官后代加上进士出身，李纲的仕途之路开局顺畅，中进士后的第三年，便已出任监察御史兼权殿中侍御史。

可自从担任了言官后，李纲耿直的性格成了他当官路上的绊脚石。李纲经常因为管不住自己的嘴巴而得罪朝中权贵，别人是官越做越大，他却是越做越小。

宣和二年，京城开封发大水，李纲又借机跳出来指责朝政过失，触怒了老大赵佶，被直接贬为监南剑州沙县税务，成了最末流的小官。直到宣和七年七月，李纲才被重新召回朝廷，担任太常少卿。

太常寺是掌管宗庙礼仪的地方，因此，李纲所从事的仍是一份闲职。

按照常理，一个被大领导鄙视过的边缘小官，要想东山再起，除非祖坟冒青烟。

然而，宣和七年这场突如其来的危机，将这位原本默默无闻的小人物推到了历史的前台。

赵佶原来设想的是赵桓监国，也就是让他当一段时间代理皇帝，看看情况再说，自己则带着亲信、女人、钱财一股脑儿跑到南方去躲避战乱。

赵佶的想法先是透露给了掌管枢密院的蔡攸。蔡攸又把事情透露给了好朋友——给事中、权直学士院吴敏。

吴敏一听，觉得这事办得不靠谱，就在蔡攸的引荐下，紧急面见了赵佶。

吴敏一见到赵佶，就指出赵佶南逃计划中的隐患："现在京城人心惶惶，有想跑路的，有想投降的，有想坚守的，人心不齐，开封肯定守不住啊。如果京城守不住，您还能够安全地跑到南方吗（车驾必不能达于淮、浙）？"

吴敏的这番说辞，寇准也曾讲给真宗赵恒听过。

赵佶一听，确实挺有道理，连连点头。

吴敏接着说道："金人大军逼境，如果皇太子监国，仍不能安抚人心，大宋朝就要危险了（大势去矣）。"

赵佶越听越觉得脊背发凉。

是啊，逃跑只能躲得过一时，关键是现在要有人能出面收拾这个烂摊子。太子赵桓也就二十六岁，平日里寡言少行，才具平平，危局之下肯定撑不住场子，必须得有一个真正干事的人来帮衬他才可以。

吴敏见赵佶已经被说动，遂立刻向他推荐了自己的一个朋友，此人正是我们接下来的主人公——李纲。

事态紧急，容不得半点拖延。赵佶这时也顾不得面子，赶紧召这位曾经被自己贬斥过的臣子觐见。

李纲见到赵佶后，慷慨激昂地提出了自己的意见："皇太子监国，本合乎礼制，可现在大敌当前，就不该再拘于常礼。太子如果名分不正而掌大权，如何号令天下？如果给太子一个更大的名分，为陛下保全宗庙，收拢将士之心，合力抵抗强敌，天下或可保全。"

李纲口中那个"更大名分"，就是皇位。

确实，如果皇太子仅有监国的名分，那么帝国名义上的最高统治者仍是皇帝赵佶，一旦两边发指令，到时候各地将士该听谁的命令呢？如果皇上都跑路了，将士们是不是更有理由跟着一起逃命呢？亦或会不会冒出一些别有用心的家伙，带着军队以勤王为名，跟着溜到南方呢？

让皇上主动放弃皇位这种话，也只有李纲这种毫不顾惜自身得失的刚直之臣才敢说出口。

而事到如今，连赵佶也不得不承认，李纲的大实话确实切中了要害。

二十三日，赵佶下定决心禅位太子。

不过，临阵脱逃总不是件光荣的事情，于是，在发布传位命令前，赵佶还进行了一番拙劣的表演。

当天晚上，赵佶急召宰执大臣进宫议事。

白时中、李邦彦等人一到齐，赵佶忽然一阵晕厥，瘫倒在了床前，内侍们连忙又是搀扶，又是灌汤药，这才让赵佶"清醒"过来。

"醒"来后的赵佶气息奄奄地表示："我已经半身瘫痪了（已无半边也），如何处理眼前的大事？"

一群宰执大臣见前几天还活蹦乱跳的皇上，转眼变成了一个废人，面面相觑，不知他葫芦里卖的什么药。

赵佶见众人不上套，就在纸上"吃力"地写了几行字，大意是"让皇太子即皇位，赶紧起草诏书"。

宰执们一听，明白赵佶这回是要彻底甩锅了，立刻起草好退位诏书，并赶紧去通知太子赵桓。

宰执们面见太子，说明来意，赵桓听后却极力推辞。

赵桓虽一直身居太子高位，但由于母亲死得早，在朝中并没有很深的根基，平日也没受到父亲重点关注，现在突然在危急时刻让他接班，心里一百个不愿意。

可是，历史从来都是诡异的，当你想做皇帝时，苦心积虑搭上小命可能也未必做成。当你不想担这份差事时，一群人就是摁也要把你摁在龙椅上。

赵桓不想干，立刻冒出一堆人出来劝他干。

赵佶亲自手书告诫他："你如果不听话，就是不孝！"

当时的郑皇后也跑出来劝："你爹老了（官家老矣），我们身家性命都托付给你了。"

接着是宰相领着群臣劝谏。

可是，不管怎么劝，赵桓也是倔得很，就是不接锅。

没关系，不听劝，就来硬的。


结果，可怜的赵桓在一群内侍宦官的簇拥下，硬是被架到了宝座上，百官早已齐刷刷地在下面侍立。宰相白时中不管赵桓答不答应，直接宣布：

新天子登基！

就这样，赵桓被硬生生地逼成了皇帝，成为宋朝第九任君主，也是北宋最后一任君主。

历史上的宋钦宗。


或许，历史就是这样让人捉摸不透，北宋开国，起源于一场"黄袍加身"，行将结束之时，又迎来了一场"黄袍加身"。

只是，这回的主角是真心"被迫"了。

## 跑，还是不跑

宣和七年十二月二十四日，赵桓被架上了皇位。

再过几日，马上就要迎来新的一年。照例，新皇帝应宣布改元。

在一片不安的氛围中，赵桓为自己选定了新的年号。

靖康。

"靖"出自《诗经》"日靖四方"一句，"康"出自《尚书》"永康兆民"，寓意四方安定，百姓康和。

可残酷的现实也告诉我们，人一般是缺什么，吆喝什么。

正月初一，正当赵桓接受百官朝贺的时候，北方的金人正马不停蹄地向开封跑来，打算一起加入祝贺的行列，唯一的区别是，这群不速之客手上并没带什么贺礼，有的只是寒光凛冽的箭簇刀枪。

宣和七年十二月二十五日，斡离不的东路金军攻占庆源府（今河北赵县）；二十七日，攻占信德府（今河北邢台）；靖康元年（1126）正月初一，再攻占相州（今河南汤阴县）。

此时，金军已经到了黄河边上，过河，便是开封城。

赵佶刚把皇位让给赵桓，就派人去向斡离不请和，声称现在宋朝换了老大，以前的不愉快都过去了，今后有事好商量。

这种低声下气的求和当然起不到实质作用，金军打仗，全靠以战养战，人家差旅费都没报销，怎么可能说撤就撤？

斡离不在郭药师的劝说下，反而加快了进军步伐。

宋朝为了守住黄河防线，在南北两岸分别部署了重兵，北岸浚州（今河南浚县）驻有七千守军，南岸渡口更是派驻了两万守军。

斡离不一开始还在为如何率骑兵过河犯愁，可刚到岸边，他惊讶地发现自己实在是想得太多了。宋军浚州守将刚看见金军的旗帜，就抢着弃城渡桥，一溜烟跑到了南岸。南边的守军见状，烧掉浮桥，也转头一顿猛跑，一头缩进了开封城。

宋军的逃跑效率让斡离不叹为观止，大冷的天，宋军居然都不给金人做热身运动的机会！

没了宋军的干扰，金人开始一边修桥一边找船，慢条斯理地组织军队渡河，前后一直忙活了五天，才把军队全部渡完。其间，窝囊的宋军竟毫无反应。

过河后的金军如入无人之境，再也没有遇到像样的抵抗。

富庶繁华的开封，已是近在眼前。贪婪的女真将士个个摩拳擦掌，只等一声令下，前去宰割诱人的猎物。


金军渡河的消息刚传到京城，赵佶就启动了他的逃亡计划。

赵佶崇信道教，退位时自称"教主道君太上皇帝"，他生怕金人真的把自己送到天上去，忙以去亳州烧香为名，连夜跑路。

靖康元年正月初三深夜，赵佶带着一众皇子、皇妃、内侍乘船东下。

由于走得很匆忙，赵佶一路上跑得非常狼狈，先是觉得官船太慢，改坐轿子，后来还是嫌慢，临时改乘几艘运砖瓦的货船。但是冬季河道水浅，货船也开不快，只好又换成拉货的骡车，路上饿了又没带吃的，只能要几个炊饼对付一下。

赵佶的队伍一夜狂奔百里，在天明的时候跑到了应天府（今河南商丘）。稍作休整后，赵佶继续赶路。半路上，蔡京、童贯、高俅等一众亲信带着护驾的军队追了上来。一群人簇拥着赵佶没日没夜地跑到了扬州。

扬州本已远离前线，随行的人都希望赵佶能就地驻留下来，可赵佶早就被吓破了胆，非要过了长江才觉得安全。他不顾众人反对，一股脑儿跑到了镇江府（今江苏镇江）。

赵佶跑得太猛，也顾不上那些随行的皇室成员，导致不少随行人员流落到沿路州县，成了缺衣少食的高级流民，甚至连太上皇后都被甩在了扬州。

如果耶律延禧见识了赵佶的风骚跑位，一定会由衷地赞叹一声：哥，要论跑路，还是你行啊。

赵佶的连夜南逃加剧了开封城中的紧张气氛。

有些高官知道消息后，直接带着家眷细软就开溜，连官帽都不要了，当官的一走，逃离京城的百姓也是络绎不绝，京城里一片人心惶惶。

如此场面，顿时让毫无执政经验的赵桓慌了神，于是，这位年轻天子的脑海里也闪出了一个念头——向老爹学习，跑路！

正月初四，赵桓和一帮宰执大臣商量对策。以宰相白时中、李邦彦为首的一堆人，议论来议论去，意见出奇一致：还是早点开溜比较好。

既然太上皇已经跑到了东南，咱们可以换条线路，走中南路线，跑到襄阳（今湖北襄阳）也可；走西北路线，跑到永兴军（今陕西西安）也可，美其名曰积蓄力量、准备反攻，总比去道观烧香的借口高大上。

大敌当前，朝廷高层却在研究逃跑路线，消息一旦传出，京城内的人心将彻底土崩瓦解，国势必将不可收拾。

万分危急时刻，那位敢于横身当事的书生再次出现了。

李纲要求见驾奏事！

赵桓登基后，李纲被破格提拔为兵部侍郎，跻身高级官员行列，但他毕竟还不是宰执班子成员，无权参与最高决策。一直在宫外等候消息的他心急如焚，他也素知赵桓以及白、李等人的脾性，如果等到决策正式形成，再想转圜就更难了。

于是，李纲未等赵桓等人议事结束，就要求入殿觐见。

闯殿的李纲被侍卫拦了下来，守门官告诉李纲："照例，宰执们议事未退，其他无关人员不可入内。"

守门官的一句"照例"把李纲彻底惹毛了："又是照例！都什么时候了，现在还能因循旧例吗？"

滚一边去，李纲丝毫不理会守门官的阻拦，径直闯了进去。

李纲闯进殿内，也不理会赵桓等人的反应，上来就是一句："道君皇帝将宗庙社稷交给陛下，现在你却要丢下京城，这样可以吗？"

越职闯殿，指斥皇上，放在平常，估计任谁都要被发配到外星球去了。

然而，此时所有人都被这个白面书生的勇气给镇住了，殿中一时间鸦雀无声。

还是白时中最先开口，他的观点依旧是金人太猛，开封难以坚守。

对于这番说辞，李纲早有准备，他两眼怒视白时中，厉声驳斥："若说京城不可守，那么天下城池，哪个比京城更加坚固？况且京城是赵氏宗庙、百官衙署、百姓居所所在，丢掉了京城，还能逃到哪里去？当前的谋划，是应该想着如何整饬军队、团结人心、坚守城池，等待各地勤王之师到来！"

按照他的设想，现在应该动员开封城内的所有军事力量，死守城池，等到各地援军赶来，届时形势必会出现转机。

一个字，战！


要论性格，赵桓和宋真宗赵恒颇为相似，都属于优柔寡断型，这两个名字相像的皇帝面临的问题也差不多，都是外敌入侵，都有胆怯跑路的想法，却又迟迟下不了决心。

万幸的是，真宗身边有一个寇准；赵桓的身边，则有一个李纲。

听了李纲的慷慨陈词，赵桓被说动了，不过他还是忧虑："如果主张守城的话，那么谁来担任统帅呢？"

是啊，谁站出来主持战局呢？

李纲思索片刻，扫视了一眼白时中和李邦彦，回答赵桓："宰相白时中、李邦彦虽然未精通军事，但凭借他们的名位，理应担负起安抚将士、迎战敌军的职责。"

李纲话音未落，白、李二人先急了，他们可没兴趣去挑这副重担。

白时中腆着脸回怼李纲："那你李纲就不可以带兵作战吗？"

这是一句相当无耻的话。你是百官之首，危急时刻，你不挺身而出，谁挺身而出？自己做缩头乌龟也就算了，还有脸诘问一个职位远低于你的官员？

白时中以为，李纲也是一介书生，并不懂得军务，这样将他一军，他会知难而退。

事实证明，以己度人往往是猥琐小人的阴暗心理。

李纲听了白时中的话，没有一丝犹豫，朗声说道："如果陛下不认为我平庸懦弱，命臣统兵御敌，那么臣必定以死效命！"

李纲声音不大，却回响在大殿的每一个角落，敲击着所有人的心灵。

究竟是什么样的力量，赋予这位毫不起眼的白面书生这般的胆魄和勇气？

翻开史书，我们总会惊讶地发现，每当一个王朝、一个国家在大厦将倾之际，总有那么几个人挺身而出，将如山的责任一肩挑起。

或许，在进入人们视野前，他还只是一个默默无闻的小角色，又或许，他曾经是朽烂官场中的失意者，这份沉甸甸的责任本不应该也不需要由他来背负。

但是，他还是毅然站了出来！在社稷、民族、国家最需要有人站出来的时候！

他不会考虑个人得失，也不会去考虑今后的生死荣辱。

只因在他心中，有一股澎湃的正气！

或许，在歌舞升平的时代，这样的正气经常被视为不识时务、迂腐可笑。然而，每到社稷危殆的时刻，人们又是如此地渴望，渴望有这样一个无所顾忌的人，一个愿意以身许国，能够给人们带来无限能量的英雄！

李纲的血液里，便流淌着这股英雄气。

他的身上，有寇准的大忠，有范仲淹的担当。

其实，面对这场国难，李纲早就做好了以身赴死的准备，无论曾经受过怎样的不公，无论现在的地位如何卑微，他都将义无反顾地投身其中，以死相拼。

这种勇气，是白时中、李邦彦之类的精致利己主义者永远无法理解的。


赵桓也被李纲的勇气所折服，当即任命他为尚书左丞、东京留守，全权负责京城的守卫。

李纲接受任命后，马不停蹄地布置城防事宜。不过，对于李纲来说，眼前最大的困难还不是城外的金人，而是赵家君王与生俱来的畏战基因。

大战在即，最忌讳人心不齐，如果最高统治者朝令夕改，一切都将成为空谈。

　　果然，回宫后的赵桓又发生了思想动摇。当天晚上，在一些宦官的怂恿下，赵桓脑中的逃跑念头又占据了上风，他又一次临时变卦，下令第二天离京外走。

　　五日清晨，当李纲前来上朝的时候，他发现，殿外的禁军披甲侍立，车驾整束停当，甚至连太庙里赵家帝王的祖宗牌位都已经被请了出来。

　　显然，赵桓又要动身走人了。

　　事不宜迟，李纲立刻上前挡住了车驾。

　　面对一众禁军将士，李纲声色俱厉地斥问："你们是愿意坚守京城，还是愿意随行护驾（尔等愿以死守宗社乎？愿扈从以巡幸乎？）"

　　禁军将士的家眷大都留在京城，现在让他们丢下家眷奔逃，本来就没什么积极性，被李纲这么一问，众人齐声高呼：

　　"愿意死守！"

　　李纲止住禁军后，转身再去找赵桓。他效仿当年寇准的做法，拉上了掌管禁军的殿前都指挥使王宗濋，一起前去劝说。

　　见到赵桓，李纲当即正色劝谏："陛下昨天已经答应臣留守京城，为什么今天又要离京呢？况且，军队士卒的父母兄弟都留在京城，他们必定不愿离开，万一离京途中人心涣散，谁来护卫圣驾？"

　　赵桓本就理亏，被李纲一番话说得哑口无言。

　　李纲并不在意赵桓的尴尬，继续劝道："现在金人已经逼近，如果他们察知陛下的车驾并没有走远，快马疾追，您又如何抵挡呢？"

李纲的话句句戳中赵桓命门，思虑再三，赵桓也觉得李纲言之有理，终于答应不再离京。

好，有你这份承诺就够了。

为防止再生反复，李纲当即疾步入殿，向众臣高声宣布官家留守京城的决定：

上意已定，敢有异议者——斩！

## 京城保卫战

当宋朝高层定下死守京城的决策时，金军离开封只剩下两天左右的路程。

两天就两天吧，总比没有强。

李纲立即利用这一点宝贵时间布置城防。

在金军进攻之前，我们必须先熟悉一下开封的城防情况。

北宋都城开封因为地处中原，无险可守，所以历代君主都很重视城池修建。

开封城的城墙基座厚达五丈九，墙顶宽三丈儿，高四丈，周边还挖有宽十丈的护城河，可谓城高墙厚，固若磐石。城池共有内外两层，内城周长二十余里，外城周长近五十里。城周共设有十九个城门，由于汴河贯通全城，在东西城墙处还各设有四个水门。

李纲动用了城内所有的军事力量，不管禁军、厢兵、保甲，凡是拿得了武器的通通上阵。城防部署围绕四面城墙展开，最精锐的禁军负责正面防守，东、南、西、北四面城墙依次部署一万两千人。

另有四万人分为前、后、左、中、右五军，每军各八千人。

其中，前军负责驻守东水门。因为那里是汴水入城的关口，平时南方的漕运粮船都经东水门运入城内，那一带设有延丰仓、顺成仓等五十多处仓储粮库，是保障粮食供应的关键所在。

后军负责驻守城东的樊家冈。开封城西高东低，樊家冈是城东的一块高地，同时那里又是护城河最窄的地方，容易成为城防中的薄弱环节。

其余左、中、右三军留驻城内，作为预备部队供机动使用。

剩下的厢兵、保甲负责为主力部队做好后勤服务，大量皇族宗室、文武官员被临时任命为提举官，负责协调指挥城门把守。

反正是人人有责，出了问题一抓一个准。

李纲一边忙着军队排布，一边还得抓紧修缮城防装备。经历了一百多年的和平岁月，开封城的很多城防设备已经严重残缺，必须在短时间内重新配备起来。

修楼橹（木制塔楼，用于观察敌情）、挂毡幕（保护城墙的毯子）、架床弩（用于远距离攻击敌人的大型弩）、运砖石（用于发射石炮）、装檑木（打击登城敌人的巨木）、制备燎炬和火油（大型火把，用于烧毁敌人的登城器具）……

在李纲的督促下，城内所有的资源都被调动起来，就等着和金军决一死战。

正月初七，金军进抵开封城下，他们首先占领了城西北方的牟驼冈。

当日傍晚，金军便发动了对开封城的全面攻击。

汴京保卫战，至此展开。

按照古代的城防设计，城池的陆门大都设有瓮城（城墙外侧或内侧修建的半圆形护门小城，敌人攻入城门后犹如钻进了瓮内，会受到四周弓箭攻击），但水门因为肩负着货运职能，往往只设有一个水闸。敌人一旦突破水闸，就可以顺流进入城内。当然守城者也知道水门的这个弱点，往往会在水门两侧修筑两道和城门垂直的城墙，俗称"拐子城"。当敌人沿河进攻水门时，守城者可以在拐子城上提前射箭，以压制水上来敌。

金人最喜欢骑兵野战，攻城并非强项。因此，在开战之初，金军把攻击重点放在了水门上。

城西的西水门最先遭受金军的进攻。

金人先是派出了数十艘小船，在船上纵火后，驱使小船顺流而下，企图一举烧毁闸门。

对金人火攻之计，李纲早有准备，他派人登上拐子城，在火船还未靠近闸门时，提前用长钩将火船钩到了岸边，再扔下一堆巨石，将船只砸个稀巴烂。

来多少，砸多少，石头管够。

长钩钩船毕竟需要人力操作，如果有船只避开了长钩呢？也不要紧，在水门的前方，李纲早已经命人安置了杈木、假山，火船一旦碰到，不是原地打转，就是撞得粉碎，这样金人就算有再多火船，也没办法靠近闸门。

这里需要特别提一句的是，在如此短的时间内，安排长钩、木杈尚有可能，那些假山是哪里来的呢？不要紧，权相蔡京府内有的是，权当废物利用吧。

水路走不通，金人决定还是老老实实啃墙砖，从陆上走。

正月初九，金军以北城墙为重点，同时向陈桥门、封丘门、酸枣门、卫州门发动攻击。

强渡护城河，架云梯，爬城墙，苦是苦了点，但总算回到了熟悉的操作步骤上。自信的金军以为，只要不要命地猛攻几波，开封城也就拿下了。

但是，他们悲催地发现，好客的李纲早就准备了丰富的守城套餐，热情迎接他们的到来。

针对金国广大爬墙爱好者，李纲布置了远、中、近三种套餐。

对于已经挂在墙上的那些金国"壁虎"，他们将收到宋军赠送的檑木和火油，根据自己的口味，可以任意选择压死和烫死两种上天堂的方式。对于来到城下的金军，密集的神臂弓和强弩将让他们有幸成为刺猬。至于远处的金军，不要紧，如果运气好，或许在城墙的某个角落，一架巨大的床子弩或石炮正在为你准备天降大礼包。

除了遏制金人的攻势，李纲也没有一味消极防守，而是寻机主动攻击。

宋军毕竟处于守势，出城对攻是不可能的，李纲把重点放在了云梯和金军将领身上。他组织了一批特种部队，瞅准机会就攀着绳索、拿着火把，从城上突然坠下，别的不干，专门负责烧云梯，烧完就溜回城内。

如此一来，金人的云梯消耗极快，只能对着城墙干瞪眼，想送命都没有机会。

除了烧云梯外，李纲组织的特种部队还专门负责斩首行动。对于一般的金军士兵，他们不做缠斗，专挑金军将领集中攻击。所谓"射人先射马，擒贼先擒王"，杜甫的诗句到了李纲这里，成了活学活用的军事教材。

要问宋军怎么分辨金军的将领和普通士卒？那全靠李纲的战前观察。

李纲告诉他们，金国的将领很好认：凡是耳朵上挂着金灿灿大耳环的，大小都是个官。

原来，金耳环乃是金国上层人士的常用装饰，这让宋军一打一个准。

所以说，没事还是穿着朴素点比较好，战斗中瞎嘚瑟的毛病要不得。


战斗中，李纲身先士卒，亲自登城督战，激励将士，宋军将士也一改畏敌如虎的作风，士气越战越旺，打得金军毫无脾气。

打了整整一天，金军在开封城外丢下了数千具尸体，却连城墙皮都没啃下几块，只能悻悻地撤了回去。

捷报传来，赵桓立刻命人送来酒、绢、银等物品，对有功将士大行犒赏。

顿时，宋军的士气达到了最高点，汴京保卫战迎来了最好的时刻。

然而，正当宋军厉兵秣马，准备对来犯的敌人再予痛击之时，金军却突然停止了攻击。

原来，和谈又开始了。

# 第二十章 汴京危局（二）

## 敲诈勒索

说和谈重新开启，其实并不准确，因为两边的外交接触一直就没中断过。

自从澶渊之盟后，花钱买和平已经成了宋朝上下的共识，除了神宗赵顼稍感憋屈外，大多数赵家君王对支付保护费一事都已经没有了心理障碍。

凡是用钱能解决的事，那就不是什么大事。

赵佶是这么想的，赵桓也一样。

　　金军刚到城下，赵桓就试着派出使者。不过，第一次接触很不愉快，金人仍坚持以黄河为界划分领土，另再让宋朝支付一笔犒军费用，这个条件和之前粘罕使者的提法一样，一点诚意都没有。

　　而宋朝这边的想法是，钱的数目可以商量，割地最好不要。

　　第一次接触后，斡离不的使者也来到了开封，要求宋朝派一位宰执级别的重臣前去金营商讨和谈细节。

　　赵桓一听和谈有门，喜不自胜，连忙派人跟着金使一起去见斡离不。

　　李纲听说赵桓要和谈，自告奋勇要求去金营，但赵桓怕李纲太强硬，惹恼了金人，没让他去。

　　正月初十，也就是李纲击退金人进攻的第二天，派出去的使者也回到了开封。这次带回了具体的议和条件，主要有五条：

　　一、金宋双方定为伯侄关系，宋朝皇帝尊称金朝皇帝为伯父；

　　二、宋朝一次性支付犒军费金五百万两、银五千万两，绢帛一百万匹，各色锦缎一百万匹，马、牛、骡各一万匹，骆驼一千头；

　　三、割让太原、中山（河北定州）、河间（河北河间）三镇之地；

　　四、凡从金国境内逃到宋朝的人口，一律遣返；

　　五、派亲王和宰相级官员各一人到金营做人质，一旦金人北归，渡过黄河后，放还亲王；三镇土地交割完毕后，再将宰相放还。

　　当赵桓和众臣看到金人开出的条件，不禁倒吸一口凉气。

最让宋朝君臣晕眩的是那份犒军费用，完全是一个天文数字。

"金五百万两、银五千万两"，这到底是什么概念呢？咱们可以对比一个数据，帮助各位加深理解。

当时，宋朝答应支付给金朝的岁币是每年白银二十万两，绢三十万匹，钱一百万缗。

也就是说，如果和议达成，宋朝光一次性支付给金国的白银就相当于二百五十年的岁银，更何况还有更贵重的金五百万两。

看样子，斡离不打算一次性薅尽宋朝的羊毛。

有意思的是，金人除了索要巨额经济补偿外，还特意要了一千头骆驼。照理说，骆驼也不是宋朝的土特产，为什么偏偏还附加这么一个要求呢？

一开始我也想不明白，直到看了后面发生的事情才醒悟过来。原来，金人要这一千头骆驼，就是专门用来打包运输战利品的，想得还挺周全。

面对金人的狮子大开口，李纲第一个跳出来反对。

是啊，金人早不答应，晚不答应，怎么等进攻受挫了，就想着答应议和了呢？更何况，议和的条件又是如此苛刻。

李纲力谏赵桓不可答应金国的条件，理由是金人索要的金银数目实在太大，根本就没办法凑齐。至于土地方面，一旦割让太原、中山、河间三镇，宋朝又将失去河北、山西北部的大片领土，等于是在原来失去燕云十六州的基础上，又向南退缩了一大步。没有了这些地区，中原就更加难以防守，今后哪里还有安宁日子过？

李纲一眼看穿了金国的阴谋。

确实，现在的金军，见强攻不行，玩起了"以和议佐攻战"的把戏，也就是一边进行军事压迫，一边又用和谈消磨宋朝的抵抗意志。

客观来说，对于个性优柔寡断的宋朝君主，这一招最中要害。

果然，李纲的意见虽然正确，但在朝中却成了少数派。

赵桓天性胆小怕事，根本没有长远的考虑。作为一个刚登基的年轻君主，他甚至对财赋数字也没有很清晰的概念，一心只想着渡过眼前的危机，至于付出多大代价，已经不在他的考虑范畴。

当时的宰执大臣中，白时中已经被罢免，李邦彦却还在位。以他为首的大多数宰执成员都倾向于答应金人的条件，甚至连讨价还价的兴趣都没有。

最后，在保护宗庙和百姓的旗号下，赵桓决定对金人的所求"悉如所请"。

既然答应了金人的索求，首先就得派人去金营充当人质，经过一番考虑，赵桓决定派弟弟康王赵构和宰相张邦昌前去。

赵构是赵佶的第九个儿子，时年二十岁。张邦昌是权臣王黼的党羽，赵桓即位后当上了宰相，他和李邦彦一样，也是积极的主和派。

赵桓不会想到，正是这次不经意间的任命，让这两位靖康年间的人质彻底改变了人生轨迹。关于赵构和张邦昌的经历，我们接下去还会细说，现在还是跟着赵桓处理最头痛的犒军财物问题吧。

对于金人的财物索求，绢帛绸缎、马牛牲畜之类还是能够解决的，最麻烦的是去哪里找那么多金银。

如此巨量的金银，靠国库是不顶事了，只能在整个开封城内进行搜刮。

很快，赵桓就向所有王公贵族、官吏百姓下发诏书，大意是：为了凑够给金国的钱财，朝廷已经掏空了家底，甚至连供奉宗庙的金银器都搬出来了，现在你们也要体恤国难，将手中所有的金银器皿交出来。

诏书最后还强调：如果谁故意隐匿不交，那就彻底抄没家产。如果谁能够积极告发，就根据查实的金银数额予以奖赏。

经过近十天的搜刮，朝廷一清点，总共筹集了金三十余万两、银一千二百余万两。

显然，这个数字和金国的要求还相差甚远。

不行，得继续搜刮！

接着，更加严厉的诏书下达了。


诏书要求：所有臣民都要悉数交纳所拥有的全部金银，如果有人检举揭发有功，不但可以得赏，还可以授予官职，反之，如果知情不报，就和藏匿者同罪！

为了增加搜刮效果，赵桓还轰轰烈烈地开展了定点清查，蔡京、童贯等贪官群体，平时容易得到皇帝赏赐的宦官、僧道群体，开封城里的声色场所，等等，查到财产，一律抄没充公！

于是，一场声势浩大的反贪扫黄行动在开封城内展开了。要说这种行动，如果放在平时，倒也是一件大快人心的事，可偏偏在这种背景下发生，多少有点黑色幽默的味道。

经过新一轮的搜缴，赵桓又凑到了金二十余万两、银二百余万两。

但还是远远不够呀。

赵桓这才回过神来，即使是把开封城的地皮刮没了，也凑不到金人索要的数目。

怎么办，钱不够，物来凑。

到了搜刮行动的第三阶段，朝廷开始连珠宝玉器、古玩珍藏都不放过了。有意思的是，为了让这些宝贝能折抵更多的金银，赵桓还专门派人到金营交涉。

于是在金军营帐前，出现了非常滑稽的一幕，一边是堆积如山的宝物，一边是几个拿着册子的宋朝官员，苦口婆心地为金军官员传授文物鉴赏知识。

你看，这个玉杯色泽莹润、做工精巧，怎么也值个一千两白银。

你瞅瞅，这个象牙雕乃顶级工匠精心雕琢而成，怎么也值个几百两银子。

⋯⋯⋯⋯⋯⋯

最后，搞得连金国官员都不好意思了，反正自己也不懂，没想到宋朝人还这么认真：算了，你也不用唾沫横飞了，要不你看着估个价吧⋯⋯

## 偷 袭

靖康元年正月，赵桓正不遗余力地凑保护费，而战场形势却发生了对宋军有利的转变。

勤王之师来了！

十八日，离开封最近的京西路和京东路军队最先赶到。

二十日，种师道和姚平仲所率秦凤军、泾原军也赶到了！

自从童贯第一次北伐失败，种师道背上了失利的黑锅。待金人再次入侵，朝廷又想起了这位在西北边线屡立战功的老将。七十五岁的种师道被紧急加封检校少保、静难军节度使、京畿河北路制置使，并特授自行征兵征粮的权力。

姚平仲也是长期服役西北的将领，宋朝收回燕京的时候，曾参与交割地界的事情，战事一起，他被任命为京畿河北路统制官。当时，姚平仲刚从北方带着七千兵马回来，半道正好碰到种师道，两人就一起赶往开封。

又过了几日，人数最多、战斗力最强的秦凤经略使种师中、熙河经略使姚古所率的西北军队也赶来了。

几日后，南方地区招募的军队也来了。

一时间，开封城外，勤王的兵力达到了二十多万！

这里，我们还得简单介绍一下宋朝将领之间的关系。

种师中是种师道的亲弟弟，同属西北种家将门，种师道被称为"老种经略相公"，种师中则被称为"小种经略相公"。而姚古的哥哥，正是此前在平夏城一役中立下大功的姚雄，姚平仲则是姚古的养子。

种家和姚家都是西北的名门望族，他们长期奋战在西北前线，世代立下军功。

按理说，宋朝拿得出手的将领汇聚一堂是件大好事，大家齐心合力抗敌就是了。

然而，问题偏偏就出现在这些所谓的名将身上。

在众位将领中，种师道威望最高，赵桓听说种师道来后热情接待。

种师道分析了敌我形势，认为开封城高墙厚，粮草充足，完全可以坚守。相反，金军孤军深入，犯了兵家大忌。宋军只要坚守不出，然后寻机截断他们的粮道，金人肯定北撤，到时趁其渡河之时予以追击，定可大获全胜。

种师道的建议稳健可行，赵桓如果照此操作，即便不能取得大胜，逼退金军是很有可能的。

可是，到了一月底，两件事情的发生让赵桓产生了主动出击的念头。

金兵或许是因为看到堆积如山的金银财宝，受了刺激，反而加重了对京郊地区的劫掠。活人抢完了，一些金兵就把目光盯在了死人身上，悍然干起了盗坟寻宝的行当。

开封周边有很多王室贵族的坟墓，被金兵挖了个底朝天，殉葬品被抢掠一空。

赵桓向来懦弱，但被人挖了祖坟，也是气得面红耳赤。

此时，姚平仲又正好提出了一份夜袭计划。

姚平仲认为，金人骄傲自大，肯定疏于防备，可以率轻骑兵来一次夜间偷袭，定能获得意想不到的胜利。

赵桓正在气头上，立刻同意了姚平仲的提议。

关于这个偷袭计划，姚平仲其实是有私心的。

我们说过，种家、姚家都是西北军功家族，两家其实存在着一种微妙的竞争关系。现在，种、姚两家的精锐都来到了开封，谁都希望在天子的眼皮底下博个头彩。

种师道原本是不赞成偷袭的，但他也无法驾驭姚家所控制的军队，再加上赵桓的支持，最后只能放任姚平仲去赌一把。

偷袭就偷袭吧，可赵桓的脑回路确实很奇特，他和他父亲一样，非常推崇道教，在行动之前，专门找了个神棍挑选良辰吉日。

搞迷信就搞迷信呗，赵桓还偏偏大张旗鼓地进行，又是做法事，又是竖大旗，甚至连庆功准备都做好了。

如此一番折腾，京城里很多人都知道了宋军将要采取军事行动了，阴谋转眼玩成了阳谋。

二月初一夜，姚平仲率领自己的七千将士向金营奔去，不料连扑两座营寨都是空的，冲进第三座营寨时又中了埋伏。

结果，宋军这次偷袭损兵折将，以失败告终。偷袭的主谋姚平仲生怕被追究责任，跑得无影无踪，干脆也不回开封城了。

夜袭失败引发了一连串反应。

斡离不连忙派人指责赵桓违背合约，赵桓只能推脱说这是宋军将领的个人行为，和自己没什么关系。

李邦彦等人又趁机跳了出来，表示种师道、李纲应对此次军事行动负责，他甚至怂恿赵桓将种、李二人绑起来交给金人处置。

种师道、李纲当然很冤枉，因为这事的拍板人是赵桓，怎么要自己背锅呢？

种师道在得知夜袭计划失败后，倒没有慌乱，他甚至提出，既然第一次办错了，索性不如将错就错，再来一次偷袭，金人刚刚得胜，肯定料想不到。

可是赵桓早就"恐金症"复发，哪里还敢再有动作？

二月三日，为了表示对金人的歉意，赵桓还是下令免去了李纲、种师道的职务。

此外，宋军的夜袭还让斡离不对赵桓提出了新的要求——更换人质。

按照斡离不的看法，宋军既然敢发动进攻，说明对自己手里的人质安危不在乎，于是他要求再换一个亲王和最高级别的文官来做抵押。

最后，赵桓只好让肃王赵枢（赵佶第五子）换回了康王赵构。至于更高级别的文官，好办，把张邦昌提升为太宰，顶替李邦彦成为首席宰相就可以了。

于是，因为一场突发奇想的夜袭，这两位人质居然一个被放回，一个被升职，莫名其妙成为了获利者。

对于这事，我只能说，有时候历史就是那么神奇。

夜袭事件的余震还在继续，紧接着，开封城内又迎来了一场猝不及防的请愿运动。

这场运动由一个叫陈东的太学生发起。

宋朝沿袭前朝制度，设立国子监为最高学府，主要招收七品以上的官员子弟入学读书。国子监内设太学、律学、国子学等机构，尤以太学为重。

宋朝崇尚文治，太学生的地位很高，平时都把自己当作士大夫的预备队，慷慨以天下为己任，尤其喜欢讨论时政。由于年轻气盛，这个群体更是以敢说敢言为美德。

陈东出生在一个儒学家庭，士大夫情结很浓，平时的言论最为大胆，早在赵佶在位的时候，他就敢公开批评蔡京、童贯等人，很多人一见到他来参与讨论，都唯恐避之不及，就怕惹祸上身。

国事发展到这种程度，陈东当然不可能袖手旁观。赵桓刚登基的时候他就上书朝廷，呼吁铲除蔡京等"六贼"。现在，见到李纲、种师道被罢，更是义愤填膺，再次带头上书。

二月六日，陈东带领京城在读的两百多名太学生一起跑到宣德门前，来了一次集体下跪上书。

太学生的上书火药味十足，他们要求朝廷立刻恢复李纲、种师道的职务，并严惩李邦彦、白时中等"社稷之贼"，直斥皇帝"为什么任用贤人却不能始终信任，罢斥奸臣却又犹犹豫豫（何陛下任贤犹未能勿贰，去邪犹未能勿疑乎）！"

太学生上书的消息很快震动了整个京城。

京城百姓本来就对搜刮民财逢迎金人的做法充满怨气，这次听说有学生上书，立刻群起响应。不一会儿，京城百姓也纷纷加入进来。一时间，近万人聚集在宣德门外。乌压压一大片，侍卫们赶都赶不走。

当天中午，请愿的人群还未散去，众臣散朝的时间却到了。下朝的诸位大臣也不知道外面发生了什么事，没有改变回家路线，正好路过上书现场。

这还了得，有眼尖的人立刻发现了他们的重点攻击目标——那个家伙不是李邦彦吗？

"别让他跑了"，随着人群中的一声嘶吼，众人已经冲了过去，把李邦彦围在中间一顿痛骂。光骂街还不过瘾，有些人已经开始忙着脱靴子，准备抢起靴子揍他一顿。

听说有人聚众闹事，赵桓马上派人出来调停，声称太学生和百姓的意见皇上已经知道了，一定会考虑采纳，大家还是先散了吧。

显然，赵桓的空头支票并不能让大家满意，人群依然没有散去。

这个时候，吴敏出来调和了。

吴敏是李纲的推荐人，正月刚提任知枢密院事，他平时态度比较中立，关键时刻被派来平息事态。吴敏告诉上书人群：罢免李纲是暂时的，等金人一走，就会复职，大家就别瞎激动了。

留下李纲就是为了抵抗金人，什么叫作金人一走，李纲就复职？鬼才信！

吴敏的回答也没能让上书人群满意。

闹腾了一天，天色渐渐暗了下去，人们仍在黑灯瞎火中聚集着。这时候，有人把开封府用来告状的登闻鼓搬了出来，晚上看不见不要紧，声音总听得见。

于是，大殿外鼓声隆隆响起。

登闻鼓敲了一会后，鼓槌断了，也不要紧，那就扯开嗓子喊，于是，山呼海啸般的喊叫声响彻天际……

再这么闹腾下去，估计赵桓连睡觉都成了问题，朝廷就琢磨着开始用硬的。

开封府尹又被派出来劝说聚集人群，话里软中带硬地暗示：你们这是在胁迫天子！

以陈东为首的太学生针锋相对：我们以忠义胁迫天子，总比让奸佞胁迫天子好（以忠义胁天子，不犹愈于以奸佞胁之乎）。

开封府尹还想劝说，发现人群中已经有人开始撸袖子了，赶紧脚底抹油，溜了。

既然负责地方治安的官员不行，就换禁军统帅，接着出来做思想工作的是殿前都指挥使王宗濋。

王宗濋出来后，也没啥效果，请愿的人群反而越来越激动。他一看情况不对头，赶紧跑回去报告赵桓，再不想办法解决，今天估计是要闹出民变了！

眼见上书运动越来越失控，赵桓只好答应恢复李纲、种师道的职务，并派人马上宣李纲进殿。

不过，赵桓答应得还是晚了那么一点点。

当时，赵桓为了先让人群散去，就派宦官去宣布旨意。但是，因为事情实在太仓促，李纲的复职诏书还没写好，那个宦官只能先空着手去。

此时，人们的愤怒早已经达到了极点。

宦官本来就不讨喜，聚集的人群一见到他，乱哄哄地也没问清情况，就一拥而上开揍了。

这位可怜的宦官居然被群殴而死，再后来，人群中又不知谁喊出了一句"杀死内臣无罪"。

这声嘶吼使得现场的气氛彻底失控，人们的一腔怨气全都迸发了出来。接着，场面更加混乱无序，三十余名在场的随行宦官成了这次事件的替罪羊，惨被殴打致死。

二月四日的宣德门外，弥漫着绝望的血腥味。

最后，官复原职的李纲、种师道终于出现了，众人终于在宣德楼上看到了两人的身影。直到此时，人心才稍稍安定，聚集的人群才逐渐散去。

和谈、夜袭、上书，一连串的变故几乎压垮赵桓脆弱的神经。

好在，紧张了近两个月的赵桓终于等来了一个好消息。

金人打算退兵了。


# 回銮


斡离不见开封城内的财物已经被敲诈得干干净净，周边的勤王军队又越聚越多，于是想着见好就收得了。

二月十日，东路金军开始撤兵北归。

当金军北撤的时候，种师道建议宋军趁他们过河的时候发动反击。

种师道认为，这帮金人劳师袭远，早就疲惫不堪，宋军只要齐心协力，定可杀他们个片甲不留，把那些掳掠的财物重新抢回来！再者，放纵这支金军回去，迟早是祸患。

李纲的意见也和种师道差不多，认为应该派十万宋军尾随金军，伺机发动攻击，至少防止他们在回去的路上烧杀劫掠。

只可惜，赵桓并没有采纳种师道和李纲的意见，只答应派军监视他们离境。一来，他早已是惊弓之鸟，害怕再生事端；二来，西路金军的事情还没料理完，更让他不敢轻举妄动。

之前我们一直在说斡离不所率领的东路金军，把粘罕的西路军晾了好一会儿，现在我们再来看看这位老兄到底在忙什么。

粘罕其实一直很郁闷，他的军事经验和指挥作战能力都胜过斡离不一筹，但是偏偏运气不怎么样，碰上了"太原府"这个硬茬，怎么啃也啃不下。

粘罕也曾考虑过绕开太原，分兵南下，还一度攻占了威胜军（今山西沁县）和隆德府（今山西长治）。但是，身后的太原府始终让他心存忌惮，一旦被断了后勤补给线，那不是闹着玩的。

没等粘罕拿下太原，宋朝派使者送来了金宋议和的消息，他白白为斡离不做了嫁衣，心里很是不爽，但暂时也没办法，只好决定撤兵。

二月十六日，斡离不的东路军渡过黄河，向燕京撤退。

二十六日，粘罕的西路军也开始向云州回撤。

汴京城的第一次危机终于解除。

金军走了，留给宋朝君臣一地鸡毛。

太原、中山、河间三地的交割还未完成，军事防务亟待重新部署，京城里的秩序还等着恢复。

摆在赵桓眼前的仍是一堆剪不断、理还乱的破事。

不过，对赵桓来说，前面那些事情还不是最紧迫的，眼前最棘手的事情是如何处置那个人。

太上皇赵佶。

经过这次汴京危机，赵桓和父亲赵佶间的隔阂更深了。

做皇子的时候，父亲就从不待见自己，甚至还动过更换皇太子的心思；大难临头，又无耻甩锅，自己跑到江南去避难，任谁心里都不会舒服。

赵佶跑到江南后，搞的一系列事情更让赵桓心中不悦。

赵佶在镇江依然是一副皇帝的做派，各地的军队都接到了勤王的指令，赵佶却下令江南的驻军不得前往开封，而是赶到镇江保护自己。

更可气的是，赵佶还下令截留江南发往开封的钱物，供自己在镇江继续奢靡享乐，俨然是要另立朝廷。

这干的是哪门子事情！

现在京城的危机解除了，赵佶继续留在镇江肯定不合适，不然真弄成南北朝了。于是，包括李纲在内的很多人就建议赵桓早日迎回太上皇。

对于这个建议，赵桓点头称是。三月初，他就派人前往镇江，接赵佶回来。

赵佶失去了滞留南方的理由，只能走上北返的道路，可走到应天府后，他又赖着不肯前行，声言需要朝廷另派重臣来接，他才肯回开封。

赵佶心里的小九九其实很简单。他自知事情办得不地道，一旦回到开封后，把不准儿子赵桓会怎样对待自己。

关键时刻，还是李纲站出来揽下了这份差事，他说服赵桓，让自己前去接太上皇回来。

李纲在半道上遇到了提前回来的太上皇后郑氏。郑太后见到李纲后突然提出了一个问题："回开封后，打算让我居住在哪里？"

这个问题把李纲弄得一头雾水，李纲不明就里，只能如实回答："太上皇后当然居住在宁德宫啊。"

赵佶宣布退位的时候，把自己安排在了龙德宫，把当时的皇后郑氏安排在了宁德宫。龙德宫就是赵佶当年做端王时的府邸，后来扩建成了龙德宫，宁德宫则由一处皇家园林改建而成。

所以李纲的回答其实一点毛病都没有，这不是赵佶之前自己做的安排吗？

可是，郑太后接下来的一句话顿时让气氛紧张起来："已得旨，令居禁中！"

禁中，那是皇上和妃嫔居住的地方。

言下之意，自己根据赵佶的旨意，回开封后仍要居住在皇宫之内。

姑且不说太上皇赵佶还有没有权力下这种旨意，单是这个要求就非常不可理喻。

如果太上皇后身居禁中，那么同理，太上皇赵佶势必也要回到禁中居住。

再做进一步推测，甚至可以认为赵佶是想要儿子能够主动还政给自己。

这未免也太无耻了。

显然，这是赵佶在借郑太后的口试探赵桓的态度。

李纲当然不可能答应，而是以赵佶禅位前早有旨意为借口，坚决拒绝了这个无理要求。

过几日，李纲在应天府见到了赵佶。赵佶知道自己理亏，一上来就解释，说什么截留江南财物和军队，只是为了防止金军探查到行宫所在，并没其他企图。

李纲也没点破赵佶拙劣的说辞，反而一个劲点头称是，接着倒出了提前准备好的一大堆台词："皇上仁孝谨慎，天天盼着您回来，他唯恐事情办得不合您心意，经常茶饭不思。我私下将朝廷比作一户普通人家，家长出门了，把事情托付给了家人，现在不巧碰到了强盗抢劫，所以予以临机处置。家长回来了，就应该好好表扬家人保护宅院的功劳，其他的事情就不要操心了。您传位以后巡幸江南，正逢大敌入寇，皇上为了保住江山社稷，总要对朝政做出些小变革，您只要回去大大嘉奖皇上就可以了，其他一些细枝末节的事情也就不要再过问了。"

要听懂官场上的话，确实很费劲，如果你不知道前后原委，还以为李纲絮絮叨叨在唠家常。其实这是一段充满玄机的话。

说皇上仁孝，是宽慰赵佶；说皇上唯恐办事不合你心意，是让赵佶放心，赵桓并未对你表示不满；说皇上不得不对朝政做出一些变革，是指赵桓登基后处理了几位赵佶的亲信；话锋一转，还要安慰赵佶：所有这一切都是为了应对敌情，并不是针对你。

总而言之，结论就是"你回来以后，最好就不要去管具体的事情了（细故一切勿问可也）"。

换句话说，李纲是在委婉规劝赵佶：还政就别想了，过去的事情也别问了，安心回去当你的太上皇，也亏不了你。

话说到这个份上，也没什么其他选择了，那就启程吧。

四月三日，赵佶回到开封。赵桓率宗室、百官出城迎接，而赵佶则头戴玉屏桃冠，身穿销金红道袍，一副道士扮相，做出一种不问世事的姿态。

当日，赵佶乖乖进入龙德宫，闲居起来。

在李纲的努力下，赵佶、赵桓父子的关系维持了表面的和谐。

然而，这种和谐也就维持了短短数日。

赵桓对父亲的心里隔阂始终无法彻底填平。

就在赵佶入住龙德宫不久，赵桓下令调离他的几位贴身宦官，彻底剪除了父亲身边的耳目。同时，赵桓还下令，凡是得到赵佶赏赐的人，必须把赏赐如数交公，这等于间接杜绝了赵佶收买人心的可能。

从此，赵佶只能在深宫中过起半软禁的生活。

对于赵桓来说，除了孤立赵佶以外，接下去是要彻底铲除父亲留在朝内的残余势力。

首当其冲的，自然是臭名昭著的"六贼"。

事实上，清算"六贼"的行动早已开始。此前，在李纲劝说赵佶之时，言语中已经提到，赵桓即位后对朝廷进行了一些"变革"。

变革，仅仅是李纲委婉的说法，其实很多人已被赵桓"重点照顾"，只是前面要说的事情太多，我们来不及介绍而已。

下面，就让我们看看这些"贼臣"的结局。

"六贼"之中，赵佶回开封之前就被除掉的有三人：王黼、李彦、梁师成。

王黼在皇位继承问题上，曾经试图以郓王赵楷代替赵桓，所以第一个受到处理。赵桓刚即位，他就开溜了，朝廷遂以逃跑为罪名，将他免去官职、没收家产、流放永州（今湖南永州），随后又派人结果了他的性命。

宦官李彦因设置西城所、掠夺民财而臭名远扬，赵桓一即位，李彦就被直接赐死。

梁师成最有意思。在太子之争中，他和蔡京都曾表示支持赵桓，所以，当赵佶离京的时候，他自恃站队正确，没有跟着跑。不过他也知道自己名声太臭，容易被秋后算账，所以时刻不离赵桓，甚至连赵桓上厕所的时候也跟着（虽奏厕亦侍于外）。不过最后他还是被找机会定了罪，落了一个贬官外地、半路缢死的下场。

赵佶南逃的时候，有三贼屁颠颠地跟了出去，所以对他们的处理稍微迟了一点。

朱勔在跟着赵佶南逃的时候，妄想把赵佶迎到自己的老家苏州。但他前脚刚走，御史的弹劾奏章就呈了上来，赵桓顺水推舟，让他享受和王黼同等待遇，给了一个免官外放、抄没家产的标配套餐，消息传来，人们纷纷冲到他的苏州老家，将他家里打砸抢了个精光。四月底，朱勔被贬为循州（今广东省境内）安置，随后遭到诛杀。

童贯追着赵佶逃到南方，死心塌地地为赵佶做安保工作，其间又得罪了不少人。二月十八日，金军刚撤退，赵桓就强令他退休；四月，又贬郴州（今湖南郴州）安置；七月，再贬吉阳军（今海南三亚）安置。一年多后，童贯被处以斩首，首级被带回京城悬挂示众。

老奸臣蔡京算是结局好的，他因为年老失宠，早早退出了核心政治圈。从三月开始，蔡京连续贬官，一直被安排到了儋州（今海南儋州），七月，蔡京还没来得及赶到儋州，就在途中去世，居然得了个善终。只是，他的子孙就没这个好运了，就在他接到外放儋州的诏令那天，蔡家子孙二十三人通通被贬到边远州郡，并严令虽遇大赦，也不得放还。

至此，"六贼"被彻底铲除。


接着，再说说其他几个矬人的下场。

蔡攸当官的时候与父亲不和，但结局却差不多，也被贬到了海南，最后被诛杀于贬所。

运气最好的要属高俅，破事一直没少干，跟着赵佶跑路他也有份，却在靖康元年恰到好处地病死了，只是后来被追削了所有官爵。

李邦彦不像前面几个那么恶劣，但属于庸官中的极品，在上书事件后，被免去宰相一职，过了一年，误国误民的烂账被翻了出来，再贬岭南，又过了两年，死在贬所。

最后，还要提一个冤死的人——赵良嗣。

作为宋金议和的倡导者，赵良嗣并没有做错什么，办理议和事宜也算尽心尽力，只可惜，千算万算，他没算到宋朝会这么菜。事到如今，他也成了可怜的替罪羊。

此前，赵良嗣因为反对招降张觉，已经被连降五级，外贬到郴州。四月，又有御史弹劾他挑起边患，罪大恶极，最终惨遭枭首处决。

更可怜的是，赵良嗣死后还被列入了《奸臣传》，竟和蔡京、蔡攸等人同为一卷，真是冤到无语。

一切都结束了，随着一堆旧人的出局，朝廷似乎又恢复了平静。

宋朝君臣不知道的是，这份久违的安宁也就维持了三个月而已。

# 第二十一章　靖康耻

## 狼再来

金军撤走了，可还有一个麻烦没解决——太原、中山、河间三镇的交割问题。

事实上，金军前脚刚走，赵桓就开始后悔了。

反对割地声一刻都没从赵桓的耳边停止过。没错，这三处的地理位置实在太重要，太原是山西的门户，河间是河北的门户，中山位于河北、山西之间，是沟通两地的要道。如果这块地方割给金人，那就相当于赵桓每天是在金人的眼皮底下睡觉，不失眠才怪。

在一片反对声中，赵桓也来了精神，表示"祖宗之地，尺寸不可与人""不忍陷此三镇以偷顷刻之安"。可问题是光嘴巴硬没啥用，还得有实力才行。

赵桓没实力，只好再次打开钱包，玩起那套花钱消灾的把戏。于是，金军刚刚过河，他就派人去重新和谈，请求金军高抬贵手，允许保留三镇，宋朝可以把三镇的租税以岁币的形式交给金国。

这个思路很眼熟，很宋朝，跟要回燕京的时候差不多，但赵桓根本就没有等来金人的答复。

在金人看来，不管你是心甘情愿还是迫于武力，答应别人的事情就得做到，怎么可以说反悔就反悔呢？

重新修订合约办不到，割地又舍不得，赵桓接下来只能走违约一条路。

既然要违约，就得找个理由，于是大宋朝的臣子们个个变成了合同法专家。

你看，斡离不率军撤回的时候曾沿途掳掠，这不是违约吗？金军说过了黄河就释放肃王，但迟迟没做到，是不是违约？和议达成了，斡离不的东路军已经撤退，西路军却还在攻城掠地，是不是违约？

这不，是金人背盟在先，可不是我们宋朝言而无信！

要说这群由诗赋高手转行过来的法律专家，理论素养确实不错，很有干律师的天赋。如果当时有一个国际法庭，或许能够让他们发挥一下。

但是，这群义愤填膺的臣子或许忘了最重要的事情，你们本来签订的就是城下之盟，还瞎嚷嚷什么呢？

不管金人怎么想，赵桓还是决定不再割让三镇。

三月十六日，他向三镇守将下发诏书，宣布金军首先违反盟约，宋军不再执行割地条款。

同时，为了应对金军接下来的军事报复，赵桓任命种师道为河北河东宣抚使，驻兵滑州；姚古为河北制置使，率兵援助太原；种师中为河北制置副使，率兵支援中山、河间地区。

按照赵桓的部署，姚古守卫西线，种师中守卫东线，老将种师道坐镇黄河北岸，看上去一切都很完美。

可事实上，宋朝实行的仍然是"将从中御"那一套。也就是说，这三支军队相互之间并没有隶属关系，谁都指挥不了谁，都只能直接听命于远在开封的赵桓。这样的指挥体系当然不适合整个战局的统筹协调。

没办法，这个错误从"雍熙北伐"到"元丰西讨"，赵家皇帝们都没有勇气去纠正，只因那是祖宗家法，是维系赵氏皇权的绝对法宝。

以赵桓的见识和能力，他绝对不会意识到，正是这个维系赵家统治的祖传秘方，成了断送赵家半壁江山的毒药。

三路军队中，种师道最不顺心，他虽然名位最高，手下却没有一兵一卒，赵桓只给了他一个空头名号，让他自己去滑州想办法募兵。才过了两个月，年迈的种师道就感觉力不从心，再次上书请求致仕，重新过上了退休生活。

面对宋朝的出尔反尔，金军很恼火。尤其是粘罕，发誓要卷土重来，好好给宋人一顿教训。

和议达成后，粘罕跑回了云州，但他并没有解除对太原的围困，反而命人对太原实施更加严密的锁城战术。

金军在太原城四周密密麻麻地筑起了堡垒，并且日夜巡逻盯防，彻底杜绝了太原和外界的联系，企图迫使太原守军投降。

于是，围绕着太原城，宋朝和金国又进入了战争状态。

为了化解太原之围，宋朝不可谓不努力，但是混乱的指挥体系再次成为制约宋军取胜的瓶颈。

最先率军前去解围的是姚古，因为军力有限，并没有成功。随后，赵桓又令河北的种师中穿越太行山前去解围。

种师中接到命令后，来到山西境内，他本想休整一番，做好准备后再向太原进军，结果朝廷催促进攻的命令一道接着一道，越催越急，最后甚至搬出了"逗挠（胆怯不出战）"的罪名。

如果大家熟悉前面的历史，就会知道，坑死名将杨业的正是这个罪名。

种师中没办法，只能勉强轻兵出击，结果一路上又是短兵缺粮，又是遭遇伏击，等到了太原附近，早已成强弩之末。

惨就惨吧，好歹是赶到目的地了，可本应该前来协同作战的姚古偏偏遇到了金军阻击，没能及时赶来会师，种师中只能孤军奋战。

五月十二日，种师中在榆次（今山西晋中榆次区）和金军短兵相接，经过半天战斗，宋军全线溃败，种师中陷入金军重围，力战而死。

种师中死后，金军转头进攻姚古。姚古自知不敌，连忙退回了隆德府。

这次解围之战，金军充分利用骑兵的机动优势，围点打援，收获了一场大胜。

反观宋朝，充分展现"外行指导内行"的缺点，导致两路大军仓促出击，被对手各个击破。

当然，事后算账，战败的责任是永远不会跑到皇帝头上的。姚古成了倒霉的替罪羊，他被免去军职，贬为广州安置。至此，三员最富作战经验的大将一个辞职、一个战死、一个免职。

接下来的作战，宋朝进入更混乱的状态。


自从金军北撤后，李纲的地位很尴尬。他原本在朝中就没什么根基，陈东等太学生引发的上书事件又由他而起，这让赵桓和其他宰执大臣都对他心有忌惮。

现在，朝廷正愁没人可用，于是，他又被推了出去。

六月初，赵桓任命李纲为河北河东宣抚使，接替种师道，率兵北上解太原之围。

李纲的待遇比种师道稍微好一点，除了一个统帅名号外，赵桓还拨了一点兵力给他，不多，一万两千余人。

没错，就一万来人，以宋军的战斗力，都不够金军塞牙缝。

除了李纲的直属部队外，赵桓还另起四路大军向太原进发。四路大军加起来也有十来万人。

当然，如果这些军队能够统一调度起来，倒也不是不能打，可惜，我说的是如果，赵家帝王对执行家法已经达到了偏执的程度。李纲同样无权指挥四路大军，统帅形同摆设。

姚占、种师中已经是宋朝能拿得出手的少数几位战将，统帅的又是西北精兵。这回，两路大军分成了四路，战将素质也远不如姚、种二人，结局可想而知。

七月底，各路大军陆续出发，到了八月，败报就从前方如雪片般地飞来。更糟糕的是，眼见朝廷几次救援失利，山西各地的百姓彻底丧失了信心，为了免受金军屠戮，开始携家带口逃亡，境内一片凄凉景象。

接着，李纲成了第二次解围失利的替罪羊，一贬扬州知州，二贬建昌军（今江西南城）安置，三贬夔州（今重庆奉节）安置，被一脚踢到了边远地带。

赶走了李纲，活还得有人来干，但朝中早就无人可用，赵桓又把已经退休的种师道强行请了出来。不过，种师道早就心灰意冷，且又重病缠身，再也没精力来收拾这一堆烂摊子。

两个月后，这位戎马一生的老将因病辞世。

种师道、种师中的相继去世使宋军的士气降到了冰点，残存的那点斗志也消失殆尽。

看样子，仗是没法打了。赵桓几个月前刚咬牙切齿地说出"祖宗之地，尺寸不可与人"的豪言壮语，现在猛然回过神来，又怂了，要不，继续和谈？

可没等赵桓想明白，金国已经吹响了第二次进攻的号角。

靖康元年八月，金国再次东西两路发兵，南下入寇，统帅依旧是斡离不和粘罕。

大兵压境前，问罪书也送到了赵桓的跟前，罪名主要是两条，一是违约，二是招降。

"违约"当然是指不肯割让太原、中山、河间三镇。"招降"则是指赵桓背地里干的另一件破事。

早在四月份的时候，金军就曾派使者到宋朝交涉割地事宜，想说服赵桓乖乖就范。可赵桓却在金使的身上打起了主意。

原来，金国这次派来的使臣原先是个辽人，而且和辽国大将耶律余睹关系很好。

关于耶律余睹我们前面也说了，他自投降金国后，成了金军的马前卒。赵桓在和金使的交谈中，听说耶律余睹在金国过得并不如意，就产生了撺掇耶律余睹反叛的念头。

接着，赵桓把一封蜡丸信交给了金使，让他偷偷交给耶律余睹，然后就做起了春秋大梦：耶律余睹起兵叛金，金人自顾不暇，宋朝顺利解除危机，群臣大赞我主高明……

梦还没做完，前方马上传来消息：耶律余睹拿到蜡丸信后，转手就交给了金人。

金人生性刚猛，崇尚武力对决，对于背后玩阴招那一套从来都瞧不上，见到那封蜡丸信，立刻得出判断——赵桓和他老爹一个德行。

金人觉得，赵桓不守信用，还喜欢玩龌龊的小伎俩，要让他清醒过来，还是得用刀枪！

赵桓听说金军再次入侵，吓得六神无主，连忙派出几路使者前去讨饶。

不过，此时的金军已经不需要赵桓的承诺，因为即使没有他的承诺，金国照样能把土地收入囊中。

很快，出使金国的大臣给赵桓带来了爆炸性消息：山西重镇太原失陷了！

九月，坚守了二百六十多天的太原最终还是被金军占领。

客观地说，太原守军能撑那么久，已经非常了不起了。他们曾顽强地击退了金军的无数次进攻，只因粮草断绝，士卒实在无力抵抗，才被金军攻入城内。

攻陷太原，金军拔除了宋朝北部最顽固的钉子。从此，两路大军南下会师再无阻碍。

接下来，赵桓的小心脏不断接受着前方败报的冲击，直到麻木为止。

十月五日，真定府（今河北正定）失陷；

十月十日，汾州（今山西汾阳）失陷；

十月中旬，威胜军（今山西沁县）、隆德府（今山西长治）失陷；

十月下旬，平定军（今山西平定）、寿阳（今山西寿阳）失陷；

十一月初，泽州（今山西晋城）失陷。

十一月十三日，两路金军渡过黄河，距离开封仅一步之遥。

收到金军渡河的消息，赵桓彻底服软了，他立刻派出两个使团前去和金军谈判，许诺马上割让三镇土地。

赵桓的这个做法其实非常无厘头，因为太原城已经落到了金人手中，根本不存在割不割让的问题。再者，在金人的眼中，割让三镇之地是早就达成的协议，你想违约就违约，想执行就执行，哪有那么便宜的事情？

果然，第一个使团到了粘罕那里，粘罕提出了更加苛刻的要求。这回，他不再满足于三镇之地，而是要求宋朝把河北、山西全境让出来，宋金两国从此以黄河为界！

粘罕一直是个强硬角色，第一次南侵的时候，他就提出要鲸吞宋朝山西、河北全境，只因斡离不做了让步，才勉强作罢。现在，他又旧事重提。

第一个使团没有谈出好结果，赵桓把希望寄托在了第二个使团身上。这路使团中有一个高级别的带队人物——康王赵构。

赵桓原以为，赵构曾到金营中做过人质，给金人留下过不错的印象，或许能让金军做点让步。然而，赵桓自始至终都没有等到赵构的归来。

康王赵构一行先到滑州，再过浚州、磁州，最后停留在了相州。从此，他不再接受朝廷的指令，变成一股独立的力量。

这一举动，使他在这场浩劫中得以全身而退，成为宋朝王室中唯一的幸运儿，也深刻影响了此后的历史走向。

## 汴梁城破

十一月二十一日，金军使节先行抵达开封，也把粘罕的正式要求传递给了赵桓。

一见到金使，赵桓仿佛又回到了十个月前那段狼狈不堪的日子，他的勇气瞬间荡然无存，此时只要金人肯答应撤兵，什么条件都已不在话下。

赵桓唯唯诺诺地答应了金人的要求。但这回金人也学聪明了，光有承诺还不行，必须马上执行。换句话说，你把地盘全部交出来，人家才肯走人。

金国使节还表示，上次派去办理割地事宜的张邦昌属于临时提拔的首席宰相，威望不够，这回，必须找一个更具权威的人来办事。

要说金人的思维还是简单了点，割地不成这事真怨不得张邦昌，此时的大宋朝廷早就威信全无，任你派谁都不管用。

如果换位思考一下，就很能理解地方官员和百姓的心情。年初金军南侵的时候，各地耗尽府库，送兵送粮，到头来都成了金军的战利品，接着又是连续损兵折将，这样的朝廷，你还能抱多大的期望？

果不其然，赵桓又重新派去两名官员，但他们每到一处，收到的都是愤怒的眼神和刀枪棍棒，待遇还不如张邦昌。

什么朝廷官员、金国使节，通通宰了你们！

最终，两名官员，一个运气好的侥幸逃跑，一个点背的居然被当地守将给活煮了。

事实证明，人们对庸懦的朝廷已经厌恶到了极点，赵桓和他的朝廷已经失去了对全国的掌控能力。

在民心丧失的那一刻，一个政权的崩塌也成了必然趋势。

十一月二十四日，斡离不所率的东路军再次来到开封城下。这次，他选择在开封城东北的刘家寺驻兵。

记得斡离不上次来犯的时候，选择的驻兵地叫牟驼冈。在郭药师的指引下，他在那里免费领取了天驷监（群牧司下属机构）储备的上万匹军马和大量粮草。

不可思议的是，这回宋朝似乎依然没长记性，虽然没给金人留战马，却奉上了五百多门大炮！

原来，朝廷计划在秋天搞一次阅兵行动，地点选在刘家寺，那五百门大炮就是准备阅兵时用的。后来，金军一南侵，阅兵行动取消了，这些大炮却没运回来。

五百门大炮又不是五百根绣花针，怎么就给忘了呢？

事后查明，倒也不是宋朝人给忘了，而是大家对谁来负责运炮这事产生了争议。

为运炮这么一件小事，宋朝的各衙门之间展开了一场精彩绝伦的踢皮球表演。

一开始，大家都认为这事归兵部管，可兵部说，枢密院管军事，该归枢密院管；枢密院说这炮刚造出来，还没用过，该归负责制造武器的军器监管，偏偏军器监的长官犯事被处理了，没人出头理这事。后来事情又转到了负责京城防御的京城所，京城所认为自己只管战时的京城防御，现在战争又没开始，关我什么事？转了一圈，球又踢回了兵部，兵部倒是没再推，可内部又起争议，兵部内设四个司，原本认为这事该归驾部司管，驾部司又说该归库部司管……

推来推去，要说还是金人有担当。啥都不用说了，我来负责！也甭运来运去了，直接调转炮口就行，朝开封轰！

闰十一月初二，粘罕西路军也到了，他选择在开封城南的青城驻兵。

青城，其实是一个斋戒场所，专用于皇帝祭天前进行斋戒。本来这种临时场所往往设施简单，只因赵佶是个喜欢奢靡享受的主，才把这个斋戒地点修成了集生活和城防于一体的宫殿。

正好，省得粘罕另找地儿了。

赵桓现在头都大了。

以前是想和金人讨价还价，现在即使答应了金人的割地请求，他也办不到。但斡离不和粘罕不管这些，他们只找赵桓算账，你的臣民不肯交割土地，那是你们内部的事，土地不交割，就得挨揍。

赵桓想抵抗，可同样办不到。一是真的没多少可用的军队，二是真的没多少愿意勤王的将领。

南道都总管张叔夜（正是剿灭宋江那位）是第一个主动跑来的将帅。他手头也就千辛万苦拼凑出来的三万人，加上城内剩余的禁军，再加上一些杂七杂八的军队，开封城内，满打满算，也就十来万士兵。

或许光从数量上看，也不算太少，但参照第一次的惊险过程，再考虑到金军这次是两路会师，用脚指头也能想明白胜算几何。

还有一个问题，现在找谁来指挥守城呢？这个时候，赵桓又想到了李纲。他急忙下诏召回李纲，可此时的李纲正在贬往夔州的路上。

事到如今，说什么都晚了。

和宋朝相反，金军这次显然做了更充足的准备。

此前，东路金军人手不足，并没有将开封城彻底包围，开封城仍然可以从东南方向，通过汴河漕运，源源不断地接受外界支援。如今，斡离不和粘罕，一北一南，完全掐断了开封的对外联系。

同时，粘罕吸取攻占太原的经验，准备了洞子（上覆牛皮、铁片的大型攻城车）、鹅车（高于城墙的鹅形大车，可载人登城）、云梯、火梯等大量工程器械，来弥补金军的短板。

从两军会师那天起，金军就对开封城发动了轮番攻击。

战斗持续了二十多天，那段时间里，老天也开始帮倒忙，连降几场大雪，宋朝守城士兵冻得站都站不稳，而金人生长于苦寒地带，更能适应寒冷天气，反而越战越勇。

到了闰十一月二十五日，宋军已经处于崩溃的边缘。

这个时候，赵桓授令使出了最后的杀招——六甲神兵。

早在金军入侵之时，为了扩充城防兵力，赵桓曾命人广泛募兵，把凡是能扛起武器的人都拉来凑数。

这时，宰相何㮚找到一个叫郭京的人。郭京原是一个小兵痞，见到朝廷募兵，自告奋勇站了出来。他声称自己是道教中人，擅长阴阳法术，能够撒豆成兵、撒草为马，只要给他七千七百七十七人，就能够要出一套"六甲兵法"，不但能解开封之围，还能一直把金人赶回老家（直袭击至阴山乃止）。

此时的赵桓已经到了病急乱投医的程度，也不管是真是假，就给郭京授予官职，命他施法抗金。不过，这个郭京也很有意思，声言自己的奇兵只能到最危急的时刻启用，不到万不得已还请不动他。

神棍还挺神气，好吧，现在总可以上场了吧。

当日，在何栗的催促下，郭京终于答应一展法术。

神兵出战的消息一传开，开封全城的官兵百姓沸腾了，纷纷爬到城墙上看好戏。此时，大家仿佛忘记了现在还是紧张的战时状态，争着来当吃瓜群众，要不是战时物资短缺，估计上面卖饮料、瓜子的小推车都要出现了。

郭京爬上了城头，正打算施法，回头一看，氛围有点不对劲，连忙命人将城墙上的围观人群通通赶下去，连士兵都不允许逗留！

这么严肃的事情，怎么能当文艺表演来看呢？

清完场后，郭京在墙上竖起"天王旗"，然后命人打开宣化门，令旗一挥，派六甲神兵气势磅礴地直冲金军而去。

神兵派出去了，郭京自己则负责在城墙上居高施法，同时向城内的官兵百姓传递战况（独家播报）。

神兵出去不久，城上不断传来令人振奋的好消息。

神兵已和金军交锋，斩获战马数百匹！

神兵再胜，斩获战马数千匹！

神兵又胜，攻破金军营垒数座！

听了郭京的现场直播，城下的听众欢呼雀跃，群情激奋，就差点赞、打赏、刷礼物了。

只可惜，围观群众的兴奋并没持续多久。

突然，大家惊奇地发现，一大群神兵争先恐后地向城内涌来，他们一个个自顾逃命、互相踩踏，活像一群被人掘了地穴的田鼠。而紧跟在他们身后的，是面目狰狞的金军骑兵。

只听"砰"的一声，城门在慌乱中被关了起来。

这个时候，人们才回过神来，搞了半天，刚才的胜利播报都是假的！

事实上，六甲神兵经历的战斗非常简单：他们一出城，就碰到了一队数百人的金军骑兵。金军骑兵一冲，然后就没有然后了。

要说神兵自己玩完也就算了，可他们的这番操作却坑苦了开封守军。

因为，根据郭京的要求，城墙上几乎没留什么士兵，导致城防出现了短暂的空白，跟杀过来的金军抓住宝贵机会，乘势架云梯攀上了城墙。

不一会儿，登城的金军越来越多。

最先登城的几名金军裨将很有经验，他们立刻点燃了城上的楼橹，并将象征金军的黑旗插得到处都是。

城内的宋朝官兵百姓一看，顿时人心大乱，四处奔逃，很多人还边逃边喊："金兵登城了！"

事情发展到这个地步，开封城再也守不下去了。

不久，郭京施法的南面城墙率先失守，接着东西两面相继失守，到了第二天，北面城墙也被金军占领。

开封的外城宣告陷落。

再接着，金军士兵开始四处劫掠。一时间，城内火光四起，哭声震天。

宋朝的公卿大夫、士兵百姓无不奔窜逃亡，他们不管曾是何等身份，现在却不得不接受刀剑之下众生平等的命运。

张叔夜是少数几个仍然具有斗志的将领，在外城告破后，他收拢部队，仓皇撤进了内城。

可怜的开封城，之前不管如何险象环生，如何损失惨重，毕竟还没有被攻破，这回却因为听信一个神棍，导致了外城失陷。

更可气的是，始作俑者郭京反而没成为金军的刀下鬼。估计他是早有所备，就在城门关闭之前，麻利地溜下城墙，夺命逃出城去了。

好在这个神棍也没蹦跶多久，半年之后，他在襄阳落网，被直接送上了西天。

## 羊入虎口

宋朝的开封城，其实有三重，由外到内，分别是外城、内城、宫城。

金人攻破外城后，宋朝仍占据着内城，赵桓身边还有一万多卫戍部队和张叔夜的两万多人，如果要冒险突围，也不是没有成功的可能。张叔夜就曾表示愿意拼死护送赵桓出城，但赵桓犹豫一会儿后，还是没有采纳。

他最终还是把宝押在了和谈上。

赵桓和金军的和谈从来就没停止过，只不过因为之前的毁约，金军懒得搭理他，决定彻底把他揍服后再好好谈条件。

外城被攻破后，宋金双方的联系倒是更方便了。

闰十一月二十六日，赵桓派出去的使节带来了粘罕的口信，议和条件不变，只是点名要求宰相何㮚亲自去谈。

这里需要插一句，金国前后两次南侵，都是两路并进，没有主次之分。到了第二次南侵，金国虽然设立了都元帅府，由完颜斜也（完颜阿骨打的五弟）担任都元帅，统一指挥两路大军，但都元帅远在金国上京会宁府（今黑龙江哈尔滨阿城区），具体的事情还是得斡离不和粘罕商量着办。

因此，对宋朝人而言，总是弄不清楚斡离不和粘罕两人，到底谁说话管用。从感情上，宋朝君臣更喜欢和斡离不接触，因为斡离不对钱财更感兴趣，态度也相对温和。

只可惜，在金军中，粘罕战斗经验更丰富，威望也高于斡离不。所以，在此后的谈判中，还是粘罕主导着整个议和进程。

赵桓在得到粘罕的答复后，顿时心情放松了不少，甚至觉得金人的要求也不算太过分，本来都要亡国了，现在居然还可以割地请和，不错啊。

于是，赵桓立刻命何㮚出城见粘罕。

何栗见到粘罕后，粘罕提出了一个匪夷所思的要求——请太上皇出城对话！

粘罕为什么要见一个退居深宫的老头呢？何栗一时摸不着头脑，也不知道如何应对。

还没等何栗想明白，粘罕以不容置疑的口吻说：“你们的太上皇事事失信，这次如果不想亲自出城，那就让他的妻女出来充当人质！”

何栗这才明白，敢情人家金人就是那么实在，谁做的烂账记得一清二楚呢。

对于粘罕的要求，无论是太上皇出城，还是质押皇太后和帝姬（赵佶改称“公主”为“帝姬”），何栗都做不了主，只能回去请示赵桓。

赵桓一听粘罕的要求，犯难了。

我们知道，赵桓对自己的老爹并没有好感，但他又决不能在这个时候将老爹推到金人那边。

当初赵佶回到开封的时候，想着入居内城，赵桓硬生生把他安排在了外城的龙德宫。而等金人一逼近开封，他就赶紧命人将赵佶强行安排在了内城的延福宫，并严密地封锁外界一切讯息。

说到底，赵桓对父亲始终有着深深的猜忌。

差点将太子之位让给弟弟赵楷，大难临头硬是甩锅给自己，南逃的时候另立小朝廷的小动作……这一桩桩事情都让赵桓如鲠在喉，难以释怀。

他不想让父亲去见金人，表面以孝道为托词，在内心深处更有一丝不能明说的担忧，他生怕金人和父亲赵佶又产生什么利益勾连或政治交易，给自己带来不利。

为了说服粘罕改变主意，赵桓想了很多办法，又是派人犒赏金军，又是派使臣说情，最后甚至一次性派出了十二名亲王前去谈判。

可粘罕偏偏认死理，人家就吃定赵佶了！

如果太上皇不去，还有谁去能满足金人的要求呢？

答案只有一个，赵桓自己。

从当时形势看，如果金人要强攻破城，宋军决不可能挡住，既然金人没有继续进攻，那就说明金人还是有和谈的诚意，去一趟也无妨。

因此，与其让父亲去和金人谈，不如自己去谈。

这是赵桓的判断。

下定决心后，赵桓表现出了罕见的果断，下诏要亲临金军营地。

闰十一月三十日，车驾启动，赵桓率领何栗等亲信大臣，前往青城粘罕驻军大营。

赵桓来到青城后，并没有马上见到粘罕，他被告知，粘罕要和斡离不一起会见他，而斡离不尚在刘家寺，当日赶不过来。

第二天，赵桓仍然没有等来粘罕和斡离不，这个时候，他的心里产生一丝不祥的预感。

果然，前来交涉的金国官员并没有和赵桓谈割地议和的事情，反而先提出了一个要求。

撰写降表。

降表，是被征服者向征服者请求投降的表文。

一国向另一国奉上降表，不仅仅是尊严上的摧辱，更代表两者之间再也没有平等可言。从此，投降者只能无条件接受征服者的要求，仰人鼻息，以求苟活。

被征服者的人口、财富、领土都将成为胜利者的囊中之物。

正所谓，人为刀俎，我为鱼肉。

宋朝开国的时候，一路灭后蜀，收南唐，没少收降表，而立国一百六十余年后，赵桓要亲手将太祖赵匡胤开创的帝国放到金人的砧板上，任其宰割。

赵桓失去了讨价还价的资格，只能命人起草屈辱的降表，而就从那一刻开始，金人开始了对赵桓的肆意凌辱。

降表起草好后，送到了粘罕那里。

这位宋朝士大夫眼里的大老粗却开始拿他们寻起了开心，粘罕表示，宋人起草的降表很敷衍，文学性不够，必须要按照宋朝惯用的四六对仗格式来写。

赵桓只能命人按照粘罕的要求修改降表，再次上交。粘罕一看，还是不满意，发回重写。

于是，再上交，再被发回。

再上交，再被发回。

就这样，粘罕横挑眉毛竖挑眼，来来回回让赵桓等人改了四次才准予通过。

你们不是喜欢写文章吗，就让你们写个够！

粘罕不愧是深谙宋人心理的金国将领，他要把宋人的尊严彻底踩在脚下，再迫使他们接受一项项苛酷的要求。

十二月初二，粘罕和斡离不终于肯出来见赵桓了。

这次，他们表面上保持了对赵桓的礼节，但在具体安排上又对赵桓极尽侮辱。

粘罕和斡离不骑着高头大马来和赵桓相见，然后命赵桓骑马在前。他们一起来到早就设好的香案前，粘罕命令赵桓下马站在香案前，向北遥拜，以示对金国的臣服。

与此同时，金国官员在一旁抑扬顿挫地朗读着宋人撰写的降表。

赵桓和在场的宋朝官员无不羞愧难当，却又无可奈何。

收下降表后，粘罕和斡离不表示，宋朝的降表要派人送给金国皇帝吴乞买，才能最后定夺。

一餐饭后，赵桓等人被金人打发灰溜溜地回去了。

和赵桓等人一同回来的，还有一个金朝官员，他将充当赵桓的贴身监督者，直接入驻尚书省，负责查验开封城内的所有府库，宋朝的一切政令也必须报请他同意才可执行。

回到城中的赵桓，终日陷入失魂落魄的状态。他知道，自从递上降表的那一刻起，自己也成了金人手中的一个牵线木偶，可以任他们随意摆弄。

等待自己的命运究竟是什么？这是赵桓心中的唯一疑问。

是继续做一个傀儡皇帝，还是被废黜，亦或是更加悲惨的结局？

第二天，粘罕派人送来一封信函，要求赵桓将城外的康王赵构召回。

粘罕的信让赵桓的内心更加纠结。在他看来，这是金人要另立他人为君的信号，难道金人想选赵构为帝？否则，为什么那么多赵家子孙，他们唯独要挂念平平无奇的赵构呢？更何况，在会面的时候，粘罕在言语中也隐约表达了要另立贤君的意思。

本来，赵桓的内心还存着一丝侥幸，希望能保住自己的帝位，哪怕是一个毫无尊严的木偶皇帝。现在看来，这个希望也十分渺茫。

接下来的几天，赵桓除了忐忑不安地等待金人的命令，还要面对金人不厌其烦的索求。

事到如今，金人的索要已经无须和宋朝商量，他们只需要像主人使唤奴仆一般，发布命令就可以了。

对于赵桓而言，除了唯命是从，别无选择。

金人要求收缴兵器，赵桓就命所有官员百姓把手中的兵器统一上缴，乖乖运送到金营。

金人索要马匹，赵桓就下令，无论御马还是民间马匹，都必须悉数交出，否则严加惩戒。结果，城内仅存的七千余匹马尽数被金人所得。

金人要求尽快完成割地，赵桓就派出四十名官员充当割地使，前往山西、河北办理交割事宜。更无耻的是，他还按照金人的要求，将所涉州府的守将家属（凡是能在开封城找到的）全部扣押充当人质，以逼迫守将就范。

最让赵桓头痛的是，这次金人提出了更加夸张的经济赔偿要求。

黄金一千万锭（一锭约合十两），白银两千万锭，绢帛一千万匹！

如果说，前次斡离不的敲诈勒索是狮子大开口，那么这回简直就成了黑洞。

而我们还说过，即便此前赵桓刮尽地皮凑钱，也远远没有还清，现在又蹦出一摞天文数字，怎么可能办到？

为此，开封城内又开展了一番敲骨吸髓的神操作，上至宗室公卿，下到平头百姓，通通又被狠狠搜刮了一遍，甚至连乞丐残障、鳏寡孤独都没放过。

实在榨不出油水了，朝廷给每个官吏按照官阶高低，定下金银缴纳指标，谁交不上来就收拾谁。

更要命的是，这回金人变得更加贪婪狡猾，他们不但学会了敲竹杠，还学会了验货技能。在接受金银时，一律都要查验成色，凡是发现成分不合格的，一律退回重新熔铸。

在乱哄哄的搜刮钱财行动中，开封城内一片乱象。官员百姓竞相逃命，盗匪游兵四处游荡，杀人、自杀、纵火、劫掠……昔日的繁华都市，如今成了一座死亡之城。

而懦弱的赵桓已经完全放弃了对政局的控制，他唯一能做的，就是盼着金人在满足贪欲后，早日撤军北归。

然而，赵桓此时不会知道，几天后，金国皇帝的诏书就会送达，将他那份残存的希望，彻底碾成齑粉。

## 奇耻大辱

靖康二年（1127）正月，新的一年来临。

以往，这个时节是开封城最热闹喜庆的时刻。朝廷会组织花样繁多的庆祝活动，城内酒肆阁楼会装饰一新，人们则要穿着新衣走访拜年、游戏饮宴，尤其是夜晚的观灯活动，更是绚丽多彩。全城百姓都会在喜迎新岁的氛围中纵情狂欢。

然而，靖康二年正月，开封城度过了最凄冷的一个春节。赵桓和他的臣民都在不安地等待，等待接下来的厄运。

与之形成鲜明反差的是，开封城外的金军大营张灯结彩、歌舞齐作，一派喜庆气氛。那些来自北方的征服者，肆意享用各色美味佳肴，体验着胜利者的快感。

正月初八，赵桓接到了来自金人的命令，让他再出城一趟，赴金营为金国皇帝加尊号。

所谓尊号，就是古代尊崇皇帝、皇后的名号。

直白点说，就是臣子们用一堆令人眼花缭乱的辞藻，拍现任皇帝的马屁。比如宋朝开国之初，赵匡胤就得到过"应天广运仁圣文武至德皇帝"的称号。

按理说，这是一件稀松平常的小事，可金人还是要让赵桓亲自走一趟。

赵桓自上次从金营回来，尚心有余悸，这回本不想去，但又怕惹金人不开心，最后还是决定再走一遭。

当时，赵桓已立十岁的儿子赵谌为太子。临走前，他嘱咐亲信大臣辅佐太子监国，万一发生重大变故，就力保太子逃脱，再行计议。

赵桓的嘱咐，听上去虽然凄惨，却也很荒唐。自己不该离城的时候想离城，该突围的时候又不突围，犹犹豫豫折腾到这个局面，让别人保着未成年太子出去，又能有多大作用？

正月十日，赵桓再次来到青城，这次他依旧没能立刻见到斡离不和粘罕，而是被一队金兵严加看护起来，宛如一个囚犯。

赵桓在金营里被软禁了整整十天。到了正月二十一日，他又按照金人的要求，乖乖走了一遍程序，完成了为金国皇帝加尊号的仪式，把吴乞买吹捧成"崇天继统昭德定功敦仁体信修文偃武光圣皇帝"。

称金国皇帝"神文圣武"也好，"仁孝应天"也好，哪怕管他叫宇宙大帝，赵桓也没意见，他只想早点回去，离开这个鬼地方。

可事与愿违，尊号是加好了，金人依然没有放赵桓回去的打算，他只能继续在金营里度日如年。

赵桓摸不准，粘罕和斡离不到底想把自己怎么样？

其实，关于赵桓心中的疑惑，粘罕和斡离不心里也没有答案，因为他们也在焦急地等待金国皇帝的旨意。

粘罕和斡离不以加尊号为由把赵桓控制起来，仅仅是为了更快地压榨宋朝。

到了正月十九日，开封府一共征收到金十六万两、银六百万两。

显然，这个数字，距离金人的要求还远远不够。

这时，金军彻底露出了狰狞的面目，开始以纵兵洗城相要挟，要求开封府再行搜刮。

于是，开封府只好硬着头皮进行敲骨吸髓式的搜刮。可是，直到金军离开，开封府最终也就向金军供奉了黄金二十四万余两和白银七百七十余万两。

两次浩劫，确实已经榨尽了开封城的最后一滴血。

眼看金银已经榨不出多少，金军开始将目光转移到其他财物上，但凡有价值的东西，都成了他们收缴的对象。

犀角、宝玉、象牙、器皿……凡是珍贵古玩，一律带走；

玉册、车辇、冠冕、仪物、卤簿等皇家御用品，统统运走；

祭祀仪仗、大晟乐器、天文仪器、国子监书籍，打包运走。

东西没有了，人也可以。

木匠、铁匠、银匠、裁缝、染工、医生……各色百工都是技术性人才，全部押走；

伶人、乐工、倡优、歌女……这些人都能继续为金国权贵服务，全数带走。

最可怜的是城中无辜女子，她们也沦为金军的劫掠对象，甚至被按照身份高低，明码标价，用以抵扣宋朝尚未付清的"犒军费"。

从正月二十日到二月初，金军进行最后的疯狂劫掠，开封城内，奔走呼号的声音不绝于耳，已然成了人间地狱。


二月初六清晨，赵桓突然接到金人指令，命令他带着所有随从官员，前往金营帐前。

听到这个命令，赵桓心里咯噔一下，他隐约意识到，决定自己命运的最后判决到了！

过去几天，他一直在焦躁地等待结果，然而，当结果真的到来时，他又不由自主地退缩了。

赵桓感到，内心的恐惧正在迅速滋生蔓延，让他全身战栗，不可遏制，甚至连迈腿走路都需要用尽全身的力气。

在金国官员的怒视下，赵桓不敢怠慢，机械地向门外走去，随行的侍卫刚想擎起象征皇家威仪的黄缯车盖，却被金人厉声喝止，要求迅速撤掉。

赵桓顿时心里一沉，他明白，金人的这个命令意味着什么。果然，接下来，当他想要跨上马匹的时候，金国官员又站出来阻止，严令只准步行。

显然，在金人的眼里，他已经不再是一国之君，连一个藩属的国君都不算。

看来，自己的皇帝生涯即将宣告结束。


来到金营帐外，赵桓又见到了那个熟悉的香案。粘罕和斡离不早已站立在案前，脸上见不到一丝笑容。几天前，他在这里奉上降表，现在他又要俯首听命来自金国的诏书。

粘罕安排宋朝随行官员在远处排列侍立，然后命赵桓在香案前遥拜金国皇帝。

接着，金国官员宣读了吴乞买的诏书。

在这份《废国取降诏》里，金人先给宋朝安上了一个背信弃义的罪名（背义，则天地不容……败盟，则人神共怒）。

接着，诏书历数了赵佶、赵桓父子的罪状：贪图燕云土地，招纳辽国叛臣（析木版图，第求入手；平山伪诏，曾不愧心）；答应割让三镇又反悔，妄图策反耶律余睹（赂河外之三城，既而不与；结军前之二使，本以间为）。

更关键的是，诏书还专门指责赵桓，所作所为和他父亲一个德性，一点都没吸取教训（复循父佶之覆车，靡戒彼辽之祸鉴）。

最后，诏书宣布了对宋朝及赵桓的最后处置意见。

"既为待罪之人，自有易姓之事！"

所谓"易姓"，就是改朝换代！

也就是说，赵桓不但自己当不成皇帝，就连延续了一百六十余年的赵宋王朝，也将和他一起宣告终结。

赵桓木然地听完了整篇诏书，金人不再顾惜他的脸面，当即撕掉了他身上的黄袍，将他最后的一点尊严也践踏在地。

答案揭晓了。

赵桓成了一个被废黜的皇帝。

按照历史惯例，废帝罕有好结局。赵桓明白，金人肯定不会允许自己再回到开封，接下来，或许被幽禁，或许成囚徒，如果再不幸，甚至连性命都堪忧。

听到金人的诏书，随行的官员都呆住，回过神后，他们只能泣涕磕头，恳请金人收回成命，也有个别激动的官员开始怒斥粘罕等人。

然而，这些恳请和抗争，在金人面前显得那样微不足道。

结束了，一切都无济于事。

这里，我们有必要交代一下金人的决策过程。

金国从起兵到连续打败辽国、宋朝，才短短十四年。十四年里，当金军以惊人的速度席卷东亚大陆之时，金国贵族们同样高速吸收着辽国、宋朝的政治文化和统治经验，他们迅速褪去了初期的粗犷习气，开始以更成熟稳健的手段掌控局势。

当粘罕和斡离不将赵桓的降表送到上京时，关于如何处置宋朝和赵氏皇族，在金廷内曾有不同意见。

有人提议，应当继续保留宋朝和赵桓的皇位，只要迫使其乖乖顺从金人的旨意即可；有人提议，可以继续保存宋朝，但应当从赵氏皇族中另择他人为君；还有人提议，应当将宋朝和赵氏皇族一起废掉，另择汉人统治中原。

无论哪种提议，金人自始至终都没有考虑如辽国一般直接占领统治。不是金人不贪，而是确实办不到。

辽国是地广人稀，只要摧垮其军事力量，就可取而代之。宋朝就不一样了，不但疆域广阔，而且人口众多，文化积淀深厚。四川、两湖、淮河、江浙、两广，这些地方，别说金军鞭长莫及，就算占领了，也无法应对此起彼伏的反抗。以金军的数量，散播到如此广袤疆土和众多人口中，不啻将几叶扁舟投入汪洋大海，不翻船才怪。更何况，很多地区的气候条件也不适合金人久居。

正所谓，马上得天下容易，马上治天下难。

因此，直接占领和金国接壤的山西、河北地区，保障军事地理上的优势，再扶持一个听话的代理人进行统治，更符合金人的长远利益。

至于要不要继续保留赵宋王朝，决策过程中还真让金国君臣费了一番脑筋。考虑再三，吴乞买还是决定采用"改朝换代"的方案。赵佶、赵桓给金人留下的印象极差，皇帝是甭想当了。

至于其他赵家人，吴乞买觉得也不靠谱。因为宋朝毕竟立国长久，人心还是归附赵家，不废黜赵氏，金国就无法遥控中原政权。

所以，金人最终选择扶持一个傀儡政权来取代宋朝，充当自己在中原地区的代理人。

为了保证自己所选的代理人能够坐稳龙椅，金国决定将所有赵氏皇族统统押走，迁移到北方。

于是，自二月七日起，从太上皇赵佶开始，他的妃嫔、皇子、帝姬、驸马、皇孙以及宗室依次被强令出城。由于金人掌握了赵家宗室谱牒，只要照着名单抓人，几乎没有一个遗漏。

多达三千余人的宋朝皇室宗亲，统统成了金军的俘虏。

靖康二年三月二十七日，满载着金银绸缎、钱财器物的金军开始撤军北归。

和大军同行的，还有大量被掳掠的人口，除了皇族宗室，还有其他王公贵戚、公卿大臣、诸色工匠等，合计一万四千余人。

他们像牲口一样被金军用绳索捆缚着，分成七批，驱赶向北方。

这些昔日的达官贵人，备受心理和身体上的凌辱，很多人在途中冻死、饿死，有些人则因触怒金兵而被残杀。

当然，也有不堪凌辱者，选择了自行了断。张叔夜在跨过金宋边界后，扼喉而死；何栗在到达燕京后，绝食而死。

据统计，这些俘虏在到达燕京后，男性只剩下十分之四，女人则剩下十分之七。

这并不是金人对女性如何优待，而是她们都被当作了金人的战利品，供其享用。有的被粘罕、斡离不等金国权贵纳为侍妾，有的被赏赐给金军将士，更有甚者被当成商品一样买卖，沦落为娼妓。


朝云横度，辘辘车声如水去。白草黄沙，月照孤村三两家。

飞鸿过也，万结愁肠无昼夜。渐近燕山，回首乡关归路难。

——蒋氏女《减字木兰花·题雄州驿》


最后，再交代一下赵佶、赵桓父子的结局。

他们先后被押到了燕京、中京（今内蒙古宁城大明镇）、上京（今内蒙古巴林左旗林东镇南）、韩州（今辽宁昌图北八面城东南）等地。在上京，父子两人在金太祖宗庙前被迫参加了牵羊礼投降仪式，接着，又分别被羞辱性地封为昏德公、重昏侯。

三年后，这对父子来到了更加遥远的五国城（今黑龙江依兰），这里成了他们的最终归宿地。

又过了五年，赵佶死于五国城。

又二十一年，赵桓在屈辱中死去。


靖康二年二月，北宋亡。